# 快递物流资源整合与优化调度方法

Express Logistics Resource Integration and
Optimization Scheduling Methods

孟凡超 纪青然 闵小川◎著

人民邮电出版社

北 京

**图书在版编目（ＣＩＰ）数据**

快递物流资源整合与优化调度方法 / 孟凡超，纪青
然，闵小川著. -- 北京：人民邮电出版社，2024.2
ISBN 978-7-115-62503-8

Ⅰ．①快… Ⅱ．①孟… ②纪… ③闵… Ⅲ．①物流管
理－运输调度－最优化算法 Ⅳ．①F252.1

中国国家版本馆CIP数据核字(2023)第156738号

## 内 容 提 要

  本书首先从快递的基本概念、快递业发展现状与趋势出发，基于共享物流的理念，对快递领域中的 3 种典型物流资源整合模式进行分析，提出基于快递物流资源整合的共享快递网络概念。然后介绍了快递物流资源整合与优化调度方法的研究，包括面向共同配送的快递末端网点优化整合问题、面向共同配送的车辆优化调度问题、派单模式下众包配送订单的优化调度问题、第四方物流模式下的协同运输优化调度问题。本书研究的问题来源于快递物流资源共享领域的实际应用，研究内容可为共享物流在快递行业的应用提供方法与技术支撑。

  本书既可以作为从事快递物流和智能优化计算方向的管理者和研究人员的参考用书，也可以作为计算机科学与技术、人工智能、管理科学与工程、物流工程等专业本科生和研究生的教材。

◆ 著　　　　孟凡超　纪青然　闵小川
　　责任编辑　邓昱洲
　　责任印制　李　东　马振武

◆ 人民邮电出版社出版发行　　北京市丰台区成寿寺路 11 号
　　邮编　100164　　电子邮件　315@ptpress.com.cn
　　网址　https://www.ptpress.com.cn
　　固安县铭成印刷有限公司印刷

◆ 开本：720×960　1/16
　　印张：14.5　　　　　　　　2024 年 2 月第 1 版
　　字数：214 千字　　　　　　2024 年 2 月河北第 1 次印刷

定价：89.90 元

读者服务热线：(010)81055410　印装质量热线：(010)81055316
反盗版热线：(010)81055315
广告经营许可证：京东市监广登字 20170147 号

随着新一代信息技术、电子商务及交通基础设施的快速发展，我国快递产业已经进入高速发展的新阶段。2021 年，我国快递业务量已突破千亿大关，超过了美国、日本、欧盟等发达经济体快递业务量的总和，占全球业务量的50%以上。然而，在快递业务量急剧增长的同时，为了占有市场份额，各快递企业纷纷采取"价格战"策略，使整个快递市场的平均单票价格迅速下降，增量不增收问题凸显。尽管目前我国快递业的总体规模很大，但是平均规模偏小，企业间分工协作程度较低，难以形成规模效应。快递物流资源整合与共享是快递行业走出目前所面临的发展困境的一种有效途径。

本书介绍智能优化方法在快递物流资源整合与优化调度中的应用，力求将理论研究与具体的实际应用相结合。目前，快递行业中已经应用了一些物流资源整合模式，但是由于缺乏系统的总结和分析，无法为共享物流的发展提供有效的指导。物流资源优化调度一直是学术界研究的热点问题。目前，市面上有许多关于物流资源优化调度的著作，但是这些著作中所研究的问题大都是一些经典的优化问题，很难直接满足实际应用场景的需求。尽管有些著作也针对特定的应用场景（如快递业务）提出了相应的优化模型和求解算法，然而快递与传统物流之间有一定区别，现有的优化模型和求解算法很难直接应用于快递领域。本书所研究的物流资源优化调度问题都是围绕共享快递网络的不同层次展开的，它们之间具有紧密的关联性。这些问题都是来源于共享快递物流实际应用场景的新问题，而不是已有的著作中所提出的一些经典问题，因此，本书内容具有较大的理论意义和实际应用价值。

近年来，随着计算机性能和优化理论的发展，常见的优化问题几乎都可以得到很好的解决。然而，随着问题复杂性的不断增加，尤其出现了目标函数和约束具有不可解析性、非线性和动态性等特征的复杂问题，对优化技术的发展提出了更高的要求。针对传统优化方法的不足，出现了模拟生物进化和自然现象的智能优化方法，例如，遗传算法（Genetic Algorithm，GA）、模拟退火（Simulated Annealing，SA）算法、蚁群（Ant Colony Optimization，ACO）算法等。区别于传统的基于梯度的优化方法，智能优化方法可以在没有中心控制且不提供全局模型的前提下解决复杂的优化问题，因此智能优化方法成为目前物流优化领域的主要研究方向。快递物流资源共享领域中存在许多复杂的优化问题，如何对这些问题进行抽象和建模是提高问题求解效率的前提和基础，好的数学模型可以降低问题的复杂度和计算难度。本书提出了基于物流资源整合的共享快递网络的概念，共享快递网络并不是对单主体快递网络要素的简单叠加，而是按照一定的整合方式对快递网络中涉及的不同物流资源进行重构，其目的在于将共享的思想融入快递网络的设计中，从而优化网络的整体性能。针对共享快递网络的不同层次，本书提出了相应的优化模型，这些模型都是对真实的业务场景的抽象，具有重要的应用价值。在问题求解方面，针对不同优化模型的特点，本书设计了相应的智能优化求解算法，这些算法不是已有的智能优化算法的简单应用，而是针对不同问题模型的特点进行了扩展和改进，并通过实验进行了可行性和有效性的验证，具有可重复性和推广性。

本书共 6 章，各章的主要内容如下。

第 1 章介绍快递的基本概念、服务环节和快递网络，并对我国快递业发展现状与趋势进行总结和分析。

第 2 章介绍快递领域中 3 种典型的物流资源整合模式，提出基于快递物流资源整合的共享快递网络的概念。

第 3 章研究面向共同配送的快递末端网点优化整合问题，提出客户群业务量可拆分的网点优化整合模型，设计了基于邻域搜索的 SA 算法。

第 4 章研究面向共同配送的车辆优化调度问题，提出任务驱动可循环配送的车辆优化调度模型，设计了 3 种求解算法：启发式算法（Heuristic Algorithm，HA）、一般变邻域搜索（General Variable Neighborhood Search，GVNS）算法和基于 Metropolis 准则的一般变邻域搜索（General Variable Neighborhood Serach Based on Metropolis，GVNSBM）算法。

第 5 章研究派单模式下众包配送订单的优化调度问题，该问题可以看作订单分配问题和路径规划问题的组合。针对订单分配，这一章设计了 4 种求解算法：HA、变邻域搜索（Variable Neighborhood Search，VNS）算法、SA 算法和 GA。基于订单分配的结果，采用分支限界法进行路径规划。

第 6 章研究第四方物流模式下的协同运输优化调度问题，提出基于服务组合的协同运输优化调度模型，首先设计了基于分支限界法的精确求解算法，然后设计了两种元启发式算法：ACO 算法和 GA。

本书获得了国家重点研发计划项目课题"物流资源整合优化及非标产品与服务共享技术研究（2018YFB1403104）"的资助。本书是对该课题的相关研究工作的总结，在此向参与此课题的全体成员及科技部责任专家表示感谢！在这里也要感谢人民邮电出版社的责任编辑在此书出版过程中的辛勤劳动。鉴于作者水平及认识的局限性，书中难免存在不妥之处，欢迎读者批评指正。

# 第 3 章　面向共同配送的快递末端网点优化整合 ………………… 047

## 第 5 章　派单模式下众包配送订单的优化调度··· 129

# 第 6 章 第四方物流模式下的协同运输优化调度 ·············· 182

# 第1章

# 快递的概述

本章首先介绍快递的基本概念，包括快递的定义、快递业务的分类、快递的特征、快递与物流的差异、快递企业的分类和快递物流资源的分类，然后介绍快递的服务环节和快递网络，最后对我国快递业发展现状与趋势进行总结和分析。

## 1.1 快递的定义

快递是为了满足客户在商业活动中对交付商业文件及货品快速、安全的需求而出现的一种新兴物流形式。快递是由邮政业务分化而来的，作为现代物流的一种代表，快递使物流更加贴近人们的日常生活。目前关于快递的定义还未形成统一的标准，不同的组织和国家对"快递"这一概念有着不同的理解和表述。全球快递协会（Global Express Association，GEA）将快递定义为快递公司为客户提供保证一定时限内递送到目的地的门到门服务，同时提供快件跟踪信息、通关和代收货款等增值服务。欧洲快递协会（European Express Association，EEA）将快递定义为可以利用飞机、汽车和卡车及其有效连接完成文件、包裹和货物的门到门递送，大部分快递服务保证 24 h 内或下一个工作日完成递送。2004 年，美国国际贸易委员会（United States International Trade Commission，USITC）将快递定义为能够对文件、印刷品、包裹等物品进行快速收集、运输、递送、全程跟踪控制，以及提供其他相关服务的活动。2008 年中华人民共和国交通运输部公布的《快递市场管理办法》将快递定义为快速收寄、分发、运输、投递单独封装具有名址的信件和包裹等物品，以及其他不需要存储的物品，按照承诺时限递送到收件人或指定地点，并获得签收的寄递服务。我国 2011 年颁布、2023 年修订的"快递服务"系列国家标准中强调快递服务是按照约定的时限、方式快速完成的寄递活动[1]。

本书借鉴"快递服务"相关国家标准，同时结合我国国情和快递行业发展情况，将快递定义为快递服务组织按照客户的需求，在承诺的时限内，通过完善的快递网络和先进的信息技术，利用公路、铁路、航空、水路等现代化交通运输系统，保证快件优质、高效、快速地从发件人运送到收件人的门到门服务，同时提供快件跟踪、代收货款等增值服务。快递服务组织是指在我国境内依法注册的提供快递服务的企业及其加盟企业或代理企业。快件是指快递服务组织依法收寄并封装完好的函件和包裹等寄递物品的统称。函件是法律法规规定予以免税且无商业价值的文件、单证、票据及资料。包裹一般指能够由单人不需要外力即能够处理，但不小于一封信的小件货物。包裹一般具有商业价值，国际包裹需要报关，不同国家和地区的快递公司对快件的单件质量和体积都有一定的要求。

## 1.2  快递业务的分类

快递作为一种商业服务，其业务种类由客户的需求决定。目前，快递业务有多种分类方式，可以从服务时限、寄递区域、城乡区域、温度条件，以及其他方面对其进行分类[1]，如图 1-1 所示。

（1）根据服务时限分类

根据服务时限可将快递业务分为标准时效快递业务和非标准时效快递业务。标准时效快递业务指快递服务主体按照标准化作业流程进行操作、按照基准时效水平承诺服务时限的快递服务。

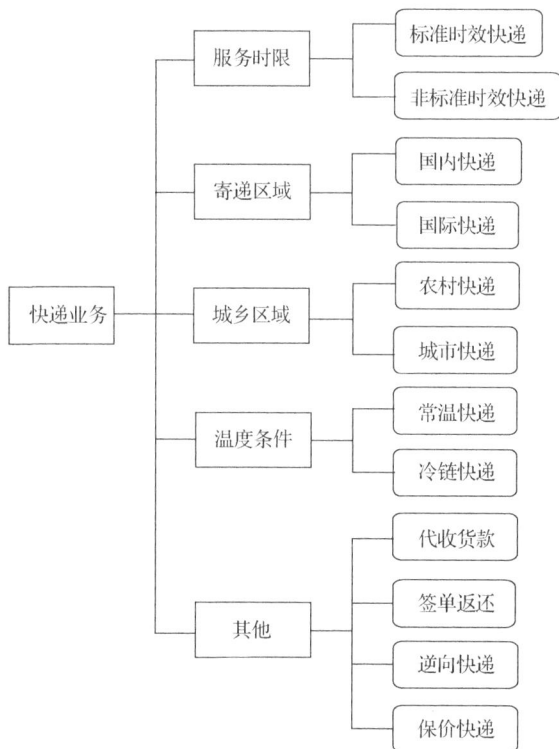

图 1-1 快递业务的分类

（2）根据寄递区域分类

根据寄递区域可将快递业务分为国内快递和国际快递。国内快递是指从收寄到投递的全过程均发生在中华人民共和国的快递服务。国际快递是指寄件地和收件地分别在中华人民共和国境内和其他国家或地区的快递服务，以及其他国家或地区间互寄但通过中华人民共和国境内经转的快递服务。

（3）根据城乡区域分类

根据城乡区域可将快递业务分为农村快递和城市快递。农村快递是指寄件地或收件地在农村地区的快递服务。城市快递是指寄件地和收件地在城市地区的快递服务。

（4）根据温度条件分类

根据温度条件可将快递业务分为常温快递和冷链快递。常温快递是指在自然环境下、不对快件所处的温度环境进行调节的快递服务。冷链快递是指运用制冷、保温技术和设备，使快件在寄递过程中始终处于规定温度范围的快递服务。

（5）其他分类

其他快递服务还包括代收货款、签单返还、逆向快递和保价快递。

## 1.3　快递的特征

快递是物流的一种形式，但与普通物流不同，具有如下特征[2-3]。

（1）寄送物品的封装性

快递是对封装物品的递送，封装后的物品在快递业务中称为"件"，并以"件"为计量、计价以及物品流动的基本单位。一个或以上，相同或不同的物品封装后只能作为"一件"快件。然而，普通物流业务中一般不会特别要求物品的封装，可以以运输工具（如"车"），或者以物品的质量、体积为计量和计价单位。因此，快递业务对寄送物品封装的要求明显区别于普通物流业务。

（2）寄送物品的名址性

由于快递是以"件"为物品流动的基本单位，因此封装后的物品署有名址是对快递业务的基本要求。收件人的姓名和地址明确了物品的目的地及接收者，而寄件人的姓名和地址则明确了物品的出发地和发送者，这样，该件物品的流向就得以确定。所以，寄送物品的名址性是经营快递业务的基础。

（3）寄送物品的限制性

快递寄送的物品主要是信件、包裹和印刷品，信件和印刷品统称为信函，以纸质品为主。各国对快递寄送物品都有明确的质量和体积限制。《中华人民共和国邮政法》规定不得将信件打包后作为包裹寄递。我国"快递服务"相关标准中对包裹质量、体积也有明确规定：单件质量不宜超过 50 kg，快件的单件包装规格任何一边的长度不宜超过 150 cm，长、宽、高三边长度之和不宜超过 300 cm。

（4）寄送方式的便利性

快递业务的寄递活动是邮政业独有的一种服务方式，这种服务方式的一个特点是便利性，它要求无论是寄或递都要"贴近"客户，为客户提供最方便的服务。一件封装后署有名址且质量、体积在规定范围内的物品，可以根据需要"流向"任何地方，实现快递的"门到门、桌到桌、手到手"的服务。寄递方式的便利性是运输、托运、交运等物流方式所不具备的。

（5）寄递过程的时效性

快递行业能够快速发展的主要原因是其具有"快"的本质特点。快递的时效性体现了物品流动的速度，满足客户对时间的需求。客户在寄送物品的时候，对时间都有越快越好的期望，这个期望在很大程度上影响其对快递服务质量的感知。我国"快递服务"相关标准中规定了一项内容叫作彻底延误时限，在寄递过程中达到彻底延误时限视物品为丢失，物品丢失即可依法获得赔偿。快递业务对时效性的高度追求既是这项业务本身的价值所在，也是其区别于普通物流的重要特征。

（6）寄递组织的网络性

完成一个快件的寄送一般需要经历揽件、分拨、运输、派送等环节，各个环节必须统一调度、上下衔接、协作配合，才能完成快件由收寄地到投递地的有序流动，最终到达收件人手中，任何一个环节的脱节都可能导致寄送过程的失败。快递业务各个环节的有机组合、节点配置、合理分工、节律运作实际上是快递服务网络性的重要体现。寄递组织的网络随着快件经营范围的扩大而同步扩大，不可或缺。快递业务的完成高度依赖快递网络也是其区别于普通物流的一项重要特征。

## 1.4　快递与物流的差异

物流是物品从供应地向接收地移动的活动过程。物流随商品生产的出现而诞生，随商品生产的发展而发展，所以物流是一种古老的、传统的经济活动。快递是为了满足人们多元化的服务需求，在物流的发展基础上产生的一种活动。快递与物流既有一脉相承的联系，又有本质的不同，具体差异如下。

（1）服务对象差异

快递的服务对象主要是需要寄递各种单据和证书的公司、单位等组织以及需要寄递私人物品的个人。物流的服务对象多为制造类和销售类企业，一般是以合同物流或项目物流的服务形式与企业合作。

（2）货物大小差异

快递公司主要运送的是质量在 50 kg 以下的货物（一般是质量在 2 kg 以下的小件货物），如文件、衣物、生活用品、少量的电子产品等。物流公司主要运送的是大型货物，如大型机械、大件设备、数量较多的电子产品等。

（3）货物数量差异

数量少、质量小的物品，一般找快递公司运输；而数量多、质量重的物品，则必须找物流公司运输。例如，要寄一部手机，可以找快递公司，如果要寄一批手机，一般找物流公司更合适。

（4）收费标准差异

快递一般按照质量收费，收费标准为"首重+续重"的方式。物流把货物分为重货和泡货，重货以质量计价，而泡货以体积计价。通常来说，快递的价格较高，一般适合运输小件货物；物流的整体运费较低，主要运输大宗物品，因此常为企业所用。

（5）取送货方式差异

快递可以上门取件和送货上门，也就是行业里所说的"前后一公里"。大多数物流公司没有"前后一公里"的取送货服务，需要发货人送到指定的地点或收货人自己到指定地点提货，尽管有些物流公司提供了取送货服务，但收费很贵。

（6）存储方式差异

快递一般要尽量缩短存储时间，尽量通过快速分拨将快件发送出去，通过尽可能快速运输将快件送达消费者的手里，而物流企业会提供一定的仓储服务，甚至专门为一些货物定制专门的仓储系统。

（7）到货时间差异

快递公司是全国联网的，基本上货物都是批量运输，而物流公司不同，除非是一次性运输一车货物，不然物流运输比快递运输慢。通常来说，快递的到货时间是越早越好，而物流则不完全通过到货时间来评价其服务水平。

（8）监管机构差异

快递企业遵守经营邮政业务许可的市场准入政策，由国家邮政局和各省（自治区、直辖市）邮政管理局监管。物流企业遵守经营道路运输业务许可的市场准入政策，由交通运输管理部门进行监督和管理。

## 1.5　快递企业的分类

快递企业有两种不同的划分方式：按照所有制性质划分和按照经营模式划分[4]。

（1）按照所有制性质划分

按照所有制性质的不同，快递企业可以分为国有快递企业、民营快递企业和外商投资快递企业 3 类。目前，民营快递企业已成为快递行业的主力军，其业务量和业务收入的占比已超过国内市场的 60%。

（2）按照经营模式划分

按照经营模式的不同，快递企业可以分为直营快递企业和加盟式快递企业。直营快递企业是指由企业总部直接投资、经营、管理其下属分支机构和经营网点的快递经营模式。直营快递模式最主要的特点是所有权和经营权集中于快递企业总部。加盟式快递模式是指快递企业总部以特许经营的模式，将其注册商标、企业标识、网络资源、寄递渠道授予其他加盟企业（经营者），加盟企业按照合同约定在一定的时间和区域内，以统一的品牌向社会提供服务的快递经营模式。加盟模式的特点是快递企业总部与加盟企业之间是基于合同的平等主体、无隶属关系，加盟企业独立经营、自负盈亏。

直营模式和加盟模式的差异主要体现在末端的揽件和派件环节。在直营模式下，快件的中转、揽收和派送均由快递公司直接负责；而在加盟模式下，末端快件的揽收和派送环节主要由加盟企业承担，而涉及快件中转、干线运输的中转环节主要由快递公司自营的枢纽转运体系承担。在直营模式下，总部对下属分支机构和网点具有较强的管控能力，从而可以有效地保证快递服务的质量和时效，但是该模式的管理成本较高，一般适用于高端市场。在加盟模式下，总部与下属分支机构和网点之间是基于合同约定的合作关系，各自相互独立，总部不能直接管理末端的业务，而是通过激励、处罚等手段来引导加盟企业进行标准化管理，因此，该模式的管理成本相对较低，但是不能完全保证快递服务的质量和时效。

## 1.6 快递物流资源的分类

快递物流资源是指与快递业务活动有关的各种有形和无形资源，是实现快递服务的基础。可以根据快递物流资源的功能、所有权和使用权的关系对其进行分类。

（1）按照功能分类

根据快递物流资源的功能，可将其分为组织资源、基础设施资源、设备资源、运力资源、人力资源和信息资源等。

① 组织资源。快递组织资源是指以快递经营和管理活动为核心的实体性组织或虚拟组织，既包括快递管理和运作部门、快递企业间的联盟与组织，也包括从事快递中介服务的企业以及政府监管机构等。

② 基础设施资源。快递基础设施资源是指由快递节点和快递路线两部分有机结合而形成的、能够提供快递服务的作业场所，如各级转运中心、网点等。

③ 设备资源。快递设备资源是指快递活动中所涉及的各种有形设备，例如分拣设备、封装设备、搬运设备等。

④ 运力资源。快递运力资源主要是指提供快递运输和配送服务的各类交通工具，例如，提供航空运输的飞机、提供铁路运输的火车、提供公路运输的汽车以及快递末端提供配送服务的三轮车等。

⑤ 人力资源。快递人力资源是指从事快递管理或业务操作的人员，主要包括快递员、车辆司机、装卸搬运人员、设备操作人员等。

⑥ 信息资源。快递信息资源是指围绕各类快递活动，由外界输入或内部反馈的数据、资料、图像、文件、知识等的总称，它们伴随着快递活动的发生而产生，贯穿于快递业务各个环节，是实现快递服务的"中枢神经系统"。

（2）按照所有权和使用权的关系分类

根据快递物流资源的所有权和使用权的关系，可以把快递行业内现有的物流资源分为 4 种类型：自有型资源、租赁型资源、联盟型资源和平台型资源[5]。

① 自有型资源。自有型资源的所有权和使用权都归属于同一主体，直营快递企业拥有的大多数物流资源都是自有型资源。

② 租赁型资源。租赁型资源的所有权归属于同一主体，但该资源同时提供给多个客体使用。例如，在快递配送"最后一公里"环节，智能快递柜的铺设由某一主体完成，提供给不同的快递企业使用，并收取一定的费用。

③ 联盟型资源。联盟型资源的所有权归属于多个主体，但这种资源只能归属一个客体使用。如百世快递的共建车队模式，车辆的所有权属于分散的司机个体，而车辆的使用权归属于百世快递，共建车队模式主要应用于具有双向货源的干线运输。

④ 平台型资源。平台型资源的所有权归属于多个主体，资源也同步提供给多个客体使用。各类车货匹配平台中的车辆是典型的平台型资源，车货匹配平台通过互联网大数据分析，将分散的车辆供给资源和分散的货主运输需求进行线上交易撮合。

# 1.7 快递的服务环节

国内快递业务的服务环节主要包括收寄、分拣、仓储、封发、运输、投递等。国际出境快递业务的国内服务环节主要包括收寄、分拣、封发、运输、出口报关，以及查询、投诉和赔偿等。国际进境快递业务的国内服务环节主要包括进口报关、运输、分拣、投递等。

快递的服务环节可划分为 3 个阶段：收寄、内部处理和投递。每个阶段包含的业务及其关系如图 1-2 所示。

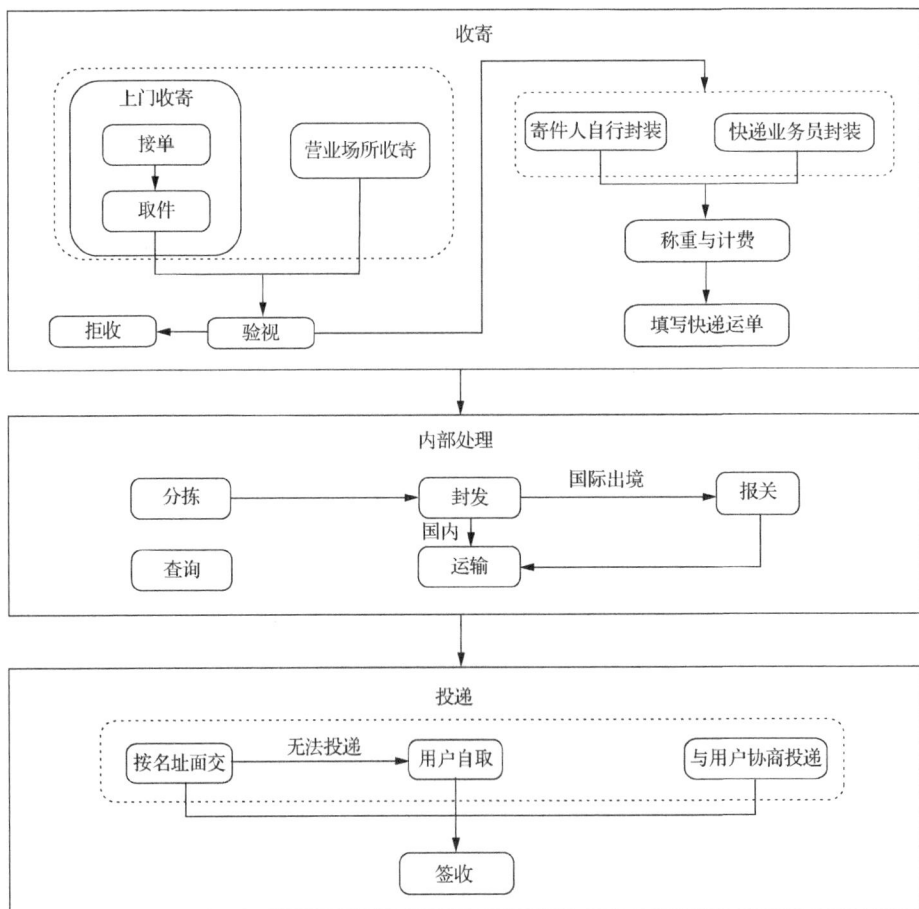

图 1-2　每个阶段包含的业务及其关系

### 1.7.1　收寄

快递收寄是指快递业务员从客户处收取快件的全过程，包括接单、取件、验视、封装、称重与计费、填写快递运单等环节。快递收寄主要包括上门收寄和营业场所收寄两种形式。上门收寄是指快递业务员收到快件需求信息后，在约定的时间和地点收取快件。营业场所收寄是指寄件人到快递企业的服务网点寄发快件。在营业场所收寄时，快递业务员应告知寄件人服务范围、服务时限、服务费用、物品禁限寄规定等，并为寄件人提供基本的用品、用具。

（1）接单

快递服务组织接单应满足如下要求：记录寄/收件人姓名、取件地址、联系方式、快递种类、快件品名、快件目的地等相关信息，约定取件时间，若不能提供快递服务，应以适当的方式及时告知寄件人。

（2）取件

快递服务组织接单后应立即通知收派员取件，收派员取件应按如下要求操作：取件时间宜在 2 h 内，有约定的情况除外；应统一穿着具有组织标识的服装，并佩戴工号牌或胸卡；应携带必备的快递运单、快递封装用品和计量器具等；取件后应及时将快件送交快递营业场所或快件处理场所。

（3）验视

验视时收派员应要求寄件人如实告知快件内件的种类和性质。对于寄件人交寄的信件，必要时快递服务组织可要求寄件人开拆进行验视，但不应检查信件内容。对于寄件人交寄的信件以外的快件，快递服务组织收寄时应当场验视内件，寄件人拒绝验视的，不予收寄。验视时应满足如下要求：查验寄件人交寄的物品是否符合国家禁限寄规定以及是否与快递运单上所填的内容相符；如果发现禁寄物品，应拒收并向寄件人说明原因；如果发现限寄物品，应告知寄件人处理方法及附加费用。

（4）封装

快件的封装主要包括快递业务员封装和寄件人自行封装两种形式。快递业务员封装，需要寄件人支付费用时，应在封装前告知寄件人所需费用。封装时快件单件的质量和规格必须满足以下要求：单件质量不超过 50 kg；包装规格要求任何一边的长度不超过 150 cm，长、宽、高三边长度之和不超过300 cm。封装时应使用符合国家标准和行业标准的快递封装用品。封装时应防止快件：变形、破裂、损坏或变质；伤害用户、快递业务员或其他人；污染或损毁其他快件。对信件、包裹和印刷品的封装，应满足以下具体要求：信件封装以不影响快递封套的正常封口为准，封装完成后，应在快递封套的显著位置标注"信件"字样，不应将信件打包后作为包裹寄递；包裹封装应综合考虑寄递物品的性质、状态、体积、质量、路程和运输方式等因素，选用适当的方式封装；印刷品应平直封装。

（5）称重与计费

快递服务组织应使用秤、卷尺等计量器具测量快件的实际质量和体积，明确计费方式，并根据计费方式、服务种类等确定服务费用。快递服务组织应在提供服务前告知寄件人收费依据、收费标准或服务费用。寄件人支付费用后，快递服务组织应向寄件人提供发票。

（6）填写快递运单

填写快递运单前，快递服务组织应提醒寄件人阅读快递运单的服务合同条款，并建议寄件人为贵重物品购买保价或保险服务。寄件人应按照相关要求填写快递运单，确保：字迹清楚、工整；内件品名、种类、数量等信息填写准确；寄件人姓名、地址、联系方式，收件人姓名、地址、联系方式等内容填写完整。快件收寄后，应及时录入收寄信息并按规定上传网络。

对于国际出境快件的收寄应还满足一些特殊要求。

① 接单。对于国际出境快件，在接单时还应协助寄件人了解寄达国或地区对快件的特殊规定，对于物品类快件，应提示寄件人准备海关需要的相关单证。

② 验视。对于国际出境快件，验视时还应检查物品类快件所需的单证是否符合要求，如不符合要求，可拒收快件。

③ 质量与规格。对于国际出境快件的质量与规格可按国内件标识，如有

双边特别约定，可按约定执行。

④ 计费。快递服务组织应明确告知寄件人国际快递业务可能产生的额外费用，主要包括国际航空燃油附加费、物品类快件所需的报关费用、其他需要用户支付的费用。

⑤ 填写快递运单。快递服务组织收派员应指导寄件人填写国际快递运单，国际快递运单填写得是否正确、规范关系到快件能否迅速、准确地派送到收件人手中。

### 1.7.2 内部处理

快件的内部处理主要包括分拣、封发、运输、报关、查询等环节。如在内部处理过程中发现禁寄物品，应立即停止寄递，对于各种反动报刊与书籍、淫秽物品、毒品及其他危险品，应及时通知公安机关处理，并及时报告当地邮政管理部门。

（1）分拣

网点或转运中心的操作员按照快递运单上标记的目的地址和代码对快件进行分拣，具体要求如下：按收件地址、快件种类、服务时限要求等进行分拣；应分区作业；文明分拣，不应野蛮操作，快件分拣脱手时，离摆放快件的接触面之间的距离不应超过 30 cm，易碎件不应超过 10 cm；小件物品及文件类快件，不宜直接接触地面；应准确将快件分拣到位，避免出现错分滞留现象；应及时录入分拣信息，并按规定上传网络。

（2）封发

网点或转运中心的操作员将发往同一网点或同一转运中心的快件进行封发，具体要求如下：应准确封发，防止错发、漏发；应对中途需要中转的小件物品，建立总包进行封发；应及时录入封发信息，并按规定上传网络。国际出境快件应单独封发，不与国内快件混封。

快件的分拣、封发可分为 4 种方式：包进包出、散进包出、包进散出、散进散出。

① 包进包出是指快件以总包的形式进入处理单位,经分拣和封发后再以总包的形式发往下一环节。包进包出是快递企业在地区性转运中心采取的主要处理形式。

② 散进包出是指快件以散件的形式进入处理单位,经分拣和封发后以总包的形式发往下一环节。散进包出的形式主要存在于始发网点。

③ 包进散出是指快件以总包的形式进入处理单位,经分拣后再以散件的形式发出。包进散出的形式主要存在于目的网点。

④ 散进散出是指快件以散件的形式进入处理单位,经分拣后再以散件的形式发出。散进散出的形式主要存在于网点的上级分部,这类处理单位两端连接收寄网点和派送网点。在散进散出的处理方式下,快件不需要经过转运环节,同城快件的处理多属于此类。

（3）运输

快件运输是快递企业在统一的组织、调度和指挥下,按照运输计划综合使用各种运输工具,将快件迅速、有效地运达目的地的过程。在快件的装载和卸货环节,应确保快件不受损害,核对快件数量和质量,如发现异常快件,应及时记录,并注明处理情况,如需转运,应严格按照中转时限转发。应按照规定路由进行运输,若出现特殊情况,致使原先规定的路由不合适时,可根据实际情况调整计划,并做好记录。应及时录入运输信息,并按规定上传网络。

（4）报关

国际出境快件应按有关法律法规规定向海关申报出境。快递服务组织可设立报关部门,配备报关员,向当地海关申请代理报关资格,办理代理报关业务,并配合海关对受海关监管的进出境国际快件实施查验放行工作。快递服务组织报关时,应满足以下要求:在快件的外包装上标有符合海关自动化检查要求的条形码;寄件人交寄的需要进行卫生检疫或者动植物检疫的快件,应附有检疫证书;及时向海关呈交快件报关所需的单证、资料,并如实申报所承运的快件;国际出境快件自向海关申报起到出境止,应存放于海关快件监管场所,并妥为保管;未经海关许可,不应将监管时限内的快件进行装卸、开拆、重换包装、提取、派送、发运或进行其他作业；海关将部分内件或整件扣留没收时，应将海关签发的扣留通知单及时送达寄件人。

（5）查询

对于国际出境快件，快递服务组织宜提供全程跟踪的即时查询服务。国际快件查询信息有效期为 6 个月。国际快件电话人工查询受理时间为一周 5 天，每天应不少于 8 h。对于通过代理方式开展国际快递业务的情况，快递服务组织应及时将快件信息与国外代理组织进行交换传输和跟踪查询。

### 1.7.3　投递

快件的投递是指快递服务组织将快件递送给收件人或递送到指定地点并获得收件人签收的过程。投递主要包括按名址面交、用户自取、与用户协商投递 3 种形式。按名址面交的投递时间应不超出向用户承诺的服务时限，快递服务组织应对快件提供至少两次免费投递，投递两次未能投递成功的快件，收件人仍需要快递服务组织投递的，快递服务组织可收取额外费用，但应事先告知收件人收费标准。用户自取主要适用于以下两种情况：投递两次仍无法投递的快件；相关政府部门（如海关、公安等）提出的要求。对于有特殊需求的用户，快递服务组织可与用户协商，采取其他方式妥投快件。

（1）签收

快递服务组织的收派员将快件交给收件人时，应告知收件人当面验收快件。快件外包装完好，由收件人确认签字。如果外包装出现明显破损等异常情况，收派员应告知收件人先验收内件再签收。对于网络购物、代收货款以及与客户有特殊约定的其他快件，快递服务组织应按照国家有关规定，与寄件人（商家）签订合同，明确快递服务组织与寄件人（商家）在快件投递时验收环节的权利义务关系，并提供符合合同要求的验收服务。寄件人（商家）应当将验收的具体程序等要求以适当的方式告知收件人，快递服务组织在投

递时也可以予以提示，验收无异议后，由收件人确认签字。

若收件人本人无法验收，经收件人（寄件人）允许，可由其他人代为签收。代收时，收派员核实代收人身份，并告知代收人代收责任。在验收过程中，若发现快件损坏等异常情况，收派员应在快递运单上注明情况，并由收件人（代收人）和收派员共同签字；收件人（代收人）拒绝签字的，收派员应予以注明。若为到付件，收件人（代收人）支付费用后，快递服务组织应提供发票。

（2）快件无法投递时的处理

快递服务组织应在投递前联系收件人，当出现快件无法投递的情况时，应采取以下措施。

① 首次无法投递时，应主动联系收件人，通知复投的时间及联系方法，若未联系到收件人，可在收件地点留下派送通知单，将复投的时间及联系方法等相关信息告知收件人。

② 复投仍无法投递，可通知收件人采用自取的方式，并告知收件人自取的地点和工作时间。收件人仍需要投递的，快递服务组织可提供相关服务，但应事先告知收件人收费标准和服务费用。

③ 若联系不到收件人，或收件人拒收快件，快递服务组织应在彻底延误时限到达之前联系寄件人，协商处理办法和费用，主要包括：寄件人放弃快件时，应让寄件人在快递服务组织的放弃快件声明上签字，快递服务组织凭放弃快件声明处理快件；寄件人需要将快件退回的，应让寄件人支付退回的费用。

## 1.8　快递网络

### 1.8.1　快递网络的定义

快递服务的实现是以快递网络（Express Network）为基础的。快递网络是依附于交通运输网络上的一种特殊网络，是快递企业开展业务的物质基础和重要保障。快递网络是由快递网点、各级转运中心和各级网络，按照一定的原则和方式组织起来的，在控制系统的作用下，遵循一定的运行规则传递快件的网络系统。快递网络是一个统一的整体，各部分紧密衔接，依靠全网的整体功能完成快件传递的任务。快递网络可以抽象地概括为 3 个层次：物理层、业务层和控制层[6]。快递网络以物理层为基础，在业务层的规范下，快件得以有序地传递，控制层起监督、控制和协调作用，保证全网的畅通。

### 1.8.2　快递网络的构成

快递网络可以看作由节点和边构成的分层结构，其中，节点由各级转运中心和网点组成，边则是连接各节点的运输路线。

（1）转运中心

转运中心是快递网络中的集散节点，其主要功能是对快件进行集散和转运。转运中心是进行快件分拣和集散的重要节点，虽然它不从事具体商品的生产，但是它把从其他网点或转运中心送来的快件进行集中、分拨和转运，实现快件在快递网络中从分散到集中再到分散的流动。

转运中心根据其在快递网络中的地位及作用可分为不同的层次。快递网络中底层的转运中心也称为分拨中心，主要负责当地快件的集散，对出港的快件进行分拣并分发到相应的上级转运中心，对入港的快件进行分拣并分发到相应的网点。底层转运中心与下属网点之间主要采用公路运输方式。大型转运中心也称为区域枢纽转运中心，主要负责某一区域或者全网的快件集散处理工作。枢纽转运中心将下属各转运中心的快件集中后再统一处理，通过汽车或飞机等运输方式将快件发往其他转运中心，或者发送至下属相应的转运中心。其他转运中心介于枢纽转运中心和底层转运中心之间，各自覆盖相应的区域，构成整体快递网络的中转节点。

在快递网络中，转运中心的数量较少，负责区域较大，其地理位置、处理能力和作业效率对整个网络有很大影响，尤其是枢纽转运中心，对于快递的整体服务质量有着至关重要的影响。转运中心位置、数量和地位的确定，通常要综合考虑物品种类、数量、流向、交通条件、地理位置、城市规划和政策、与其他转运中心的衔接、作业效率等因素。

（2）网点

网点是快递网络中进行快件收寄和投递的节点，其散布在快递业务覆盖的范围内，是快递企业或加盟企业面向客户的主要节点。在取件时，快递员和取件车辆从网点出发上门收取客户的寄递物品或者客户直接将寄递物品送到网点的营业场所，经过验视、封装等处理后，快件开始进入快递网络。在投递时，当寄递物品到达目的网点后，通过上门送货和用户自取等方式，最终完成快件在快递网络的传送过程。

对于地理范围较大或人口比较密集的区域，网点可以分为一级网点和二级网点。一级网点除了完成本区域的快件收寄和投递工作外，还兼具部分转运中心的职能，负责下属二级网点快件的集散和转运工作。二级网点不直接面对转运中心，而面对其上级网点，由上属一级网点负责本网点快件的分发和转运。

在快递网络中，网点的数量多、分布广、覆盖范围大。网点的选址一般综合考虑地理位置、交通条件、客户密度、环境条件、组织管理和成本等因素。在维持一定成本费用的情况下，尽量接近用户，设置标准包括服务区域大小、用户数量和业务量等。

（3）运输路线

运输路线是指在快递网络节点之间安排的汽车、飞机等运输工具运行的路径。运输工具一般按照规定的路线和班期运行，将快递网络中的各个节点相连，从而构成一个完整的网络。快件通过运输路线从分散到集中，再从集中到分散，进行有规律的流动。使用的运输工具主要是汽车和飞机，部分使用火车运输。

运输路线根据其所连接的节点不同，可分为干线和支线，干线又分为主干线和次干线，支线又分为一级支线和市内支线。连接两个枢纽转运中心的运输路线称为主干线，主干线多使用飞机或大型货车作为运输工具。连接枢纽转运中心和转运中心的运输路线以及转运中心之间的运输路线称为次干线，次干线主要使用大型汽车作为运输工具，部分次干线也使用飞机作为运输工具。连接转运中心和网点的运输路线称为一级支线，一级支线主要采用中型汽车或小型汽车作为运输工具。连接网点与终端客户的运输路线称为市内路线，市内路线多使用小型货车或三轮车等作为运输工具。

### 1.8.3　快递网络的结构

根据快件运输量、网络节点数量、运输方式和运输时限等要求的不同，快递网络的基本拓扑形态按照不同形式进行组合，形成了全连通、轴辐式及混合轴辐式 3 种网络结构[7]。

（1）全连通网络结构

全连通网络结构又称为"点对点"结构，是由星形拓扑结构演化而来的。在全连通网络结构中，所有节点之间都建立运输路线，没有任何中转过程，各个节点之间以较快的速度传递快件，是时效性最好的一种网络结构。在网络节点数量相对较少且每个节点的运输量达到一定规模的情况下，全连通网络结构可以减少中转带来的物品损耗和装卸费用，提高运输速度。在网络节点数量较多或节点间运输量较少时，全连通网络结构会大幅度地增加运输成本，导致网络不经济。全连通网络结构如图 1-3 所示。

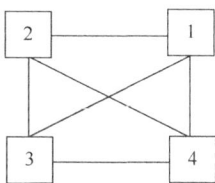

图 1-3　全连通网络结构

（2）轴辐式网络结构

轴辐式网络结构是通过中转形式进行快件传递的网络结构。轴辐式网络结构的基本原理是在网络中选取一些节点作为枢纽节点（也称为中转节点），快件从始发节点运送至枢纽节点，然后通过枢纽节点转运至目的节点。枢纽节点连通了网络中的其他节点，能完成不同节点间的快件传递服务，这样不仅可以减少网络中的链路数量，而且可以通过集散功能实现网络的规模效应。根据枢纽节点的数量，轴辐式网络结构可分为单枢纽轴辐式网络结构和多枢纽轴辐式网络结构。

① 单枢纽轴辐式网络结构是将所有的运输量集中到一个枢纽节点，然后向各个节点发运的网络结构。单枢纽轴辐式网络结构可以实现最大限度的运量合并，网络规模较大，但会出现不同程度的逆向运输和对流运输等情况，并带来一定的时间延长。单枢纽轴辐式网络结构如图 1-4 所示，其中，A 为枢纽节点，其他节点都只与枢纽节点 A 连接。

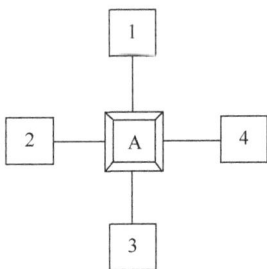

图 1-4　单枢纽轴辐式网络结构

② 多枢纽轴辐式网络结构是设置一定数量的枢纽节点，将周围多个节点的运量集中到枢纽节点进行运量合并后再进行运输的网络结构，如图 1-5 所示。多枢纽轴辐式网络结构可以避免单枢纽方式中枢纽流量拥挤的情况，在节点数量较多且各个节点之间的运输量较低或不平衡的情况下，这种模式较为适用。多枢纽轴辐式网络结构可分为两种模式：单分配模式和多分配模式。在单分配模式中，每个节点只与一个枢纽节点相连，其结构如图 1-5（a）所示。在多分配模式中，每个节点至少与一个枢纽节点相连，其结构如图 1-5（b）所示，在该网络中，节点 1 与两个枢纽节点（A 和 B）连接。

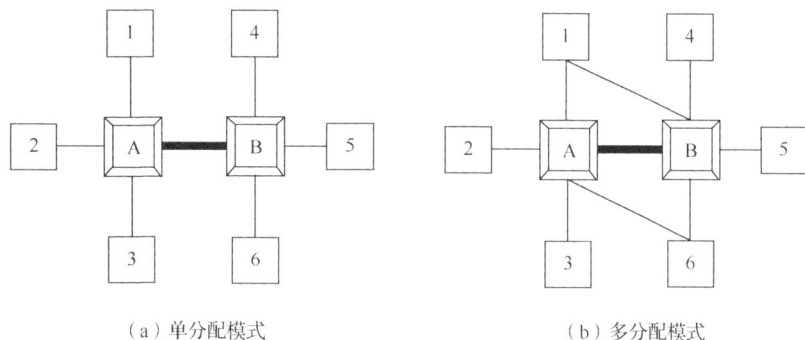

（a）单分配模式　　　　　　　　　　　（b）多分配模式

图 1-5　多枢纽轴辐式网络结构

（3）混合轴辐式网络结构

在轴辐式网络结构中，所有节点上的流量都要通过枢纽节点进行中转，不同节点之间不存在直接连接。而在混合轴辐式网络结构中，节点除了可以和枢纽节点连接外，还允许两个节点之间的直接连接，但是这种连接的数量只占全部连接的少数，网络的整体结构还表现为轴辐式网络结构。混合轴辐式网络结构如图 1-6 所示，在该网络中，节点 1 和节点 2 直接连接，节点 5 和节点 6 直接连接。

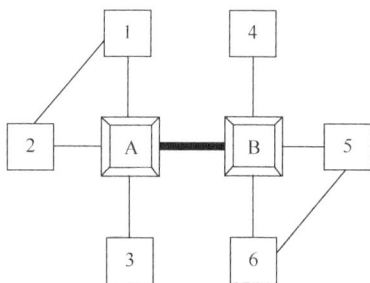

图 1-6　混合轴辐式网络结构

## 1.8.4　快递网络的层次

从网络的拓扑结构角度，一个快递网络可以分为 3 个层次：干线网络、支线网络和末端网络[8]。其层次结构如图 1-7 所示。

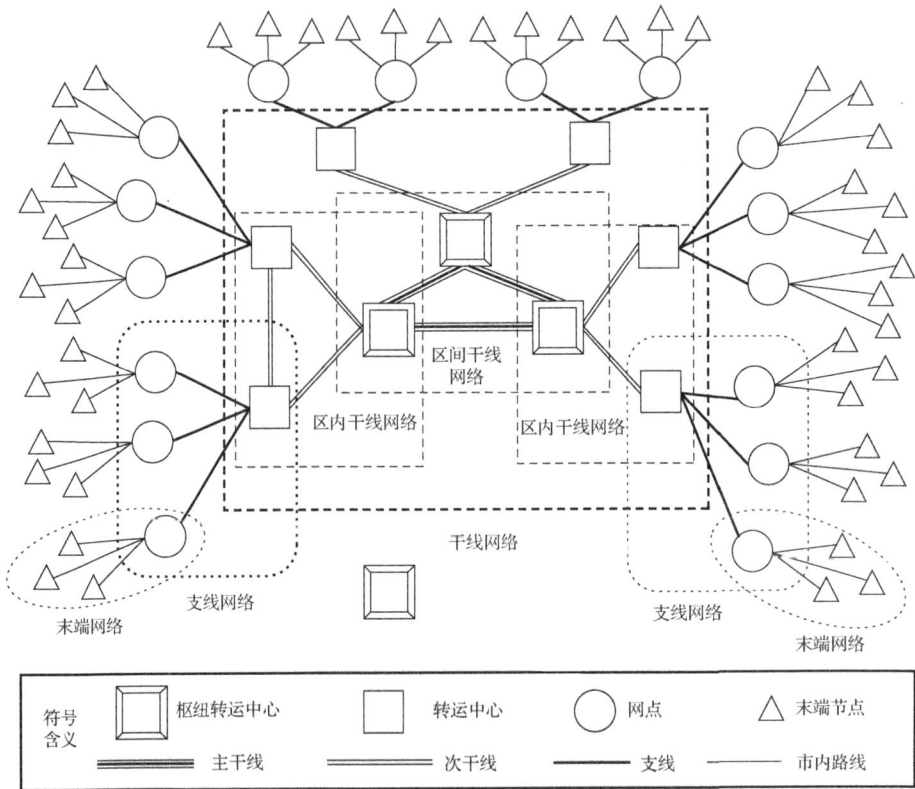

**图 1-7　快递网络的层次结构**

（1）干线网络

干线网络是由枢纽转运中心、转运中心、主干线和次干线组成的网络。连接枢纽转运中心的运输路线称为主干线，主干线一般是跨省份或地区的。连接枢纽转运中心与转运中心的运输路线以及转运中心之间的运输路线称为次干线，次干线一般是连接省份内或地区内城市之间的运输路线。根据干线的类型，干线网络可以分为区间干线网络和区内干线网络。

① 区间干线网络

区间干线网络是由枢纽转运中心及其之间的主干线组成的网络，是整个快递网络的核心。区间干线网络的结构主要采用完全连通的方式，其优点是运输速度快、时效性高、单位成本低，具有规模经济效益，但是前期投入成本较高。

② 区内干线网络

区内干线网络是由区域内（如省份内或地区内）的枢纽转运中心、转运中心和次干线组成的网络。在区内干线网络中，枢纽转运中心和下属转运中心之间采用直连的方式，其结构呈轴辐式，下属转运中心之间依据货量、距离、交通等多种因素决定是否直连，因此，区内干线网络的整体结构为混合轴辐式。

（2）支线网络

支线网络是由某个城市内的转运中心、下属网点和支线组成的网络。支线网络是干线网络和末端网络的衔接网络，其覆盖的范围一般是一个城市，多使用中型或小型货车作为运输工具。在支线网络中，转运中心和下属网点之间采用直连的方式，下属各个网点之间一般没有连接关系，因此其结构为单枢纽轴辐式。

（3）末端网络

末端网络是由某个区域内的网点、末端节点、终端客户以及它们之间的运输路线组成的网络，是快递企业与客户直接接触的重要环节。末端网络以网点为中心，其覆盖范围是一个城市内的某个区域，多使用小型货车或三轮车作为运输工具，快递的收寄和投递环节都发生在末端网络。近年来，为了解决快递"最后一公里"的问题，出现了快递驿站、快递柜等末端节点形式，它们可以看作对快递网络的补充。

① 快递驿站

快递驿站借助信息化平台，为不同快递企业的网点提供快递包裹代收或代寄服务。目前，快递驿站主要有学校快递驿站、社区快递驿站和乡村快递驿站。学校快递驿站主要分布在学校内或学校周边，主要的服务对象是学生、老师等。社区快递驿站主要分布在小区周边地区，服务的对象是小区及周边的居民。乡村快递驿站主要分布在乡村地区，主要的服务对象是乡村的居民，目前我国乡村经济的飞速发展，乡村驿站的数量逐渐增多，加快了消费品下乡与农产品上行的速度，乡村驿站开始承担农村的电商服务。

② 快递柜

快递柜是一个基于物联网的、能够对快件进行识别、暂存、监控和管理的设备，通常安装在人流较大的区域。快递员将快件放入快递柜的同时，快递柜的服务系统会自动给收件人发送短信，客户可在方便的时间，凭短信中的验证码在快递柜中提取快件。快递柜不仅可以满足客户对时间自由度的需求，而且能够节约快递员的等待时间，提高配送效率。

## 1.9 快递业发展现状与趋势

近年来，随着我国经济的飞速发展及消费方式的转变，快递行业作为支撑国民经济发展的基础性、战略性产业，已进入快速发展的新阶段。根据国家邮政局统计，"十三五"期间，我国快递业务量迅猛发展，年均增长率高达 32.1%。2020 年，我国快递业务量累计完成 833.6 亿件，同比增长 31.2%，业务量超过美国、日本、欧盟等发达国家或经济体总和，占全球包裹量的50% 以上，连续 6 年稳居世界第一。2021 年，我国快递业务量首次突破千亿件大关，达到 1083 亿件，同比增长 29.9%；业务收入达到 10332.3 亿元，同比增长 17.5%；年人均快件收发量为 76.8 件，同比增加 17.7 件，增幅进一步扩大。2022 年，我国快递业务量完成 1105.8 亿件，同比增长约 2.1%；业务收入达 1.06 万亿元，同比增长约 2.6%。受新冠疫情影响，2022 年快递业务量增速放缓，但随着疫情防控政策的调整以及消费市场的复苏，2023年快递业务量已在稳步恢复，预计增长率达到 15%。图 1-8 描述了 2012—2022 年我国快递业务量和增长率的变化。从该图可以看出，近 10 年来，我国快递业务量持续稳定增长，但是增长率在逐步放缓，市场规模逐渐趋于平稳状态。

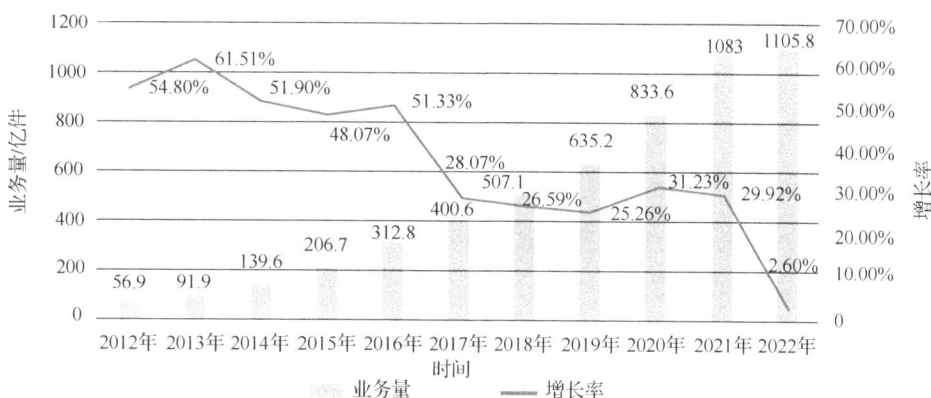

图 1-8　2012—2022 年我国快递业务量和增长率的变化

在快递业务量高速增长的同时，各个快递企业通过规模化降低成本，以压低单票价格换取更大市场份额，成为快递业普遍的竞争方式[9]。2012—2022年我国快递单票价格由 18.6 元/件降至 9.6 元/件，降幅接近 50%，变化趋势如图 1-9 所示，企业的利润空间进一步被压缩，因此，如何降本增效、提高配送效率已成为各个快递企业提高竞争优势的关键。不断增长的业务量也给末端配送带来极大的压力。尽管市场对快递从业人员产生了庞大的需求，快递员数量却一直处于短缺状态。根据人社部发布的 2020 年全国招聘求职短缺职业排行显示，快递员属于第二短缺职业。快递员的短缺与其高强度的工作压力不无关系，根据快递从业人员调查报告显示，我国快递员每天工作 8～10 h 的占 46.85%，每天工作 10～12 h 的占 33.69%，近两成的从业人员工作12 h 以上。然而，在如此高负荷的配送压力下，快递员的派送费用并不乐观，通达系快递企业近年来的财报显示，单票收入普遍在 2 元左右，这包括收件、中转、干线和派送的所有费用。

目前我国快递产业仍处于成长期，尽管总体规模很大，但是平均规模偏小，企业间分工协作程度较低，难以形成规模效应。同时，重复建设和资源浪费现象比较严重，物流资源整合与共享是解决快递行业目前所面临的发展困境的一种有效途径[10-11]。党中央在十八届五中全会提出了创新、协调、绿色、开放、共享的发展理念，共享经济首次被写入国家战略。2018 年 1 月 23

日国务院办公厅印发的《关于推进电子商务与快递物流协同发展的意见》指出，要健全企业间数据共享制度，鼓励和引导电子商务平台与快递物流企业之间开展数据交换共享，共同提升配送效率。移动互联网、大数据、云计算、物联网等现代信息技术的迅猛发展，推动了共享经济的新变革[12]。快递具有天然的共享经济特点，例如各企业主体的运营资源重叠，业务高峰期资源紧张、其他时间资源闲置，不同细分领域的企业业务峰值峰谷交替出现等，因此，在快递行业实施物流资源整合与共享是必要而且可行的。

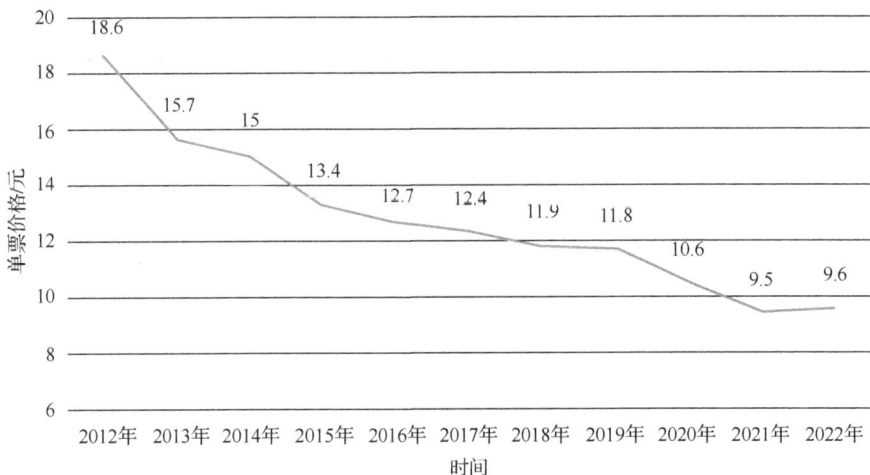

图 1-9　2012—2022 年我国快递单票价格变化趋势

## 1.10　本章小结

本章首先介绍快递领域的相关基本概念，包括快递的定义、快递业务的分类、快递的特征、快递与物流的差异、快递企业的分类以及快递物流资源的分类。然后介绍快递的服务环节，快递的服务环节主要分为 3 个阶段：收寄、内部处理和投递。快递服务的实现是以快递网络为基础的，快递网络可以分为干线网络、支线网络和末端网络 3 个层次。最后，介绍我国快递行业的发展现状，针对快递行业目前所面临的问题，指出快递物流整合与共享的必要性。

# 参考文献

[1] 中国国家标准化管理委员会. 快递服务 第 1 部分: 基本术语: GB/T 27917.1—2023[S]. 北京: 中国标准出版社, 2023.

[2] 高斌, 陶伯刚. 快递服务概论[M]. 北京: 人民邮电出版社, 2013.

[3] 倪玲霖. 快递营运网络优化设计与竞争网络均衡研究[D]. 长沙: 中南大学, 2011.

[4] 谢逢洁. 快递产业竞争关系网络: 结构、演化及博弈行为[M]. 北京: 科学出版社, 2020.

[5] 韩方方, 吴卫华, 颜晔栋. 城市末端全链协同的快件物流资源共享平台研究[J]. 物流技术与应用, 2021, 26(5): 142-147.

[6] 黄建华. 复杂快递网络的优化方法及抗毁性能研究[D]. 大连: 大连理工大学, 2011.

[7] 谢逢洁. 快递网络: 复杂性及规划运营管理[M]. 北京: 科学出版社, 2020.

[8] 杨从平. 基于复杂网络理论的快递网络优化研究[D]. 武汉: 华中师范大学, 2015.

[9] 邓月芳, 王奕纯, 张骅. 我国快递企业发展现状及对策研究[J]. 市场周刊, 2022, 35(6): 22-25.

[10] 纪青然. 快件物流资源整合与优化配置方法研究[D]. 哈尔滨: 哈尔滨工业大学, 2021.

[11] 王迎军. 加强物流资源整合, 实现企业效能最大化[J]. 价值工程, 2015, 34(3): 20-21.

[12] 王继祥. 中国共享物流创新模式与发展趋势[J]. 物流技术与应用, 2017, 22(2): 80-84.

# 第2章
# 快递物流资源整合

本章主要介绍快递物流资源整合模式，提出基于物流资源整合的共享快递网络概念，该网络包括 3 种物流资源整合模式：第一种是面向网点整合的共同配送模式，第二种是面向快递末端运力资源整合的众包配送模式，第三种是面向快递网络资源整合的第四方物流模式。

## 2.1 快递物流资源整合的概念

快递物流资源是指与快递业务活动有关的各种有形和无形的资源。根据快递物流资源所实现的功能，可将其分为组织资源、基础设施资源、设备资源、运力资源、人力资源和信息资源等。目前，国外对快递物流资源整合的研究比较少，相关的研究主要集中在供应链资源的整合与协同方面，没有单独涉及快递领域。国内对快递物流资源整合的定义也比较少，大多数是对物流资源整合概念的定义[1-2]。目前，对于物流资源整合使用最广泛的定义是物流资源整合是为适应不断变化的市场环境的需要，在科学、合理的制度安排下，借助现代科技，特别是计算机网络技术的力量，以培养企业核心竞争力为主要目标，将企业有限的物流资源与社会分散的物流资源进行无缝衔接的一种动态管理运作体系[3]。这个定义概括了企业物流资源整合运作的制度基础和知识技能基础，具有非静态和权变特征。

国内的学者从不同的角度对快递物流资源整合的内涵进行了阐述。梁晨从配送资源角度[4]，将快递物流资源整合定义为在城市行政区域范围内服务于城市配送活动的设施、设备、人员、技术等分散资源相互联系并协同工作的系统。张永昕从快递网络的角度[5]，将快递物流资源整合定义为对快递物流基础设施资源进行网络化和整合，提高网络资源配置的效率，建立起现代化综合快递物流服务网络。闫雅文从快递物流资源共享平台角度，对快递物流资源整合的目的和方法进行了描述[6]，认为快递物流资源整合是通过共享平台将各个快递企业的物流组织、信息、设施和设备资源进行共享，以此来消除快递企业之间的界限，实现企业间的无缝衔接和配合。

综合以上定义，本书将快递物流资源整合定义为：快递企业或加盟企业为了满足不断变化的市场环境需要，以提高自身的核心竞争力为目标，选择相关的独立物流资源，采用纵向或横向的一体化整合方式，将企业的物流资源与社会的物流资源进行无缝衔接的动态管理运作体系。纵向一体化整合是快递企业与产业链上下游的企业进行整合，通过纵向整合可以扩大快递企业的服务范围和能力。横向一体化整合是快递企业或加盟网点之间通过合作来整合快递网络，获得整体上的规模经济效益。

## 2.2　基于快递物流资源整合的共享快递网络

目前，快递行业存在 3 种典型的物流资源整合模式，它们分别是共同配送、众包配送和第四方物流。共同配送是指同一区域内的多个加盟网点通过横向一体化整合的方式整合场地、设备和车辆等物流资源，建立共享网点，实现物流资源的统一调度与使用，以此来降低物流成本。众包配送主要是面向快递末端的取派件和同城配送业务，将原本分配给快递企业或网点专职快递员的配送任务，经由众包配送平台转包给非专职社会大众来完成，以此来缓解末端配送资源不足的问题。第四方物流是从供应链的角度整合多个快递企业的转运中心和运输路线等物流资源，建立共享转运中心和协同运输网络，利用第四方物流平台的强大分析与协调能力，为客户提供个性化的快递服务。基于上述 3 种物流资源整合模式的快递网络结构如图 2-1 所示，本书将整合后的快递网络称为共享快递网络。

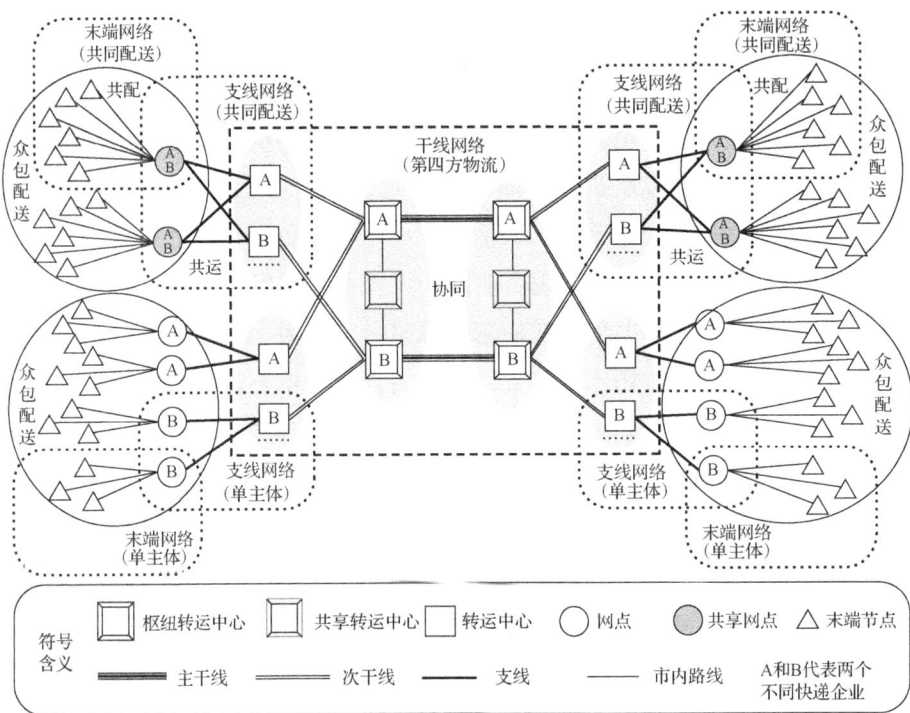

符号含义：枢纽转运中心 共享转运中心 转运中心 网点 共享网点 末端节点 主干线 次干线 支线 市内路线 A和B代表两个不同快递企业

图 2-1 基于物流资源整合的快递网络结构

共享快递网络的构建并不是对多个单主体快递网络要素的简单叠加，而是按照一定的整合模式对不同服务主体提供的物流资源进行组合和重构，其目的是将共享物流的思想融合到快递网络的设计中，借助信息技术平台的强大分析与协同能力，实现不同主体间的资源共享、信息互通、利益共赢，解决目前快递行业分工协作程度较低、平均规模偏小、增量不增收的问题。共享快递网络的干线网络采用第四方物流模式，可以实现不同快递企业之间的协同运输。对于从转运中心到共享网点之间的支线网络及从共享网点到末端节点之间的末端网络，可以采用基于共同配送的物流资源整合模式，实现不同加盟网点之间的共同运输和共同配送。对于快递末端的取派件和同城配送服务，可以通过众包配送平台整合社会闲散运力资源，解决传统配送模式下专职运力资源不足的问题，从而拓宽快递末端网络的服务范围。

在共享快递网络中，每个快递企业既可以利用自己的快递网络进行全流程的快递服务，又可以通过共享转运中心和共享网点与其他快递企业进行协同运输和共同配送，从而扩展自己的服务范围。共享转运中心由第四方物流企业负责组建，一般采用轴辐式网络结构将同一区域内不同快递企业的转运中心连接起来，以此来完成不同快递企业之间的快件中转服务，从而实现不同快递网络之间的资源共享和互联互通。共享网点是由多个加盟网点通过横向一体化整合的方式建立的联盟组织或者合资企业，其负责同一区域内所代理的多个快递品牌快件的支线运输和末端取派件服务。

## 2.3　共同配送

随着快递行业市场竞争的不断加剧，各快递企业的单票快件价格不断下滑，层层分级后，到了快递末端网点的利润就被大大削减，因此，如何进行降本增效是目前快递网点所面临的挑战。传统的加盟制快递网点是每个网点只负责处理单一快递品牌的快件揽收和派件服务，每个网点都有自己的场地、设备、车辆和人员等物流资源，不同网点都各自独立进行运营，但是每个网点不一定饱和运作，效率无法得到进一步提升[7-9]。共同配送使同一区域内的多个快递网点把各自的场地、设备、车辆和人员等物流资源整合起来，共同管理、共同经营，以此提高资源利用率，减少快递末端的运营成本[10-11]。

### 2.3.1　共同配送的概念

共同配送的概念最早出现在日本，按照日本国土交通省的定义，共同配送是指在城市里，为了使物流合理化，在几个有定期运货需求的货主合作下，由一个卡车运输业者，使用一个运输系统进行的配送。我国的《物流术语》（GB/T 18354—2021）对共同配送的定义为由多个企业联合组织实施的配送活动。相对于日本的概念，我国的概念更加宽泛，强调多个企业在配送活动方面的合作，而不只关注配送活动本身。共同配送是经过长期的发展和探索从而优化出的一种追求合理化的配送形式，它对提高物流运作效率、降低物流成本具有重要意义。

共同配送可分为以货主为主体的共同配送和以物流企业为主体的共同配送[12]。以货主为主体的共同配送是指多个货主联合起来由一个第三方物流服务企业来提供配送服务，它是在配送中心的统一计划和调度下展开的。以物流企业为主体的共同配送是指多个物流企业联合起来组织实施的配送活动，其目标是通过作业活动的规模化来降低作业成本，提高物流资源的利用率。

随着我国快递行业的不断发展，共同配送的内容不断增加并呈现出多种形态。本书所指的共同配送是以快递末端加盟网点为主导的共同配送模式，是指在快件的派送过程中，由某一区域内的多个加盟网点通过横向合作的方式成立共享网点，构建共同配送网络，将该区域内相对分散的快递末端配送资源进行整合，并依托整合后的共享网点对其服务范围内的物流资源进行统一管理、调配，实施集约化、系统化的末端配送活动及相关配送服务。各个加盟网点通过协议、契约形成联盟，并共享收益，共同承担风险。这种模式的优点是可以整合各个网点的末端配送资源，实现资源的统一调度与使用，避免了资源的浪费以及末端配送基础设施的重新建设，可以提高配送效率，降低配送成本。

### 2.3.2　共同配送的商业模式

共同配送的商业模式可以分为 3 种：第一种是各自独立运营的企业非股份制模式，第二种是统一入股、统一管理的企业股份制模式，第三种是政府引导下的国有与民营混合股份制模式。快递共同配送的商业模式的信任机制应该建立在法律协议的基础上，确保网点间实施快递物流资源共享时，拥有法律约束效力，同时利益分配要遵循同股同权、收益共享、风险共担原则。

（1）企业非股份制模式

该模式是快递网点为了解决"最后一公里"的配送问题，网点间主动发起合作的一种商业模式。这种模式的显著特点就是不涉及股权交易及其他利益分配问题，进退自由，各方依旧按票收费，独立运营。该模式对末端配送区域进行了有效整合，重点破解末端"最后一公里"配送的人力资源的效率问题。企业非股份制模式是目前大多数实施共同配送的网点所采用的模式，这种模式的好处是没有利益纠葛，但是没有形成集约化状态。

（2）企业股份制模式

相较于各自独立运营的企业非股份制模式，企业股份制模式开始关注共享实体内多主体的利益分配和共享环节延展的问题。这种模式通过股份制模式将参与方之间的利益绑定，加强了共享实体运营的稳定性。与企业非股份制相比，企业股份制能够推动各参与方进行场地合并、统一管理，制定相关条约，按照票数分配收益，承担公共区域内均摊的公共成本，但是该模式会存在管理的争夺、利益分配很难达成一致等问题。

（3）国有与民营混合股份制模式

相较于前面两种以企业为主导的物流资源整合模式，政府引导的国有与民营混合股份制模式能够解决基层网点多主体利益博弈的问题，跳出企业格局，站在全社会利益的角度化解诸如不规范用工等难题。国有与民营混合股份制模式包括：国有企业与民营快递企业相互持股、国有企业和民营企业共同参股成立合资公司等形式。这种模式便于政府进行统一规划布局和行业管理，通过政府布局、用工，提供金融等方面的政策支持有效提升网点的经营能力，同时发挥各方优势为客户提供高质量寄递服务。

### 2.3.3　共同配送的优势

在快递末端实施共同配送可以降低场地成本和人力成本，提升快递末端配送效率，助力乡村振兴、促进农村快递发展。

（1）降低场地成本

传统模式下，在一个末端区域有多个不同快递品牌的网点，每个网点各自租用场地，每个场地都有空间浪费的情况，叠加起来整体浪费情况比较严重。实施共同配送，可以把几家快递品牌整合到一起，共享同一个场地，这样场地资源可得到高效利用，场地的租用成本得到极大的降低。

（2）降低人力成本

在实施共同配送前，每个网点在每个配送区域均安排一个快递员，而且彼此的业务互不干涉。实施共同配送后，每个快递员负责一个更集中的配送区域，配送区域变小，而且可以同时派送不同品牌的快件，因此单人派送件量变大，这种提高配送密度的方式也能直接提升快递员的个人收益。而对于快递网点来说，可以招聘更少的人员，实现更高的配送效率，降低人力资源投入的成本。

（3）提升快递末端配送效率

实施共同配送后，各个快递品牌的快件共用一套分拣设备，统一使用三段码[11]。专业的共同配送系统可以自动识别快递品牌，实现多品牌包裹的分拣、归类，自动上传并同步到、派、签收，跨平台数据联动操作起来非常方便，每个快递员只需使用一部手机和一个扫描器就能够完成多品牌快递包裹的混扫、混派，极大地提升快递末端配送效率。

（4）促进农村快递发展

由于地理位置受限、交通不便等，农村快递配送成本高、效率低，这已经成为众多快递企业亟须解决的问题。随着我国乡村振兴战略的实施，打通农村快递"最后一公里"的问题已经刻不容缓[13]。通过共同配送，可以真正做到快递下沉、农货上行，帮助农村快递网点降本增效，解决农村人口的就业问题，促进农村快递发展。

### 2.3.4 共同配送需要解决的问题

在快递末端实施共同配送，还存在如下一些亟待解决的问题。

（1）如何优化共享网点布局问题

在实施共同配送前，各个网点根据自营业务来选址建设末端网点，导致网点数量供大于求、资源利用率低、布局不合理等问题的出现。目前，关于共享网点的布局主要依靠管理人员的经验，已有相关工作只考虑了客户群业务量整体分配的方式，即每个末端节点的所有收派件都由一个共享网点来完成，这样的分配方式会导致网点的资源利用率低、布局不合理的情况出现。共享网点优化布局问题与物流配送中心选址问题比较相似，它们都要考虑位置的合理布局。物流配送中心选址问题需要事先确定配送中心的数量，且没有考虑配送中心的容量及覆盖多个需求点的情况，因此，如何对整合后的共享网点进行合理布局是一个亟待解决的问题。

（2）如何提升资源调度能力问题

在实施共同配送后，同一区域内多个网点整合为一个共享网点，原网点的快件均集中至共享网点。在共享网点进行配送时，不同快递企业的快件时效制度不同，快递员的派签率指标由单一的固定时间变为多个时段，伴随快件量的增多，人工规划路程和时间极易出现偏差，导致配送延误率高、客户投诉率高、企业罚款率高等问题。因此，在实行共同配送后，如何提升共享网点的资源调度能力，避免因不同快递企业考核标准差异所造成的罚款率升高和效率下降，是一个亟待解决的问题。

（3）如何高效实现共同配送服务问题

如果在实施共同配送后，各个网点还在使用自家品牌下的软件系统进行签收和派件等业务，这无疑会增加工作负担。共享网点使用什么软件系统，直接关系着整体网络的工作效率。为了提升共享网点的工作效率，需要选择一个高效的共同配送系统，该系统可以支持多个快递品牌的到、派、签、发往、驿站代收、多模式合一扫描；支持同一批包裹有多种上传类型，即支持自动上传、系统后台上传；支持拦截件、到付件、代收件等多种问题件提示，对特殊件进行标记，问题件上传等。共享网点在选择共同配送系统时，需要考虑的因素包括系统的稳定性、支持的快递品数量、系统扫描的速度和精准度、能否无缝衔接自动化设备等。

## 2.4　众包配送

随着城市内电商服务的蓬勃发展和商务活动的不断增加，同城快递服务需求与日俱增，同城快递是指在一个城市内进行的快递服务。近年来，随着城市生活线上到线下（Online to Offline，O2O）商业模式的不断发展，产生了大量的即时配送订单，这类订单对配送的时效性要求非常高，需要在短时间内将快件送达目的地[14]。随着人们消费方式的转变，城市内的即时配送需求还会不断增加，同城快递必将成为未来城市日常生活中最为频繁的物流活动。目前，大型快递企业的重心主要集中在全国范围内的配送业务上，同城快递，尤其是针对电商平台的同城快递业务并未得到有效区分。与异地快件一样，同城快件一般也需要从起始网点送到转运中心，经分拣后发往目的网点，最后由目的网点的快递员送至收货人手中。这一过程将会耗费大量时间、人力和物力，并会引起客户对配送效率的极大不满。

由于目前快递行业的竞争非常激烈，国内各大快递企业纷纷采用"以价换量"的策略，希望通过更低的价格来抢占更多的市场份额。为了实现盈利，快递企业不得不减少运输批次，降低运输成本，增大单次运输量，实现单位成本的降低。由于同城快件市场容量相较于异地快件而言数量较少，而客户对配送的时效性要求较高，往往愿意支付相对较高的运费来保障配送过程的准时无误，因此，传统的"以价换量"的策略并不适用于同城快递。针对同城即时配送服务这一细分市场，出现了众包配送模式。众包配送把原来由物流公司专职快递人员所承担的配送任务转交给企业外的大众群体以自由自愿的形式来完成，这种配送模式可以有效地整合社会的闲置资源，缓解末端配送压力，对于解决同城配送问题起到了巨大的作用。

### 2.4.1　众包配送的概念

众包（Crowdsourcing）的概念最早定义为一个企业或机构把过去由内部员工执行的工作任务，以自由、自愿的形式，外包给非特定（通常是大型的）大众网络的做法。众包模式主要由发包方、中介机构和接包方3个主体构成[15]：发包方是众包任务的发布者，通过在中介机构发布有偿任务来吸引大众群体的参与；中介机构是连接发包方与接包方的纽带；接包方是众包任务的承担者，通过中介机构选择感兴趣的众包任务来完成，并获得相应的报酬。

众包配送是将众包的理念引入物流领域的一种新型配送模式，指将原本分配给专职快递员的配送任务，经由众包配送平台转包给企业外的非专职社会大众来完成，以此来实现物流配送资源的社会化和碎片化。大众群体可作为兼职配送员，通过众包物流平台获取任务信息，根据自己的时间与行程，选择合适的任务，并获取相应的报酬[16]。目前，已经出现了许多众包配送服务提供商，例如亚马逊、Uber、人人快递、达达、京东众包等[17]。众包配送模式之所以能够快速兴起和发展，主要是因为众包配送模式可以为物流的供给方和需求方提供便捷性的服务，为社会大众提供额外的工作机会和报酬，并为解决城市"最后一公里"配送难题提供一种切实可行的方案。

### 2.4.2　众包配送的运营模式

众包配送模式的主要参与者包括服务提供商、发货人、自由快递人（也称为骑手）和客户 [18]，众包配送的参与者与业务流程如图 2-2 所示。

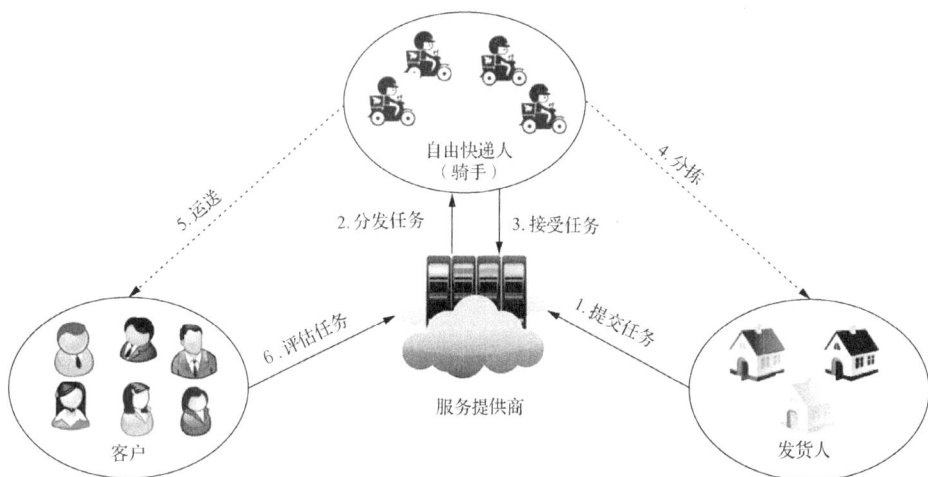

图 2-2　众包配送的参与者与业务流程

服务提供商既可以是快递企业，也可以是从事平台运营的非快递企业。服务提供商负责构建众包配送平台，众包配送平台是一个基于互联网的信息系统，其整合发货人、客户和自由快递人等多方资源，是实现众包配送模式的核心。发货人在众包配送平台上发布同城配送任务，平台将配送任务与可用的自由快递人进行匹配，并将任务分配给最合适的自由快递人来执行。发货人既可以是有同城配送需求的商家和个人，也可以是快递企业或加盟网点。快递企业或加盟网点对自己的配送任务进行判断，如果适合采用众包配送模式，则将其发送给众包配送平台处理。自由快递人是参与众包配送活动的人员，在众包配送平台注册并且满足平台的资质要求的人员都可以成为自由快递人。自由快递人接受平台发送的配送任务后，先到发货地点取货，然后将货物送到指定的地点，客户接收货物并且检验无误后，众包配送任务结束。发货人和客户可以对众包配送任务的执行过程进行监控，对自由快递人的服务质量进行评价。自由快递人按照所执行配送任务的距离和质量从平台中获取相应的报酬。众包配送平台的主要盈利模式是向自由快递人收取一定的加盟或管理费，以及发货人每笔配送业务一定比例的提成。

从众包配送的供给方和需求方角度，众包配送业务可以分为企业对客户（Business to Customer，B2C）和客户对客户（Customer to Customer，C2C）两种类型。众包配送的需求方为个体商户和个体消费者，B2C 和 C2C 的差别在于供给方。B2C 的供给方是供应商，如制造商和零售商等，物流配送供给相对稳定，具有一定的规模性，便于长期建立合作关系。C2C 的供给方是个体商户或个人，其供给规模较小，具有随机性和分散性的特点[16]。

### 2.4.3　众包配送的优势

与传统的配送模式相比，众包配送模式具有如下一些优势。

（1）整合社会闲置资源

众包配送模式为社会闲置劳动力提供了一个开放的平台，在平台上完成注册的几乎任何人均可成为自由快递人，执行配送任务，并获得相应的报酬。这种模式使得人人均有机会参与配送任务，能解决传统配送模式下专职运力资源不足的问题，提高社会闲置资源的利用率。由于自由快递人分布的广度和密度远大于传统配送模式下快递网点的广度和密度，众包配送模式更容易以闲置运力为单位，形成更加细致的、全覆盖的无形配送网络，拓宽快递末端配送范围。

（2）降低配送成本

在众包配送模式下，自由快递人与平台服务提供商之间不具有正式雇佣关系。自由快递人仅根据自身的情况自愿兼职，平台提供商无须为自由快递人配备相应的交通工具，也不需要线下设置密集的配送网点以形成物理配送网络，只需要向自由快递人支付执行配送任务所获得的酬劳。因此，与雇佣正式快递员的传统配送模式相比，众包配送模式在成本方面具有得天独厚的优势。

（3）提升配送效率

在众包配送模式下，自由快递人会根据自身的行程和时间就近选择配送地点，并且众包配送平台会从取货点附近选择最合适的自由快递人执行配送任务，自由快递人无须从网点出发取货，也无须中转可直接将货物送到客户手中。因此，与传统配送模式相比，配送路程与时间均得到压缩，配送效率得到极大提升。

### 2.4.4　众包配送存在的风险

众包配送模式尽管已在物流行业得到广泛应用，但目前仍存在许多方面的风险。

（1）法律风险

众包配送属于共享经济在物流行业的具体应用。共享经济在我国还处于初级阶段，相应的法律法规还不完善。例如，许多自由快递人不具备我国《中华人民共和国邮政法》中规定的上岗资格，这在一定程度上会扰乱快递行业的市场秩序。另外，关于众包配送中自由快递人的配送收入如何缴税的问题，目前在法律制度方面仍处于空白阶段，这对于其他依照规定纳税的传统物流企业而言不公平，进而在一定程度上扰乱市场的格局。随着共享经济在我国发展的日趋成熟，国家必然会完善相应的法律法规，这些问题会逐步得到解决。

（2）监管风险

由于自由快递人具有较强的流动性，可以随时加入或退出众包配送平台，这会增加平台日常监管的难度。自由快递人来源于社会大众，其资质参差不齐，大多缺乏专业性，这会极大地增加发生意外事故的风险性。在众包配送模式下，自由快递人具有很强的自主性，许多自由快递人出于对自身利益的考虑，更倾向于完成质量小、体积小的短途任务，这使得众包配送活动存在投机性，导致原有业务范围不断被压缩。

（3）安全风险

自由快递人来自社会闲散人员，其数量众多、背景错综复杂，可能会有部分人员不具备应有的服务意识和职业道德，会利用众包配送进行一些不法的活动，这可能增加快件丢包、快件被调包和恶意欺诈的风险，从而可能使客户受到财产损失，甚至造成一定的安全隐患。虽然众包配送平台对自由快递人的身份进行了审核，但审核工作是基于互联网完成的，其信息的真实性与信用的可靠性仍受到质疑。众包配送平台与自由快递人之间的松散关系，使发生安全问题的事后追责显得更为困难。

## 2.5　第四方物流

随着我国电子商务迅猛发展，网络购物交易规模呈爆发式增长，由此带动了快递行业的蓬勃发展，各大快递企业加快拓展快递网络的规模，增加物流资源，抢占市场份额，越来越多的中小快递企业如雨后春笋般建立并发展起来。伴随着快递市场的迅速发展，快递企业间的竞争也日益激烈，各个快递企业为了占有更大的市场份额，纷纷采取价格战，这不仅压缩了快递企业的利润，也影响快递行业的服务质量[19]。由于单个快递企业的快递网络的服务范围和运输能力都是有限的，如果相互之间缺乏协同合作，则难以实现物流资源的优化配置，这就需要第四方物流作为协调者，将多个快递企业的快递网络整合起来形成共享快递网络，构建基于互联网的第四方物流平台，该平台作为一个整体，统一接受客户订单和提供快递服务。

### 2.5.1　第四方物流的概念

第四方物流（Fourth Party Logistics，4PL）的概念是由埃森哲公司在 1998 年提出的，埃森哲公司将第四方物流定义为：第四方物流是一个集成商，它对公司内部及其他组织的不同资源、技术和能力进行整合，以此来建立和提供一套完整的供应链解决方案[20]。

除了埃森哲公司的定义外，学术界对第四方物流的界定还有两种主流看法：一种认为第四方物流是由发货人、收货人、第三方物流以外的独立第四方提供的物流服务，这种物流服务不是实际的物流运作，而是对物流的外包提供咨询服务、方案设计和信息服务等；另一种认为第四方物流是在第三方物流发展的基础上产生的，因此它可以产生于第三方物流企业内部，是对物流外包服务升级至供应链管理的产物。本书的观点倾向于前者的定义，认为现阶段我国的第四方物流，特别是面向快递领域的第四方物流，应以独立的第四方为主体，通过基于信息技术的第四方物流平台来实现。

根据物流承担者的不同，学术界将物流活动的组织方式划分为第一方物流（First Party Logistics，1PL）、第二方物流（Second Party Logistics，2PL）、第三方物流（Third Party Logistics，3PL）和第四方物流。第一方物流是供方为提供商品而进行的物流组织方式；第二方物流是需方为采购商品而进行的组织方式；第三方物流是商品供需方以外的第三方物流企业所进行的物流组织方式；而第四方物流是供应链的集成商，其为供需双方及第三方物流提供一套完整的供应链解决方案。

第四方物流的出现并非偶然，是在第三方物流不能完全满足客户的需求的背景下提出的，它是在第三方物流的基础上发展而来的，但又具备第三方物流不具备的优势。第四方物流强调从供应链角度解决物流问题，其将各个领域的最佳服务提供商联合起来，实现最大范围的资源整合，从而设计出最佳的供应链解决方案，为客户提供最优的物流服务。与第三方物流相比，第四方物流更加强调对信息技术的运用，借助信息技术对供应链上的所有合作方的数据、信息进行梳理、跟踪和管理，从而保证能够提出有效的供应链解决方案并对方案的实施进行有效的监控和评价。

### 2.5.2 第四方物流的运作模式

第四方物流有 3 种典型的运作模式，它们分别是协同运作模式、方案集成模式和行业创新者模式[21]。

（1）协同运作模式

在协同运作模式下，第四方物流企业和第三方物流企业一起进行市场的开发，但第四方物流企业并不与客户进行直接的接触，而是作为第三方物流企业的"协助者"，在其内部为其提供所缺乏的服务，如信息支撑、管理咨询和战略规划等，具体的实施由第三方物流企业进行。第四方物流企业与第三方物流企业的关系主要通过签订合同或者结成联盟来建立。

（2）方案集成模式

在方案集成模式下，第四方物流企业直接与客户进行接触，其发挥着客户和第三方物流企业之间的纽带作用，通过整合集成自身、第三方物流和其他组织的能力、技术等资源来给客户提供运营和管理整个供应链的解决方案。在这种模式下，第四方物流企业主要服务某一个客户，一般两者会通过合资或合伙来建立较为稳定的关系。

（3）行业创新者模式

在行业创新者模式下，第四方物流企业扮演主导者的角色，联合第三方物流企业等各组织，依据客户所在行业的特性，对其资源进行整合，为同一行业的多个客户提供供应链的综合解决方案，以此来提高行业的运作效率，实现利益的最大化。行业创新者模式是目前使用最为广泛的第四方物流模式。

### 2.5.3　第四方物流平台

第四方物流平台是基于第四方物流模式，利用信息技术和网络技术将多个第三方物流企业的物流资源整合起来，统一接收客户订单，根据客户的需求，借助平台强大的分析能力与协同能力，对资源进行合理分配，为客户提供优质、高效、低成本的个性化快递服务。快递企业在第四方物流平台下独立运营，且由平台统一调配资源，可以真正实现公平合理、利润共享、风险共担。2013 年 5 月，阿里巴巴集团联合顺丰、三通一达（中通、圆通、申通、韵达）等快递企业共同打造的菜鸟物流网络就是一个典型的第四方物流平台，该平台利用第四方物流的思想对物流资源进行整合，为电商提供高效、便捷的快递服务。

第四方物流平台的主要参与者包括平台运营商、服务提供商和客户。其关系如图 2-3 所示。

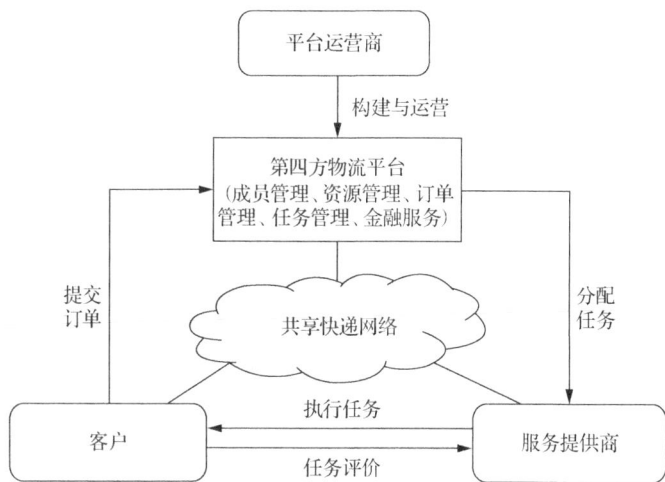

图 2-3　第四方物流平台的参与者及其关系

（1）平台运营商

平台运营商是服务提供商和客户之间的协调者，其负责第四方物流平台的构建与运营。平台运营商一般不参与具体的快递业务，这样可以避免与快递企业的竞争，有利于平台的公正、透明和健康发展。

（2）服务提供商

服务提供商以快递企业为核心，还包括第三方物流企业或加盟网点。服务提供商进入第四方物流平台需要满足一定的准入条件，这样能够保证平台的整体服务质量。服务提供商加入平台后，应共享相应的物流资源，并按照平台的要求承担相应的快递服务任务，平台通过任务完成时间、成本和客户满意度等指标对服务提供商进行评价和管理。

（3）客户

第四方物流平台的客户以电商企业为主，还包括其他企业和个人。第四方物流平台将不同服务提供商的物流资源整合在一起形成共享快递网络，根据客户订单的需求对其进行统一调配，借助平台强大的分析和决策能力，将各服务提供商的物流资源进行最优的组合，在保证满足客户需求的条件下最小化物流成本。

第四方物流平台提供的主要功能包括成员管理、资源管理、订单管理、任务管理、金融服务等。平台运营商对加入第四方物流平台的服务提供商采取严格的准入制度，服务提供商在该平台注册时除了需要填写基本信息外，还需要向平台运营商提交纸质证明材料，包括资质证明和信用证明等。服务提供商在第四方物流平台中发布自己的共享物流资源信息，包括各级转运中心、网点、运输路线和车辆等，平台将所有服务提供商的共享物流资源整合在一起形成共享快递网络，其目标是为客户提供个性化的定制服务。客户在第四方物流平台中提交订单后，平台会根据客户的需求将订单任务分配给最合适的快递企业及其运输方式的组合，其目标是在满足客户需求的条件下最小化运营成本。客户可以对订单的执行流程进行跟踪，并对其服务质量进行评价。服务提供商接受第四方物流平台分配的任务，并按照客户的需求执行任务，平台通过任务完成的时间、成本和客户满意度等指标对服务提供商进行评价。第四方物流平台不仅可以为成员企业提供现金结算、保险办理等服务，还可以为成员企业提供贷款等服务，解决中小快递企业融资难的问题。

## 2.6　本章小结

本章首先介绍了快递物流资源整合的概念。然后，提出了基于快递物流资源整合的共享快递网络概念，在共享快递网络中，每个快递企业既可以利用自己的快递网络进行全流程的快递服务，又可以与其他快递企业进行协同运输和共同配送，从而扩展自己的服务范围。共享快递网络包含 3 种物流资源整合模式：共同配送、众包配送和第四方物流。共同配送将同一区域内的多个快递网点的资源整合起来，共同管理、共同经营，以此提高资源利用率，减少快递末端的运营成本。众包配送是将众包的理念引入物流领域的一种新型配送模式，指将原本分配给专职快递员的配送任务，经由众包配送平台转包给企业外的非专职社会大众来完成，以此来实现物流配送资源的社会化和碎片化。第四方物流利用第四方物流平台将多个快递企业的物流资源整合起来，统一接收客户订单，根据客户的需求，借助平台强大的分析能力与协同能力，对资源进行合理分配，为客户提供优质、高效、低成本的个性化快递服务。

## 参考文献

[1]　马晓燕. 我国物流资源整合模式研究[J]. 社会科学家, 2011, 173(9): 92-95.

[2]　庄宇航, 刘杰靖, 江万里. 物流行业发展中资源整合模式分析[J]. 中国市场, 2016, 41(10): 13-14.

[3]　百度百科. 物流资源整合[EB/OL]. (2022-04-06)[2023-05-15].

[4]　梁晨. 城市配送资源整合系统演化分析及评价[D]. 北京: 北京交通大学, 2016.

[5]　张永昕. 整合模式下的快递物流网络优化[D]. 北京: 北京交通大学, 2015.

[6]　闫雅文. 基于快递资源共享平台的资源配置研究[D]. 北京: 北京交通大学, 2015.

[7]　王会会. 基于网点整合的共同配送资源优化调度研究与系统实现[D]. 哈尔滨: 哈尔滨工业大学, 2019.

[8] 王蕾. 共享网点运力资源优化调度方法研究与系统实现[D]. 哈尔滨: 哈尔滨工业大学, 2021.

[9] 范晶晶, 周晓光, 杨萌柯, 等. 城市末端快递配送现状及共同配送模式研究——以北京市海淀区为例[J]. 物流技术, 2016, 35(7): 24-28.

[10] 樊盈志, 刘曦. 基于共同配送模型的城市物流末端配送研究[J]. 中国物流与采购, 2022(5):65-66.

[11] 王坤. 快递末端共同配送模式创新研究[J]. 中国物流与采购, 2020, (19): 38-39.

[12] 周红艳. 快递城市共同配送效益及成本分摊模型研究[D]. 北京: 北京邮电大学, 2017.

[13] 范晶. 偏远农村快递末端网点共配模式研究[D]. 北京: 北京邮电大学, 2020.

[14] 王雨婷, 周夕茹, 陈逸凡. 探究众包模式下同城快递配送模式现状及改进[J]. 中国集体经济, 2022, (11): 106-108.

[15] ALIAA A, FATMA G, JAMES H. Crowdsourced delivery: A review of platforms and academic literature[J]. Omega, 2021, 98(1):102139.

[16] 张光明. 众包物流运营模式及其管理策略[J]. 经营与管理, 2018, (4): 147-150.

[17] 刘雅儒. 众包配送模式及其发展趋势研究[J]. 物流工程与管理, 2016, 38(4): 32-33,40.

[18] 张硕. 城市众包配送服务调度方法的研究与系统实现[D]. 哈尔滨: 哈尔滨工业大学, 2019.

[19] 闫雅文. 基于快递资源共享平台的资源配置研究[D]. 北京: 北京交通大学, 2015.

[20] BADE D, MELLER J. New for the millennium: 4PL[J]. Transportation & Distribution, 1999, 40(2):78-80.

[21] 赵志敏. 利用第四方物流平台整合快递服务资源研究[D]. 北京: 北京邮电大学, 2012.

# 第3章

# 面向共同配送的快递末端网点优化整合

本章研究面向共同配送的快递末端网点优化整合问题，提出了一种客户群业务量可拆分的网点优化整合模型，其目标是在满足客户需求和网点容量约束的条件下，最小化所有共享网点的总运营成本。针对所提出的网点优化整合模型，设计并实现一种基于邻域搜索的 SA 算法，并与求解该类问题的客户需求量可拆分的免疫遗传算法（Distributable Immune Genetic Algorithm，DIGA）、客户需求量不可拆分的免疫遗传算法（Undistributable Immune Genetic Algorithm，UIGA）及 IBM 商业求解器 CPLEX 进行了对比，实验结果表明，SA 算法的整合效果要明显优于 DIGA、UIGA 和 CPLEX。

## 3.1　概述

在快递末端实施共同配送可以提高物流资源利用率、降低运营成本，是解决快递"最后一公里"配送难题的一种行之有效的途径。共同配送模式源于 20 世纪 60 年代的日本，其目的是提高配送车辆的利用率，打破单个企业物流合理化的限制，将单个企业较少的配送量进行集合，实现整体联盟的合理化[1-3]。快递末端的共同配送是指在快件的派送过程中，由某一区域内的多个加盟网点通过横向一体化整合的方式建立共享网点，将该区域内相对分散的快递末端配送资源进行整合，并依托整合后的共享网点对其服务范围内的物流车辆资源进行统一管理、调配，实施集约化、系统化的末端配送活动，并提供相关配送服务。在实施共同配送前，各个快递企业通常会根据自营业务来选择建设快递末端网点，因此，许多区域会存在多个快递企业重复建设网点、相互恶性竞争的现象，导致网点数量供大于求、资源利用率低、布局不合理、配送成本高等问题的出现[4]。因此，在实施共同配送时，首先需要对同一区域内多个快递企业的末端网点进行优化整合以实现物流资源的共享。目前，关于网点优化整合的决策方案主要还是依靠人的经验，已有的相关研究只考虑客户群业务量整体分配的方式，即每个客户群的所有收派件都由一个共享网点来完成，这样的分配方式会导致网点的资源利用率低、网点整合不合理的情况出现。

在共同配送模式下，快递末端网点的优化整合可以理解为当同一区域内多个快递企业的供给能力大于客户需求能力时，通过撤销与合并的方式对网点的布局进行重构，以及对网点与客户群之间的业务量进行重新分配，以此来提高物流资源的利用率，降低物流运营成本。图 3-1 描述了某一区域内快递末端网点进行优化整合的示意。该区域内有 A、B 和 C 3 家快递企业，有 17 个客户群（分别标记为 1~17），其中，快递企业 A 有 3 个网点（$A_1$、$A_2$、$A_3$），快递企业 B 有 3 个网点（$B_1$、$B_2$、$B_3$），快递企业 C 有两个网点（$C_1$、$C_2$）。经过网点优化整合后，撤销了 4 个网点（$A_1$、$A_2$、$B_3$ 和 $C_1$），保留 4 个网点（$A_3$、$B_1$、$B_2$ 和 $C_2$）作为共享网点，每个共享网点所覆盖的客户群如图 3-1 右图所示。其中，共享网点 $A_3$ 覆盖 7 个客户群（9、11、12、14、15、16、17），共享网点 $B_1$ 覆盖 6 个客户群（1、2、4、5、6、9），共享网点 $B_2$ 覆盖 5 个客户群（2、3、6、7、8），共享网点 $C_2$ 覆盖 4 个客户群（10、13、15、17）。客户群 2、6、9、15 和 17 的业务量可拆分给不同的共享网点。客户群 2 和 6 的业务量可以按照一定的比例分别分配给共享网点 $B_1$ 和 $B_2$，客户群 9 的业务量可以按照一定的比例分别分配给共享网点 $B_1$ 和 $A_3$，客户群 15 和 17 的业务量可以按照一定的比例分别分配给共享网点 $A_3$ 和 $C_2$。保留哪些网点作为共享网点，以及如何对客户群业务量进行合理分配是网点优化整合所要解决的核心问题。

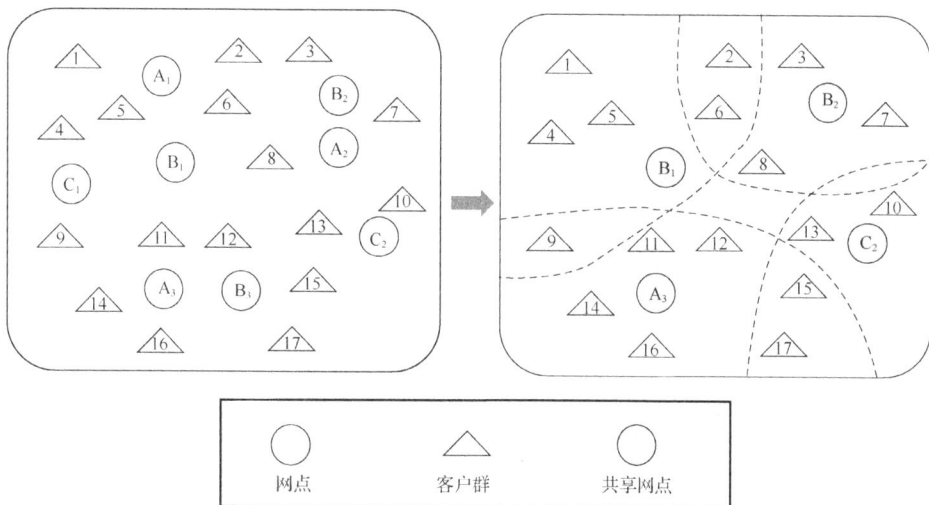

图 3-1　快递末端网点优化整合示意

　　快递末端网点优化整合问题是一个 NP-Hard 问题，目前对于该问题的研究工作非常少。在已有的相关研究工作中，Wang 等人建立了以网点运营成本和网点到客户群之间的运输成本之和最小化为目标的优化整合模型，并采用免疫遗传算法（Immune Genetic Algorithm，IGA）对其进行求解[5]。但是该求解算法只考虑了客户群业务量整体分配的方式，即每个客户群的所有业务都由一个共享网点来完成，这样的分配方式会导致网点的资源利用率低、网点整合不合理的情况出现。快递末端网点优化整合问题与物流配送中心选址问题比较相似，它们都要考虑位置的合理布局。物流配送中心的选址问题是指在一个具有若干个供应点和若干个需求点的范围内选择一定数量的供应点来设置配送中心的优化过程[6]。物流配送中心选址问题一般可转换为 P-中值问题[7]，该问题是一个典型的 NP-Hard 问题，目前，学界已经提出许多近似求解算法，例如，HA[8-9]、聚类算法[4]、GA[10]、ACO算法[11]和粒子群算法[12]等。物流配送中心选址问题需要事先确定配送中心的数量，而且没有考虑供应点的容量及覆盖多个需求点的情况，因此，现有的物流配送中心选址问题的求解算法并不能满足快递末端网点优化整合的需求。

快递末端网点优化整合问题在求解思路上与一类特殊的选址问题比较相似，该类选址问题称为有能力约束的固定费用设施选址问题（Capacitated Fixed Charge Facility Location Problem，CFCFLP）[13]。CFCFLP 的目标是最小化设施的建设费用和运营费用。CFCFLP 可以表示为一个混合整数规划模型，针对该模型，目前已提出许多高效的求解算法，例如分支限界法（Branch and Bound Methods，BBM）[14]、拉格朗日松弛（Lagrangian Relaxation）法[15]、HA[16]等。CFCFLP 是一个 NP-Hard 问题，目前针对该问题没有有效的多项式算法以求出其精确解，因此通常采用各种近似求解方法求得近似最优解。Jaramillo 等人采用 GA 求解 CFCFLP[17]，并通过公开的数据源对该算法与其他 HA 的效率进行比较，但是该方法的编码设计存在一定的缺陷，不能表达一个需求点到多个设施的分配情况。Venables 等人采用蚁群克隆优化[18]、最大-最小蚁群系统[19]等 ACO 算法来求解 CFCFLP，并采用一系列基准测试数据验证算法的效果。针对有能力约束的设施选址问题，Kai 等人提出了一个混合 Benders Decomposition 算法和 GA 的算法[20]，模拟实验结果显示该混合算法的求解质量要优于单独使用 Benders Decomposition 算法。针对 Soft-CFCFLP，Mahdian 等人提出一个 2-approximation 近似求解算法[21]。针对非一致 hard-CFCFLP，Pál 等人提出了一个近似率为 $9+\varepsilon$ 的局部搜索算法[22]，该算法使用 ADD、CLOSE 和 OPEN 这 3 种操作。在此基础上，Zhang 等人采用 MULTI-EXCHANGE 操作代替 CLOSE/OPEN 操作，将近似率提升到 $5.83+\varepsilon$[23]。针对具有平方准则的设施容量不一致的 CFCFLP，Xu 等人提出了一个近似率为 $13+\varepsilon$ 的局部搜索算法[24]。CFCFLP 没有考虑网点的覆盖范围，因此现有的算法一般很难直接用于快递末端网点优化整合问题的求解。

针对现有网点优化整合方法的不足，本书提出一种客户群业务量可拆分的网点优化整合模型，并采用基于邻域搜索的 SA 算法对该问题进行求解。为了验证所提出的算法的求解质量，本节重新实现了文献[5]中的 IGA，同时也采用 IBM 公司的优化求解器 CPLEX 对该问题进行了求解，实验结果显示，本节提出的 SA 算法的优化整合效果要明显优于 IGA 和求解器 CPLEX。

## 3.2　网点优化整合问题建模

在共同配送模式下，由于快递企业间的合作共享，可能会出现多个末端网点覆盖同一片区域的情况。网点供大于求将会导致网点资源的浪费和快递运输成本的上升。为了解决该问题，需要对快递末端网点进行合理的整合，撤并一些冗余的网点。在进行网点整合时，基于供需平衡的原则，将网点整合问题转换成任务分配问题，即对客户群业务量进行合理分配，没有被分配到客户群的末端网点将被撤并。考虑到实际分配情况及网点利用率，在分配时需要考虑一个客户群中的业务量可以分配到多个网点的情况。

为了问题描述方便，采用自然数对末端网点和客户群进行编码，令 $n$ 和 $m$ 分别为网点的数量和客户群的数量，$I=\{1, 2, \cdots, m\}$ 为客户群集合，$J=\{1, 2, \cdots, n\}$ 为网点集合，$i \in I$ 表示第 $i$ 个客户群，$j \in J$ 表示第 $j$ 个网点。对于每个网点 $j \in J$，令 $c_j$ 表示网点 $j$ 的运营成本，$d_j$ 表示网点 $j$ 的最大业务辐射范围，$f_j$ 表示网点 $j$ 的业务处理能力，即最大业务容量。对于每个客户群 $i \in I$，令 $g_i$ 表示客户群 $i$ 的业务量需求。令 $d_{ij}$ 表示从客户群 $i$ 到网点 $j$ 的距离，$u_{ij}$ 表示从客户群 $i$ 到网点 $j$ 的单位运输成本，即单位业务量单位距离的运输价格。

令 $x_{ij}$ 和 $y_j$ 为该问题的两类决策变量。$x_{ij} \in \{0, 1, \cdots, \min\{f_j, g_i\}\}$ 为非负整数决策变量，表示客户群 $i$ 分配给网点 $j$ 的业务量，如果 $x_{ij}=0$，表示网点 $j$ 没有覆盖客户群 $i$，否则，表示网点 $j$ 覆盖客户群 $i$。一个网点可以覆盖多个客户群，一个客户群也可以被多个网点所覆盖。$y_j \in \{0, 1\}$ 为二元决策变量，如果 $y_j=1$，保留网点 $j$，否则，网点 $j$ 被撤销。决策变量 $y_j$ 的取值与决策变量 $x_{ij}$（$i=1, 2, \cdots, m$）相关，对于 $j \in J$，如果有 $\sum_{i=1}^{m} x_{ij} = 0$，则 $y_j=0$，否则，$y_j=1$。

表 3-1 列出了网点优化整合模型中的主要符号说明。

表 3-1 网点优化整合模型中的主要符号说明

| 分类 | 符号 | 定义 |
|---|---|---|
| 普通变量 | $n$ | 网点的数量 |
| | $m$ | 客户群的数量 |
| | $J$ | 网点集合 |
| | $I$ | 客户群集合 |
| | $j$ | 网点的编号 |
| | $i$ | 客户群的编号 |
| | $c_j$ | 网点 $j$ 的运营成本 |
| | $d_j$ | 网点 $j$ 的最大业务辐射范围 |
| | $f_j$ | 网点 $j$ 的最大业务容量 |
| | $g_i$ | 客户群 $i$ 的业务量需求 |
| | $d_{ij}$ | 从客户群 $i$ 到网点 $j$ 的距离 |
| | $u_{ij}$ | 从客户群 $i$ 到网点 $j$ 的单位运输成本 |
| 决策变量 | $x_{ij}$ | 客户群 $i$ 分配给网点 $j$ 的业务量 |
| | $y_j$ | 网点 $j$ 是否保留 |

共同配送模式下快递末端网点优化整合模型可以定义为式（3-1）～式（3-6）的形式。

$$\min \sum_{j=1}^{n} c_j y_j + \sum_{i=1}^{n} \sum_{j=1}^{m} d_{ij} u_{ij} y_j x_{ij} \qquad (3\text{-}1)$$

s.t.

$$\left(d_j - d_{ij}\right) x_{ij} \geqslant 0 \qquad i=1,2,\cdots,m \; ; \; j=1,2,\cdots,n \qquad (3\text{-}2)$$

$$\sum_{i=1}^{n} x_{ij} \leqslant f_j y_j \qquad i=1,2,\cdots,m \; ; \; j=1,2,\cdots,n \qquad (3\text{-}3)$$

$$\sum_{j=1}^{m} x_{ij} = g_i \qquad i=1,2,\cdots,m \qquad (3\text{-}4)$$

$$y_j \in \left\{0,1\right\} \qquad j=1,2,\cdots,n \qquad (3\text{-}5)$$

$$x_{ij} \in \left\{0,1,\cdots,\min\left\{f_j,g_i\right\}\right\} \qquad i=1,2,\cdots,m \; ; \; j=1,2,\cdots,n \qquad (3\text{-}6)$$

在上述定义中，式（3-1）为问题的优化目标，表示总成本最低，这里的成本由两部分构成，一部分是网点的运营成本，另一部分是网点到客户群的运输成本，运输成本与距离、业务量和单位成本相关；式（3-2）为距离约束，表示每个网点到其提供服务的客户群的距离应在其业务辐射范围内；式（3-3）表示分配给网点的业务量不能超过其最大业务容量；式（3-4）表示每个客户群的所有业务量都分配给相应的网点；式（3-5）和式（3-6）是对决策变量取值的约束。

## 3.3　基于 SA 算法的求解

### 3.3.1　SA 算法简介

SA 算法最早是由 Metropolis 等人于 1953 年提出。1983 年，Kirkpatrick 等人成功地将退火思想引入组合优化领域，认为物理中固体物质的退火过程与一般组合优化问题具有相似性[25]。SA 算法通过赋予搜索过程一种时变且最终趋于零的概率突跳性，有效地避免目标函数陷入局部极小，目前已在工程中得到了广泛应用。在解决网点优化整合的问题上，SA 算法能概率性地跳出局部最优解，最终趋于全局最优。

在 SA 算法中，一个状态就是问题的一个解，而问题的目标函数对应于状态的能量函数。SA 算法是基于邻域搜索的，邻域定义的出发点应该是保证其中的解尽量遍布整个解空间，其定义方式通常由问题的性质决定。给定一个解的邻域后，接下来需要确定从当前解向其邻域中的一个新解移动的方法。SA 算法采用 Metropolis 准则在邻域内移动。邻域移动分为两种方式：无条件移动和有条件移动。若新解的目标函数值小于当前的目标函数值（新状态的能量小于当前状态的能量），则进行无条件移动；否则，依据一定的概率进行有条件移动。

设 $x$ 为当前解，$x'$ 为其邻域中的一个解，它们的目标函数值分别为 $f(x)$

和 $f(x')$，用 $\Delta f=f(x')-f(x)$ 来表示它们的目标值增量。若 $\Delta f<0$，则算法无条件从 $x$ 移动到 $x'$（此时 $x'$ 比 $x$ 好）；若 $\Delta f>0$，则算法依据概率 $p(x,x')$ 来决定是否从 $x$ 移向 $x'$（此时 $x$ 比 $x'$ 好），这里 $p(x,x')=\exp\left(\dfrac{-\Delta f}{T_k}\right)$，其中，$T_k$ 是当前温度。

基于 Metropolis 准则进行随机搜索，最终达到一种平衡状态的过程，是 SA 算法内循环过程。为了保证能够达到平衡状态，内循环次数要足够多才行。降温函数用来控制温度的下降方式，这是 SA 算法中的外循环过程。温度的大小决定 SA 算法是进行广域搜索还是进行局域搜索，当温度很高时，当前邻域中几乎所有的解都会被接受，SA 算法进行广域搜索；温度逐渐变低，当前邻域中越来越多的解将被拒绝，SA 算法进行局域搜索。初始温度和终止温度对 SA 算法的性能具有较大影响[26]。一般来说，初始温度要足够高，以保证 SA 算法在开始时能够处于一种平衡状态，而终止温度要足够低，以保证 SA 算法有足够的时间获得最优解。在实际应用中，需要根据具体问题反复试验来确定合适的初始温度和终止温度。

### 3.3.2　解的编码

网点优化整合问题的解的编码可以定义为一个 $m×n$ 的二维矩阵，其中，行表示客户群，列表示网点，$m$ 为客户群的数量，$n$ 为网点的数量。第 $i$ 行第 $j$ 列的数值 $x_{ij}$ 表示第 $i$ 个客户群分配到第 $j$ 个网点的业务量。考虑到实际分配情况及网点利用率，在分配时需要考虑一个客户群中的业务量可以分配到多个网点的情况，因此，网点与客户群之间是多对多的关系。

假设 $m=7$，$n=5$，解的编码结构如图 3-2 所示。在这里，$X$ 为一个 7×5 的矩阵，矩阵第 1 行第 1 列的值 $x_{11}=161$，表示客户群 1 分给网点 1 的业务量为 161。从右边数的第 2 列表示每个客户群已分配的业务量，从右边数的第 1 列表示每个客户群业务量的分配率。从下边数的第 3 行表示每个网点的业务占用量，从下边数的第 2 行表示每个网点的业务占用率。$Y$ 为长度为 5 的数组，数组中第 1 个元素的值 $y_1=1$，表示网点 1 未被撤销，数组中第 5 个元素的值 $y_5=0$，表示网点 5 被撤销。

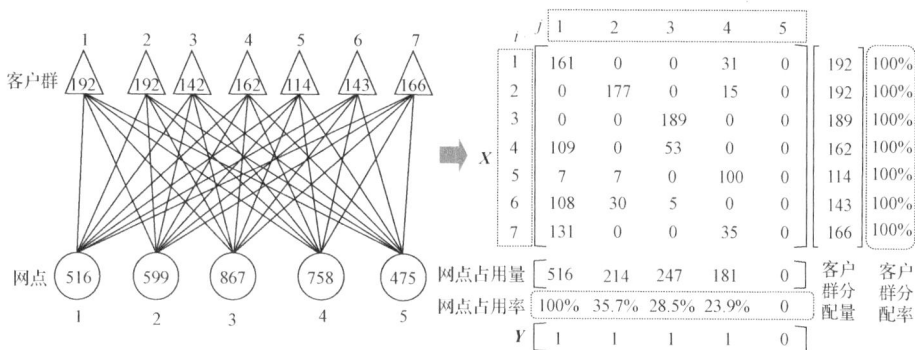

图 3-2　解的编码结构

### 3.3.3　解的初始化

在利用 SA 算法求解之前，首先需要定义问题的初始化规则，设计该初始化规则的目的是提供一个较优的初始解，这可以在一定程度上提高寻找到全局最优解的可能性。

定义两个一维数组 nodeOccupy 和 customerRest，分别存储每个网点的业务占用量和每个客户群的待分配的业务量，长度分别为 $n$、$m$，计算公式如式（3-7）和式（3-8）所示：

$$\text{nodeOccupy}_j = \sum_{i=1}^{m} x_{ij} \qquad (3\text{-}7)$$

$$\text{customerRest}_i = g_j - \sum_{j=1}^{n} x_{ij} \qquad (3\text{-}8)$$

计算将每个客户群的所有待分配的业务量分配到某个网点的分配成本，存储于大小为 $m \times n$ 的二维数组 cost 中。

① 若客户群 $j$ 不在网点 $i$ 的业务辐射范围内，$\text{cost}_{ij}$ 取 $\infty$。

② 若网点 $i$ 的业务占用量不为 0，则 $\text{cost}_{ij}$ 为待分配业务量乘以距离乘以单位运输成本。

③ 若网点 $i$ 的业务占用量不 0，则在 2 的基础上加上网点 $i$ 的运营成本。

$cost_{ij}$ 计算公式如式（3-9）所示：

$$cost_{ij} = \begin{cases} d_{ij} \times u_{ij} \times customerRest_i & nodeOccupy_j \neq 0, d_{ij} \leq d_j \\ d_{ij} \times u_{ij} \times customerRest_i + c_j & nodeOccupy_i = 0, d_{ij} \leq d_j \\ \infty & d_{ij} > d_j \end{cases} \quad (3\text{-}9)$$

令 $x^*$ 代表初始解，calculateCost(cost, nodeOccupy, customerRest) 表示利用式（3-9）计算分配成本数组 cost 的函数，解的初始化算法的伪代码如算法 3-1 所示。

---

**算法 3-1：解的初始化算法**

---

**Input:** 网点的业务占用量 nodeOccupy，客户群的待分配的业务量 customerRest，成本数组 cost；

**Output:** 初始解 $x^*$；

1　　**repeat**：

2　　　　**call** calculateCost (cost, nodeOccupy, customerRest)；

3　　　　取成本数组 cost 中最小值的下标 $i$、$j$；

4　　　　**if** 将客户群 $i$ 的所有待分配业务量分配给网点 $j$ 后，超出网点上限 **then**

5　　　　　　$x^*_{ij} \leftarrow f_j - nodeOccupy_j$；

6　　　　**else**

7　　　　　　$x^*_{ij} \leftarrow customerRest_i$；

8　　　　**end if**

9　　　　$nodeOccupy_j \leftarrow nodeOccupy_j + x_{ij}$；

10　　　　$customerRest_i \leftarrow customerRest_i - x_{ij}$；

11　　**until** 数组 customerRest 中的元素全为 0；

12　　**return** $x^*$；

---

### 3.3.4　邻域操作

针对 3.3.2 小节所定义的解的编码，本小节设计了 4 种邻域操作：撤销部分客户群后重分配操作、网点业务量交换操作、随机网点业务量外迁操作、低利用率网点业务量外迁操作。

（1）撤销部分客户群后重分配操作

该操作产生一个小于撤销参数 $p_a$ 的随机数 $\alpha$。设置一个一维数组 cancelList=$\{cl_1, cl_2, \cdots, cl_k, \cdots, cl_l\}$，$l=\alpha \times m$，$cl_k \in \{1, 2, \cdots, m\}$，随机产生一个撤销序列，存储于 cancelList 中，撤销标号在 cancelList 中的客户群的分配方案，按照分配成本最低的原则进行重分配。操作示意如图 3-3 所示，假设随机产生的撤销序列为 $\{1,6,7\}$，则撤销客户群 1、6 和 7，然后进行重分配。

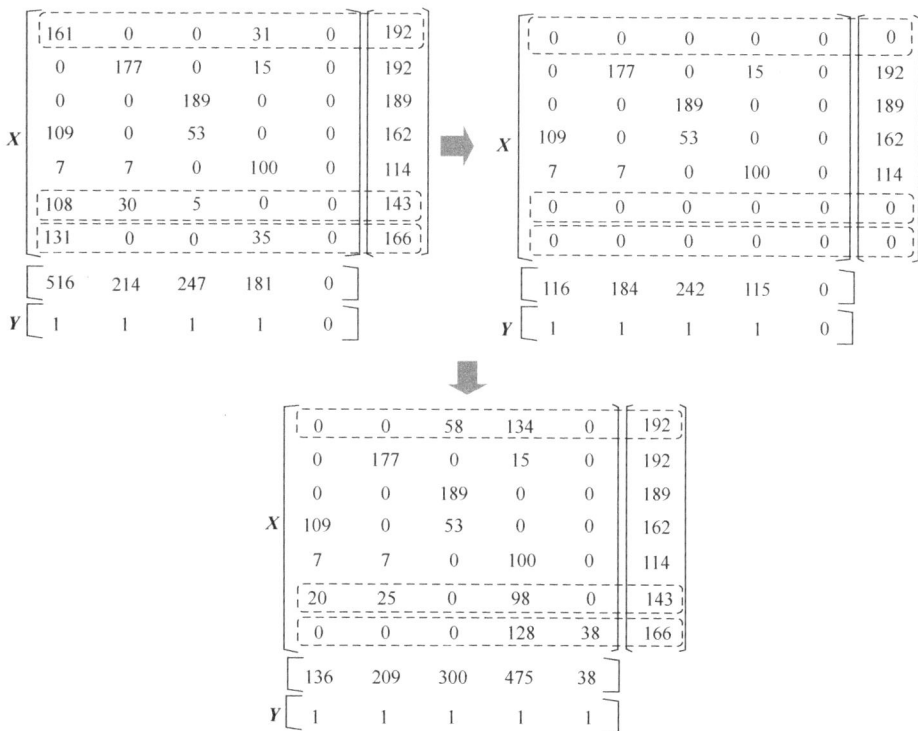

$$
X\begin{bmatrix}
161 & 0 & 0 & 31 & 0 \\
0 & 177 & 0 & 15 & 0 \\
0 & 0 & 189 & 0 & 0 \\
109 & 0 & 53 & 0 & 0 \\
7 & 7 & 0 & 100 & 0 \\
108 & 30 & 5 & 0 & 0 \\
131 & 0 & 0 & 35 & 0
\end{bmatrix}
\begin{bmatrix}
192 \\ 192 \\ 189 \\ 162 \\ 114 \\ 143 \\ 166
\end{bmatrix}
\Rightarrow
X\begin{bmatrix}
0 & 0 & 0 & 0 & 0 \\
0 & 177 & 0 & 15 & 0 \\
0 & 0 & 189 & 0 & 0 \\
109 & 0 & 53 & 0 & 0 \\
7 & 7 & 0 & 100 & 0 \\
0 & 0 & 0 & 0 & 0 \\
0 & 0 & 0 & 0 & 0
\end{bmatrix}
\begin{bmatrix}
0 \\ 192 \\ 189 \\ 162 \\ 114 \\ 0 \\ 0
\end{bmatrix}
$$

$$
\begin{bmatrix} 516 & 214 & 247 & 181 & 0 \end{bmatrix} \quad
Y\begin{bmatrix} 1 & 1 & 1 & 1 & 0 \end{bmatrix}
\qquad
\begin{bmatrix} 116 & 184 & 242 & 115 & 0 \end{bmatrix} \quad
Y\begin{bmatrix} 1 & 1 & 1 & 1 & 0 \end{bmatrix}
$$

$$
X\begin{bmatrix}
0 & 0 & 58 & 134 & 0 \\
0 & 177 & 0 & 15 & 0 \\
0 & 0 & 189 & 0 & 0 \\
109 & 0 & 53 & 0 & 0 \\
7 & 7 & 0 & 100 & 0 \\
20 & 25 & 0 & 98 & 0 \\
0 & 0 & 0 & 128 & 38
\end{bmatrix}
\begin{bmatrix}
192 \\ 192 \\ 189 \\ 162 \\ 114 \\ 143 \\ 166
\end{bmatrix}
$$

$$
\begin{bmatrix} 136 & 209 & 300 & 475 & 38 \end{bmatrix} \quad
Y\begin{bmatrix} 1 & 1 & 1 & 1 & 1 \end{bmatrix}
$$

图 3-3　撤销部分客户群后重分配操作示意

撤销部分客户群后重新分配操作的具体算法如算法 3-2 所示。

**算法 3-2**：撤销部分客户群后重分配操作算法

**Input:** 当前解 $x$；

**Output:** 邻域变换后的解 $x'$；

1      **Init** $x' \leftarrow x$；

2      随机产生撤销比例 $\alpha$；

3      随机产生一个撤销序列 cancelList=$\{cl_1, cl_2, \cdots, cl_k, \cdots, cl_l\}$；

4      **for** $i := 1$ **to** $l$

5       撤销 $cl_i$ 的分配方案；

6      **end for**

7      根据式（3-8）计算网点业务占用量 nodeOccupy；

8      根据式（3-9）计算客户群的待分配的业务量 customerRest；

9      **repeat**：

10       **call** calculateCost (cost, nodeOccupy, customerRest)；

11       取成本数组 cost 中最小值的下标 $i$、$j$；

12       **if** 将客户群 $i$ 的所有待分配业务量分配给网点 $j$ 后，超出网点上限 **then**

13        $x'_{ij} \leftarrow f_j - \text{nodeOccupy}_j$；

14       **else if**

15        $x'_{ij} \leftarrow \text{customerRest}_i$；

16       **end if**

17       $\text{nodeOccupy}_j \leftarrow \text{nodeOccupy}_j + x_{ij}$；

18       $\text{customerRest}_i \leftarrow \text{customerRest}_i - x_{ij}$；

19      **until** 数组 customerRest 中的元素全为 0；

20      **return** $x'$；

（2）网点业务量交换操作

随机选择两个网点 $j_1$ 和 $j_2$，交换网点 $j_1$ 和 $j_2$ 中的业务量，操作示意如图 3-4 所示，假设随机产生的网点序号为 $j_1=2$，$j_2=3$，交换网点 2 和网点 3 中的业务量。

$$X \begin{bmatrix} 0 & 0 & 58 & 134 & 0 \\ 0 & 177 & 0 & 15 & 0 \\ 0 & 0 & 189 & 0 & 0 \\ 109 & 0 & 53 & 0 & 0 \\ 7 & 7 & 0 & 100 & 0 \\ 20 & 25 & 0 & 98 & 0 \\ 0 & 0 & 0 & 128 & 38 \end{bmatrix} \begin{bmatrix} 192 \\ 192 \\ 189 \\ 162 \\ 114 \\ 143 \\ 166 \end{bmatrix} \Rightarrow X \begin{bmatrix} 0 & 58 & 0 & 134 & 0 \\ 0 & 0 & 177 & 15 & 0 \\ 0 & 189 & 0 & 0 & 0 \\ 109 & 53 & 0 & 0 & 0 \\ 7 & 0 & 7 & 100 & 0 \\ 20 & 0 & 25 & 98 & 0 \\ 0 & 0 & 0 & 128 & 38 \end{bmatrix} \begin{bmatrix} 192 \\ 192 \\ 189 \\ 162 \\ 114 \\ 143 \\ 166 \end{bmatrix}$$

$$Y \begin{bmatrix} 136 & 209 & 300 & 475 & 38 \\ 1 & 1 & 1 & 1 & 1 \end{bmatrix} \qquad Y \begin{bmatrix} 136 & 300 & 209 & 475 & 38 \\ 1 & 1 & 1 & 1 & 1 \end{bmatrix}$$

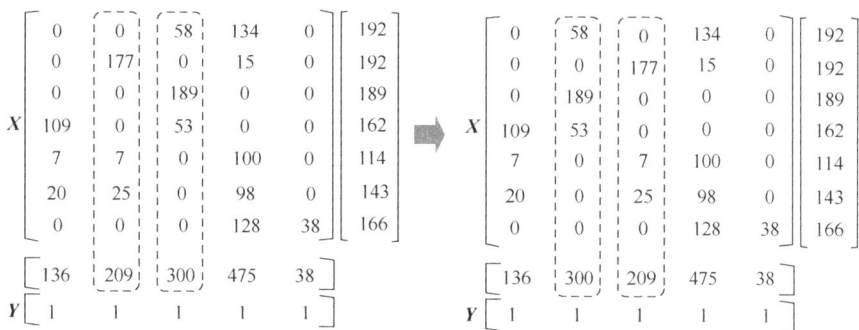

图 3-4　网点业务量交换操作示意

网点业务量交换操作的具体算法如算法 3-3 所示。

---

**算法 3-3**：网点业务量交换操作算法

---

**Input:** 当前解 $x$;

**Output:** 邻域变换后的解 $x'$;

1　　　**Init** $x' \leftarrow x$;

2　　　产生一个位于[0,1]的随机数 $rand_1$;

3　　　**if** $rand_1$ 大于参数 $p_b$ **then**

4　　　　随机产生两个网点序号 $j_1$、$j_2$;

5　　　　**for** $i := 1$ **to** $m$

6　　　　　**if** $d_{ij_1}$ 不大于 $d_{j_1}$，且 $d_{ij_2}$ 不大于 $d_{j_2}$ **then**

7　　　　　　$x'_{ij_1} \leftarrow x_{ij_2}$;

8　　　　　　$x'_{ij_2} \leftarrow x_{ij_1}$;

9　　　　　**end if**

10　　　　**end for**

11　　　**end if**

12　　**return** $x'$;

---

（3）随机网点业务量外迁操作

随机选择一个网点 node $ran_3$，将其业务量外迁。为了使经过邻域变换后的解更接近最优解，该邻域操作规则参考 GA 中的选择操作，利用轮盘赌选择法随机选择网点，进行业务量外迁的操作。轮盘赌选择法是一种根据概率进行随机选择的算法，又称为比例选择法，其基本思想是：每个个体被选中的概率与其适应度大小成正比。在该邻域操作中，运输成本和运营成本越高的网点，适应度越大，越容易被选中进行业务量外迁操作。选择个体为网点，单个网点 $j$ 的适应度计算公式定义如式（3-10）所示：

$$f \text{ itness}_j = \begin{cases} \displaystyle\sum_{i=1}^{m} d_{ij} u_{ij} x_{ij} + c_j & \text{nodeOccupy}_j \neq 0 \\ 0 & \text{nodeOccupy}_j = 0 \end{cases} \tag{3-10}$$

设单个网点 $j$ 的选择概率为 $P_j$，累计概率为 $S_j$，计算公式如式（3-11）和式（3-12）所示：

$$p_j = \frac{f \text{ itness}_j}{\displaystyle\sum_{j=1}^{n} f \text{ itness}_j} \tag{3-11}$$

$$S_j = \sum_{h=1}^{j} P_h \tag{3-12}$$

产生一个位于[0,1]的随机数 $p$，若 $p$ 位于[0, $S_1$]，选择网点 1；若 $p$ 位于 $(S_{j-1}, S_j)$，选择网点 $j$。

令 roulette($x$) 表示利用轮盘赌选择法随机选择网点的函数，返回被选择网点的编号 node_num。操作示意如图 3-5 所示，假设函数 roulette($x$) 返回的被选择网点的编号 node_num=1，将客户群 4、5、6 分配给网点 1 的业务量重分配。

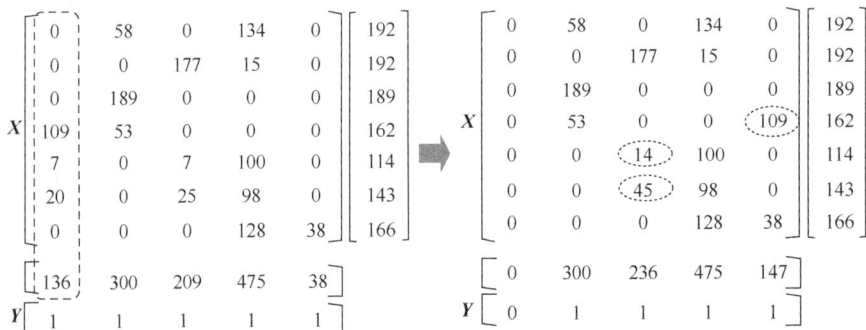

图 3-5　随机网点业务量外迁操作示意

随机网点业务量外迁操作的具体算法如算法 3-4 所示。

---

**算法 3-4：随机网点业务量外迁操作算法**

---

**Input:** 当前解 $x$;

**Output:** 邻域变换后的解 $x'$;

1　**Init** $x' \leftarrow x$，node_num $\leftarrow 0$;

2　产生一个位于[0,1]的随机数 $\text{rand}_2$;

3　**if** $\text{rand}_2$ 大于参数 $p_c$ **then**

4　　roulette($x$) $\rightarrow$ node_num;

5　　撤销所有客户群分配给网点 node_num 的业务量;

6　　根据式（3-7）计算网点业务占用量 nodeOccupy;

7　　根据式（3-8）计算客户群的待分配的业务量 customerRest;

8　　**repeat：**

9　　　calculateCost (cost, nodeOccupy, customerRest);

10　　　取成本数组 cost 中最小值的下标 $i$、$j$;

11　　　**if** 将客户群 $i$ 的所有待分配业务量分配给网点 $j$ 后，超出网点上限 **then**

12　　　　$x'_{ij} \leftarrow f_j - \text{nodeOccupy}_j$;

13　　　**else**

14　　　　$x'_{ij} \leftarrow \text{customerRest}_i$;

15　　　**end if**

16　　　$\text{nodeOccupy}_j \leftarrow \text{nodeOccupy}_j + x_{ij}$;

17　　　$\text{customerRest}_i \leftarrow \text{customerRest}_i - x_{ij}$;

18　　**until** 数组 customerRest 中的元素全为 0;

19　**end if**

20　**return** $x'$;

---

（4）低利用率网点业务量外迁操作

该操作主要是将利用率低的网点中的所有业务量外迁，同样是外迁网点的业务量，操作（4）与操作（3）的区别在于：操作（3）选择成本较高的网点外迁其业务量；操作（4）选择低利用率的网点外迁其业务量。设置一个阈值 $p_d$，随机选择一个利用率低于阈值 $p_d$ 的网点，外迁其业务量。设网点 $j$ 的网点利用率为 nodeOccupyRate$_j$，定义如式（3-13）所示：

$$\text{nodeOccupyRate}_j = \frac{\text{nodeOccupy}_j}{f_j} \tag{3-13}$$

该操作过程如图 3-6 所示，假设随机选择的利用率低于阈值 $p_d$ 的网点为 5，将客户群 4 和 7 分配给网点 5 的业务量进行重分配。

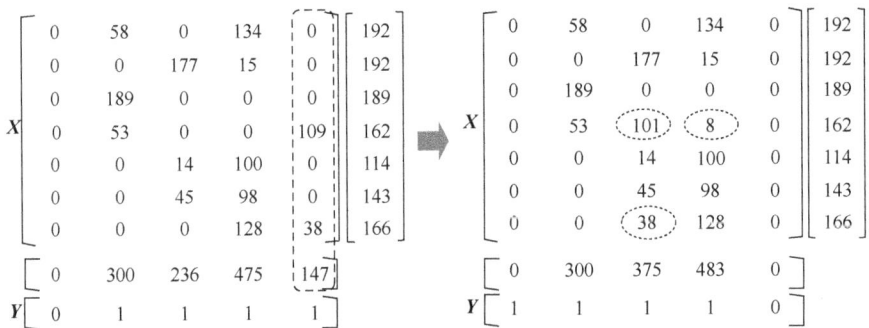

$$
X\begin{bmatrix}
0 & 58 & 0 & 134 & 0 \\
0 & 0 & 177 & 15 & 0 \\
0 & 189 & 0 & 0 & 0 \\
0 & 53 & 0 & 0 & 109 \\
0 & 0 & 14 & 100 & 0 \\
0 & 0 & 45 & 98 & 0 \\
0 & 0 & 0 & 128 & 38
\end{bmatrix}
\begin{bmatrix}
192 \\ 192 \\ 189 \\ 162 \\ 114 \\ 143 \\ 166
\end{bmatrix}
\quad\Rightarrow\quad
X\begin{bmatrix}
0 & 58 & 0 & 134 & 0 \\
0 & 0 & 177 & 15 & 0 \\
0 & 189 & 0 & 0 & 0 \\
0 & 53 & 101 & 8 & 0 \\
0 & 0 & 14 & 100 & 0 \\
0 & 0 & 45 & 98 & 0 \\
0 & 0 & 38 & 128 & 0
\end{bmatrix}
\begin{bmatrix}
192 \\ 192 \\ 189 \\ 162 \\ 114 \\ 143 \\ 166
\end{bmatrix}
$$

$$
\begin{bmatrix} 0 & 300 & 236 & 475 & 147 \end{bmatrix} \qquad \begin{bmatrix} 0 & 300 & 375 & 483 & 0 \end{bmatrix}
$$
$$
Y\begin{bmatrix} 0 & 1 & 1 & 1 & 1 \end{bmatrix} \qquad Y\begin{bmatrix} 1 & 1 & 1 & 1 & 0 \end{bmatrix}
$$

图 3-6　低利用率网点业务量外迁操作

低利用率网点业务量外迁操作的具体算法如算法 3-5 所示。

---

**算法 3-5：低利用率网点业务量外迁操作算法**

---

**Input:** 当前解 $x$；

**Output:** 邻域变换后的解 $x'$；

1　　**Init** $x' \leftarrow x$；

2　　根据式（3-13）计算所有网点的 nodeOccupyRate$_j$；

3　　随机选择一个利用率小于 $p_d$ 的网点 node_num；

4　　撤销所有客户群分配给网点 node_num 的业务量；

5　　根据式（3-7）计算网点业务占用量 nodeOccupy；

6　　根据式（3-8）计算客户群的待分配的业务量 customerRest；

7　　**repeat**：

8　　　　calculateCost (cost, nodeOccupy, customerRest)；

---

| 9 | 取成本数组 cost 中最小值的下标 $i$、$j$; |
|---|---|
| 10 | **if** 将客户群 $i$ 的所有待分配业务量分配给网点 $j$ 后，超出网点上限 **then** |
| 11 | $x'_{ij} \leftarrow f_j - \text{nodeOccupy}_j$; |
| 12 | **else** |
| 13 | $x'_{ij} \leftarrow \text{customerRest}_i$; |
| 14 | **end if** |
| 15 | $\text{nodeOccupy}_j \leftarrow \text{nodeOccupy}_j + x_{ij}$; |
| 16 | $\text{customerRest}_i \leftarrow \text{customerRest}_i - x_{ij}$; |
| 17 | **until** 数组 customerRest 中的元素全为 0; |
| 18 | **return** $x'$; |

### 3.3.5　算法流程

基于 SA 算法的问题求解步骤如下。

**算法输入**：网点集合信息，客户群集合信息。

**算法输出**：客户群分配到网点的方案及撤并的网点信息。

**步骤 1**：初始化算法参数，初始温度 $t_0$、终止温度 $t_{\text{end}}$、降温系数 $a$、迭代次数 $N$、撤销参数 $p_a$、网点业务量交换概率 $p_b$、随机网点业务量外迁概率 $p_c$、网点利用率阈值 $p_d$。

**步骤 2**：根据算法 3-1，生成初始解 $x_0$，计算初始解 $x_0$ 的目标函数值，即总成本值 $f(x_0)$，令当前解 $x = x_0$，并令全局最优解 best_X $= x_0$, best_solution $= f(x_0)$。

**步骤 3**：设置当前温度 $T = t_0$，当前迭代次数 $n = 0$。

**步骤 4**：根据算法 3-5，进行撤销部分客户群后重分配、网点业务量交换、随机网点业务量外迁和低利用率网点业务量外迁操作，得到新解 $x'$。

**步骤 5**：计算解 $x'$ 的目标函数值，即成本值 $f(x')$。若 $f(x') \leqslant f(x)$，令当前解 $x = x'$，并令全局最优解 best_X $= x'$, best_solution $= f(x')$；否则根据 Metropolis 准则判断是否接受新解 $x'$，若接受，则令当前解 $x = x'$。

步骤 6：令 $n = n + 1$，判断是否达到热平衡，即 $n$ 是否达到迭代次数 $N$，若未达到迭代次数，跳转到 Step4，否则跳转到 Step7。

步骤 7：$T = T \times a$，判断 $T$ 是否达到终止温度 $t_{end}$，若是则输出当前最优解 best_X、 best_solution，跳转至 Step8，算法结束；否则，令 $n = 0$，跳转到 Step4。

步骤 8：算法结束。

上述算法的时间复杂度为 $O\left(N \times \log_a \dfrac{t_{end}}{t_0} \times m \times n\right)$，其中 $N$ 为迭代次数，$t_{end}$ 为终止温度，$t_0$ 为初始温度，$a$ 为降温系数，$m$ 为客户群数量，$n$ 为网点数量。参数 $N$、$t_{end}$、$t_0$ 和 $a$ 是固定不变的，$m$ 和 $n$ 根据算法的输入而变化。

## 3.4 基于 IGA 的求解

在已有的相关研究中，使用 IGA 进行求解[5]，与本章所提出的模型不同，文献[5]考虑了客户群业务量整体分配的方式，即每个客户群的所有业务都由一个共享网点来完成。我们在实现文献[5]中的 IGA 的同时，利用 IGA 求解 3.2 节建立的模型。为了区分二者，称前者为 UIGA，称后者为 DIGA。

### 3.4.1 算法流程

基于 IGA 的问题求解步骤如下。

**算法输入**：网点集合信息、客户群集合信息。

**算法输出**：客户群分配到网点的方案及撤并的网点信息。

**步骤 1**：输入算法参数，包括交叉概率、变异概率、亲和度参数、种群大小、迭代次数，输入"抗原"——目标函数和各种约束。

**步骤 2**：随机产生初始种群。

**步骤 3**：更新记忆细胞，同时记录成本值最小的"抗体"为全局最优解。

**步骤 4**：计算"抗体"适应度和浓度。

**步骤 5**：计算选择概率，进行选择操作。

**步骤 6**：产生一个位于[0,1]的随机数 $rand_1$，若小于变异概率，进行变异操作。

**步骤 7**：产生一个位于[0,1]的随机数 $rand_2$，若小于交叉概率，进行交叉操作。

**步骤 8**：记录成本值最小的"抗体"，与全局最优解进行比较，若小于全局最优解的成本值，则更新全局最优解。

**步骤 9**：判断是否达到迭代次数，如果是，输出全局最优解，跳转至 Step10，否则跳转至 Step4。

**步骤 10**：输出客户群分配到网点的方案及撤并的网点信息。

## 3.4.2　UIGA 与 DIGA 的区别

在解的编码、变异和交叉操作方面，UIGA 与 DIGA 的区别如下。

（1）"抗体"编码

在 IGA 中，一个"抗体"代表一种分配方案，UIGA 的"抗体"编码如图 3-7 所示，解的形式为一维数组，"抗体"大小为客户群的大小，取值为网点编号，表示将某客户群的任务全部分配给某个网点。DIGA 的"抗体"编码如图 3-2 所示，解的形式为二维数组。

（2）交叉操作

UIGA 的交叉操作的思路为随机生成两个小于客户群数量的编号 $i_1$、$i_2$，分别为交叉的起始点和终止点，对中间片段进行交叉。DIGA 的交叉操作的思路为随机生成两个小于客户群数量的编号 $j_1$ 和 $j_2$，交换编号位于[ $j_1$, $j_2$]的每个网点的业务量。

（3）变异操作

UIGA 的变异操作的思路为随机生成一个小于客户群数量的编号 $i$，一个小于网点数量的编号 $j$，将客户群 $i$ 的任务量重新全部分配给网点 $j$。

DIGA 的变异操作的思路为将客户群 $i$ 分配给网点 $j$ 的任务量重新分配给其他网点。

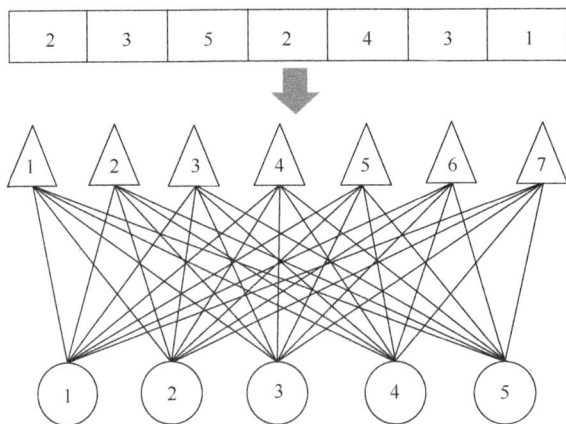

图 3-7　UIGA 的"抗体"编码

## 3.5　实验分析

针对网点优化整合问题,我们采用 Java 编写了 SA 算法、DIGA 和 UIGA 求解程序。此外,还利用 IBM 公司的商用求解器 CPLEX 12.7.1 所提供的 Java 库对该问题进行建模和求解。实验环境具体配置如下:处理器为 Intel Core i5-5257U@ 2.7 GHz,内存为 4 GB,64 位操作系统。为了进一步验证所提出的 SA 算法在求解网点优化整合问题上的有效性,除了要与其他求解方法进行对比外,还应设计实验进行自我对比。针对所提出的 4 种邻域操作,设计对比实验,去掉一种邻域操作,对比只利用 3 种邻域操作进行求解的结果和利用 4 种邻域操作进行求解的结果,分析哪一种邻域操作在该问题的优化过程中起主要作用。

### 3.5.1　测试实例

实验采用模拟的方式,测试实例由 8 个参数来决定,表 3-2 列出了这些参数的取值范围。可以通过改变网点个数（$n$）、客户群个数（$m$）及网点运营成本与业务量的关系类型（relationshipType）来更改实验的规模，随机模拟生成数据。在本实验中，网点个数 $n$ 的选择范围为 {20,50,100}，客户群个数 $m$ 的选择范围为 {80,100,200}，网点运营成本与业务量的关系类型 relationshipType 的选择范围为 {线性关系,凹函数关系;凸函数关系}。参数（$m,n$, relationshipType）总共有 27 种组合（3×3×3），即共有 27 组测试实例。随机模拟生成数据时，给定网点业务量上下限、客户群业务量上下限和坐标值范围，分别是 [2000,3000]、[50,200]、[0,1000]，实验数据在上述给定的范围内随机生成。其他实验配置参数为定值，网点的覆盖范围 $d$ 为 3500，单位距离单位业务量成本 $u$ 为 0.01。

表 3-2　实验配置参数

| 参数 | 值 |
| --- | --- |
| $n$ | 20,50,100 |
| $m$ | 80,100,200 |
| 网点业务量上下限 | [2000,3000] |
| 客户群业务量上下限 | [50,200] |
| 坐标值范围 | [0,1000] |
| 网点覆盖范围 $d$ | 3500 |
| 单位距离单位业务量成本 $u$ | 0.01 |
| 网点运营成本与业务量的关系 | 线性关系，凹函数关系，凸函数关系 |

### 3.5.2　SA 算法的参数设置

SA 算法的参数包括初始温度 $t_0$、终止温度 $t_{end}$、降温系数 $a$、迭代次数 $N$，这些参数采用模拟仿真的形式，因此并不需要单位。算法性能和质量对参数有较强的依赖性，因此在实验之前，需要对各参数进行分析，确定最佳的参数取值。

（1）初始温度 $t_0$

为避免陷入局部最优，初始温度 $t_0$ 要足够高。固定参数 $N$=300、$t_{end}$=1、$a$=0.9，改变初始温度 $t_0$。对于不同的 $t_0$，运行程序 20 次，取目标函数的平均值，并记录算法的执行时间。图 3-8 所示为目标函数平均值和平均执行时间随初始温度的变化而变化的折线。通过对该图分析可知，随着初始温度的增加，目标函数平均值下降，平均执行时间增加。当初始温度超过 600 时，目标函数平均值几乎没有变化。

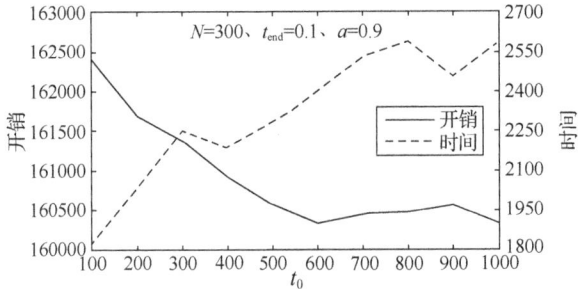

图 3-8　目标函数平均值和平均执行时间随初始温度的变化而变化

（2）终止温度 $t_{end}$

终止温度即终止状态的温度。终止温度越低，算法越有可能获取全局最优解，但是也会增加算法的执行时间。固定参数 $N$=300、$\alpha$=0.9、$t_0$=400，改变 $t_{end}$。图 3-9 所示为目标函数平均值和平均执行时间随终止温度的变化而变化的折线。通过对该图分析可知，随着终止温度的增加，目标函数平均值上升，平均执行时间减少。综合比较初始温度与终止温度，设置较高的初末温比，可以得到较优的解，但会延长执行时间。平衡解的优劣和执行时间，设置初始温度 $t_0$=400、终止温度 $t_{end}$=0.1。

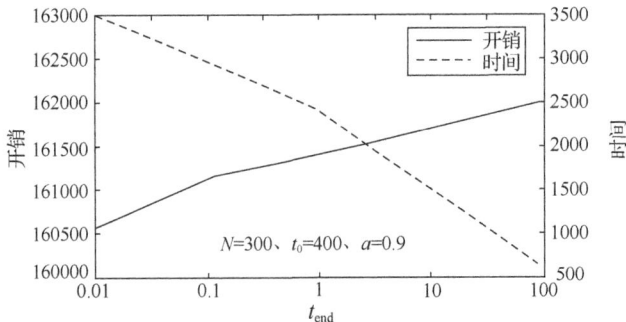

图 3-9　目标函数平均值和平均执行时间随终止温度的变化而变化

（3）降温系数 $a$

降温函数 $T_k=t_0 \times a^k$，$T_k$ 的终值为 $t_{end}$，降温系数 $a$ 可以控制降温过程的快慢。降温过程足够慢时，算法才可以收敛到全局最优解，因此降温系数不宜过高，否则会让算法过早稳定，不能找到最优解，但增大降温系数会大大缩短执行时间。固定参数 $t_{end}=0.1$、$N=300$、$t_0=400$，改变 $a$。图 3-10 所示为目标函数平均值和平均执行时间随降温系数的变化而变化的折线。通过对该图的分析可知，降温系数超过 0.9 以后，目标函数平均值的变化趋于稳定，降温系数达到 0.97、0.99 时，目标函数平均值不降反增，同时，执行时间随降温系数的增加而大幅增加，因此设置降温系数 $a=0.9$。

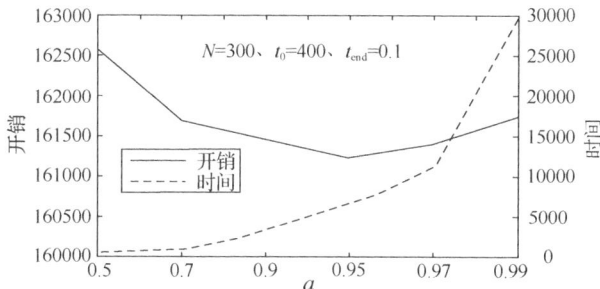

**图 3-10　目标函数平均值和平均执行时间随降温系数的变化而变化**

（4）迭代次数 $N$

迭代次数越大，越有可能搜索到全局最优解。如果迭代次数过多，会增加算法的执行时间，因此需要确定一个合理的迭代次数。固定参数 $t_{end}=0.1$、$a=0.9$、$t_0=400$，改变 $N$。图 3-11 所示为目标函数平均值和平均执行时间随迭代次数的变化而变化的折线；图 3-12 为对于不同的 $N$，运行 20 次程序的最优解的目标函数平均值。通过分析可知，迭代次数超过 300 时，目标函数平均值的变化趋势趋于稳定，迭代次数越多，越容易找到最优解，但是迭代次数不宜过多，不然会增加程序的执行时间。最终设置每个温度的迭代次数 $N=300$。

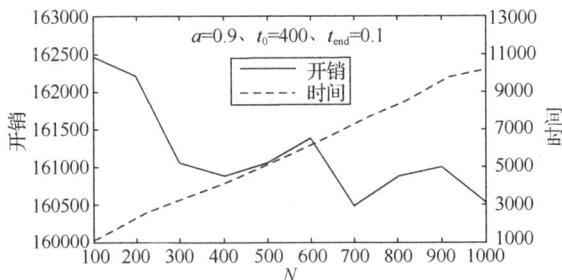

图 3-11　目标函数平均值和平均执行时间随迭代次数的变化而变化

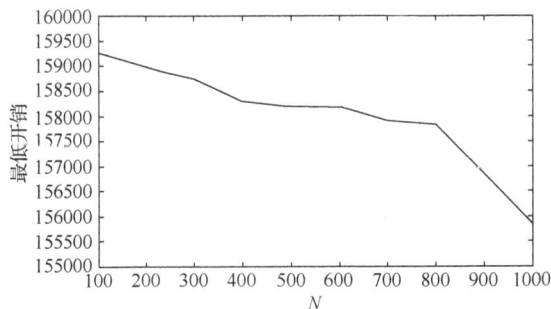

图 3-12　不同迭代次数下最优解的变化

同样，利用交叉对比的方法分别调整 SA 算法中的其他参数，以及 DIGA 的参数和 UIGA 的参数，因为篇幅有限，不在此赘述。这 3 种算法的参数设置如表 3-3 所示。

表 3-3　各种算法的参数设置

| 参数 | SA 算法 | DIGA | UIGA |
|---|---|---|---|
| 初始温度 $t_0$ | 400 | — | — |
| 终止温度 $t_{end}$ | 0.1 | — | — |
| 降温系数 $a$ | 0.9 | — | — |
| 迭代次数 $N$ | 300 | 50 | 100 |
| 撤销参数 $p_a$ | 0.3 | — | — |

续表

| 参数 | SA 算法 | DIGA | UIGA |
|---|---|---|---|
| 网点业务量交换概率 $p_b$ | 0.5 | — | — |
| 随机网点业务量外迁概率 $p_c$ | 0.4 | — | — |
| 网点利用率阈值 $p_d$ | 0.3 | — | — |
| 交叉概率 $p_c$ | — | 0.5 | 0.5 |
| 变异概率 $p_m$ | — | 0.4 | 0.4 |
| 选择参数 $sl$ | — | 0.95 | 0.95 |
| "抗体" 数量 $pl$ | — | 200 | 200 |

### 3.5.3　对比实验及结果

（1）4 种求解方案的对比

实验共设置了 27 组不同配置的数据集，分别用 4 种求解方案进行求解，每种求解方案运行每组实验数据 20 次。从 3 个方面对比 3 种求解算法和 CPLEX 求解器的实验结果：成本值、平均网点利用率和网点撤销个数。表 3-4 给出了 3 种求解算法运行每组实验数据 20 次的成本值的平均值、最小值和平均执行时间，以及 CPLEX 求解器的求解结果和平均执行时间。

图 3-13（a）～（c）分别表示网点运营成本与业务量呈线性关系、凹函数关系和凸函数关系时，4 种求解方案的平均成本值，由图可知，在这 3 种情况下，SA 算法的求解结果不仅优于 DIGA 和 UIGA，而且优于 CPLEX 求解器的求解结果。图 3-13（d）所示为 3 种求解算法平均执行时间和 CPLEX 求解器平均执行时间的对比，由图可知，SA 算法的平均执行时间虽然长于 CPLEX 求解器的平均执行时间，但是短于 UIGA 和 DIGA 的平均执行时间。因此，在上述 3 种情况下，SA 算法的求解效果均优于其他 3 种算法。

表 3-4 4 种求解方案的结果对比

| 实例 | SA算法 | | | DIGA | | | UIGA | | | CPLEX | |
|---|---|---|---|---|---|---|---|---|---|---|---|
| | 平均值 | 最小值 | 平均执行时间 | 平均值 | 最小值 | 平均执行时间 | 平均值 | 最小值 | 平均执行时间 | 求解结果 | 平均执行时间 |
| 1 | 15.99 | 15.74 | 383.40 | 23.43 | 22.79 | 2914.75 | 25.58 | 23.92 | 800.00 | 16.77 | 161.00 |
| 2 | 12.46 | 12.46 | 322.60 | 19.46 | 19.04 | 2950.85 | 21.93 | 20.85 | 823.15 | 12.52 | 159.00 |
| 3 | 21.94 | 20.54 | 403.30 | 38.08 | 37.26 | 2906.15 | 38.18 | 35.97 | 860.00 | 33.06 | 175.00 |
| 4 | 20.94 | 20.26 | 570.60 | 28.50 | 27.89 | 3453.05 | 30.05 | 28.96 | 1003.15 | 21.82 | 164.00 |
| 5 | 14.68 | 14.50 | 469.60 | 24.88 | 24.38 | 3658.50 | 28.00 | 26.74 | 1283.15 | 15.68 | 180.00 |
| 6 | 25.07 | 23.03 | 574.65 | 45.18 | 44.17 | 3674.40 | 46.65 | 44.74 | 1134.70 | 36.87 | 186.00 |
| 7 | 34.36 | 33.12 | 2278.60 | 67.93 | 67.93 | 8146.05 | 75.44 | 71.82 | 1366.65 | 38.21 | 196.00 |
| 8 | 25.70 | 24.76 | 1866.15 | 61.32 | 60.71 | 8468.40 | 76.81 | 73.59 | 1445.55 | 31.17 | 201.00 |
| 9 | 42.46 | 38.44 | 2143.40 | 86.37 | 85.50 | 8646.05 | 91.39 | 88.52 | 1384.00 | 56.56 | 207.00 |
| 10 | 13.72 | 13.52 | 778.00 | 27.71 | 27.07 | 5821.70 | 22.59 | 21.57 | 1322.75 | 17.24 | 188.00 |
| 11 | 9.17 | 9.17 | 711.85 | 20.09 | 19.23 | 5687.15 | 22.44 | 21.11 | 1456.15 | 9.46 | 176.00 |
| 12 | 21.85 | 21.36 | 816.65 | 60.72 | 59.49 | 5662.70 | 54.32 | 50.81 | 1363.60 | 49.68 | 182.00 |
| 13 | 17.65 | 16.97 | 1122.75 | 35.35 | 34.62 | 7078.00 | 36.24 | 34.01 | 1697.05 | 19.70 | 223.00 |
| 14 | 10.40 | 10.39 | 1108.60 | 24.67 | 24.04 | 7025.15 | 27.36 | 25.75 | 1686.75 | 10.69 | 209.00 |
| 15 | 27.79 | 26.26 | 1250.85 | 71.27 | 69.34 | 8128.45 | 65.76 | 60.58 | 1624.55 | 54.83 | 198.00 |
| 16 | 28.67 | 28.00 | 4265.30 | 60.91 | 59.64 | 15360.40 | 64.25 | 60.71 | 3063.55 | 29.21 | 357.00 |
| 17 | 20.86 | 20.85 | 3810.25 | 50.63 | 49.89 | 16957.10 | 54.54 | 52.08 | 3199.65 | 21.03 | 437.00 |
| 18 | 43.90 | 42.09 | 3810.25 | 109.43 | 107.47 | 16410.40 | 108.44 | 105.07 | 2958.75 | 79.17 | 532.00 |
| 19 | 13.29 | 13.02 | 1338.40 | 28.50 | 28.07 | 10398.40 | 27.96 | 26.55 | 1687.55 | 18.38 | 338.00 |
| 20 | 7.76 | 7.76 | 1335.25 | 20.31 | 19.87 | 9946.60 | 22.53 | 21.24 | 1734.90 | 8.17 | 275.00 |
| 21 | 22.53 | 21.09 | 1867.10 | 77.08 | 75.46 | 9880.80 | 66.16 | 62.78 | 1803.60 | 63.30 | 350.00 |
| 22 | 15.54 | 15.40 | 1908.90 | 37.07 | 35.80 | 13239.95 | 37.26 | 35.58 | 2253.80 | 21.83 | 355.00 |
| 23 | 8.89 | 8.86 | 1960.95 | 25.95 | 25.22 | 13232.45 | 28.84 | 27.03 | 2237.05 | 9.37 | 408.00 |
| 24 | 25.77 | 24.74 | 2140.10 | 88.97 | 85.98 | 13595.65 | 79.14 | 72.58 | 2159.30 | 76.91 | 348.00 |
| 25 | 26.91 | 26.46 | 7828.75 | 69.76 | 68.49 | 26950.15 | 70.86 | 67.94 | 4224.00 | 32.84 | 531.00 |
| 26 | 16.42 | 16.40 | 6771.65 | 55.00 | 53.95 | 26179.25 | 59.42 | 57.40 | 4204.70 | 17.11 | 470.00 |
| 27 | 43.31 | 42.19 | 7824.05 | 28.63 | 149.23 | 26790.10 | 140.11 | 144.81 | 4157.20 | 114.26 | 558.00 |

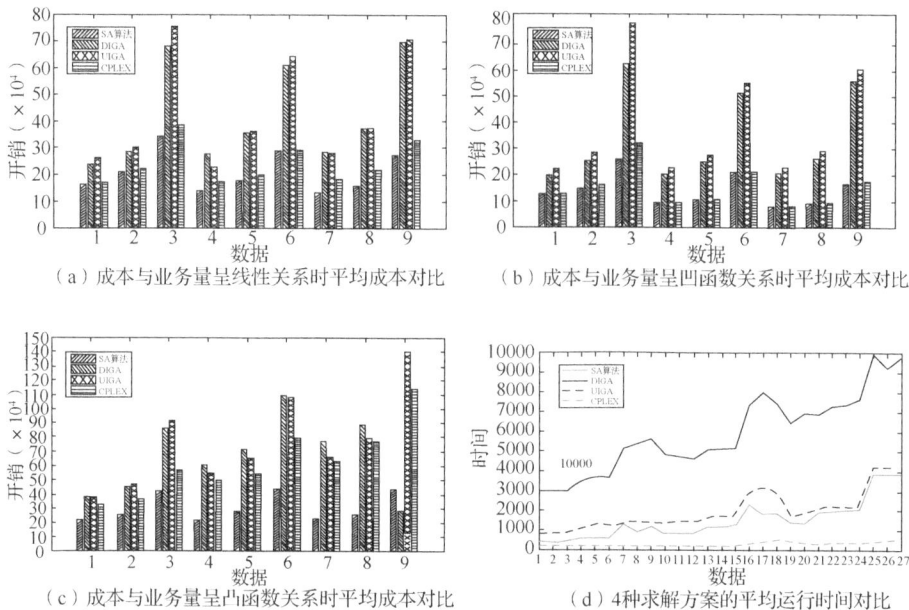

（a）成本与业务量呈线性关系时平均成本对比

（b）成本与业务量呈凹函数关系时平均成本对比

（c）成本与业务量呈凸函数关系时平均成本对比

（d）4 种求解方案的平均运行时间对比

图 3-13　4 种求解方案平均成本和平均执行时间的对比

对比 UIGA 和 DIGA 的求解结果和执行时间，虽然 DIGA 的求解结果稍微优于 UIGA，但是执行时间远长于 UIGA，这是由于前者的解编码为二维数组，后者的解编码为一维数组。可知 IGA 并不适用于本书建立的模型。

平均网点利用率（Average Node Utilization Rate，ANUR）表示所有未撤销网点的利用率的平均值，其定义如式（3-14）所示：

$$\text{ANUR} = \frac{\sum\limits_{j=1}^{n} \dfrac{\text{nodeOccupy}_j}{f_j}}{n - \text{NRN}} \qquad (3\text{-}14)$$

式中，NRN 表示网点撤销个数（Number of Revocation Nodes，NRN），其可定义为 $\text{NRN} = \sum\limits_{j=1}^{n} y_j$。

图 3-14、图 3-15 所示分别为平均网点利用率对比和网点撤销个数对比。平均网点利用率越高，表示网点利用率越高；网点撤销个数越多，表示网点整合效果越好。由图可知，SA 算法在求解该问题时，网点利用率高，网点整合效果好。

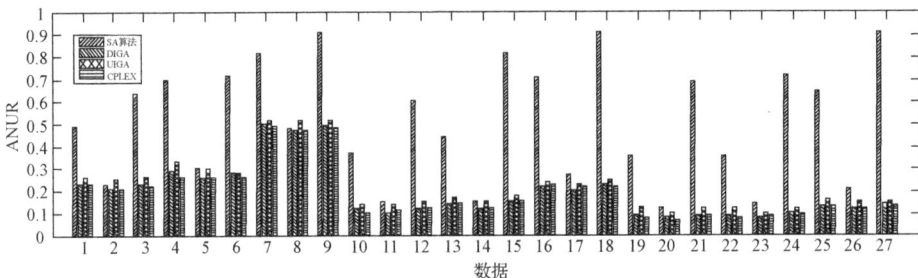

图 3-14　4 种求解方案平均网点利用率对比

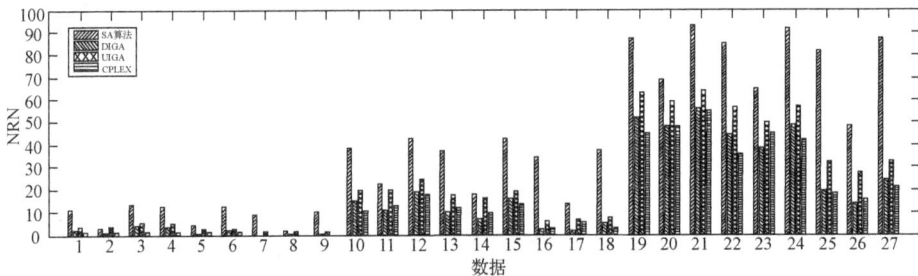

图 3-15　4 种求解方案网点撤销个数对比

（2）网点运营成本与业务量关系的 3 种情况对比

网点运营成本与业务量的关系类型有 3 种：线性关系、凹函数关系和凸函数关系。其他参数相同，改变网点运营成本与业务量的关系。图 3-16（a）和图 3-16（b）比较了 SA 算法在这 3 种情况下的平均网点利用率和网点撤销个数。由该图可知，网点运营成本与业务量的关系为凸函数时，网点利用率较高，网点整合效果较好，可知所建立的模型和设计的求解算法更适用于网点运营成本与业务量的关系为凸函数的情况。

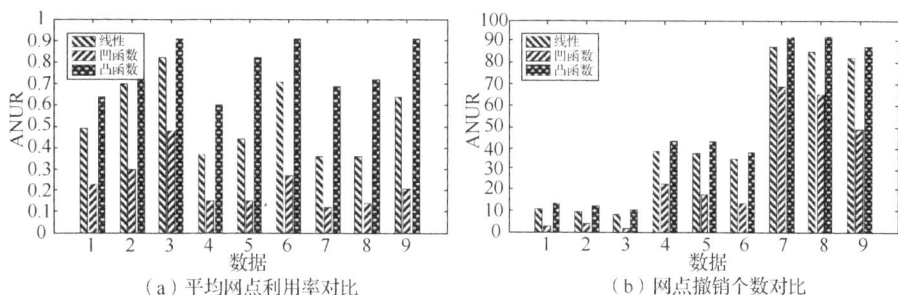

（a）平均网点利用率对比　　　　　（b）网点撤销个数对比

图 3-16　3 种情况下 SA 算法的平均网点利用率和网点撤销个数对比

（3）网点整合效果和客户群数量、网点数量的关系

分析网点整合效果与客户群数量、网点数量的关系。在所设计的实验中，网点数量 $n$ 的选择范围为 $\{20, 50, 100\}$，客户群数量 $m$ 的选择范围为 $\{80, 100, 200\}$。表 3-5 所示为当网点运营成本和业务量的关系是线性关系、凹函数关系和凸函数关系的情况下，网点数量和客户群数量不同时的平均网点利用率。由表可知，网点数量不变时，平均网点利用率随客户群数量的增加而提高；客户群数量不变时，平均网点利用率随网点数量的增加而下降。综合分析，平均网点利用率与网点数量和客户群数量之比成反比。可知，本书建立的模型和设计的求解算法更适用于网点数量多、客户群数量少的情况，即网点提供的业务量远大于客户群需求的业务量的情况。

表 3-5　网点数量和客户群数量不同时的平均网点利用率

| 关系类型 | $(m, n)$ | 网点利用率 | 关系类型 | $(m, n)$ | 网点利用率 | 关系类型 | $(m, n)$ | 网点利用率 |
|---|---|---|---|---|---|---|---|---|
| 线性 | (20, 80) | 0.49 | 凹函数 | (20, 80) | 0.23 | 凸函数 | (20, 80) | 0.64 |
| | (20, 100) | 0.70 | | (20, 100) | 0.30 | | (20, 100) | 0.72 |
| | (20, 200) | 0.82 | | (20, 200) | 0.48 | | (20, 200) | 0.91 |
| | (50, 80) | 0.37 | | (50, 80) | 0.15 | | (50, 80) | 0.60 |
| | (50, 100) | 0.44 | | (50, 100) | 0.16 | | (50, 100) | 0.62 |
| | (50, 200) | 0.71 | | (50, 200) | 0.27 | | (50, 200) | 0.84 |
| | (100, 80) | 0.36 | | (100, 80) | 0.12 | | (100, 80) | 0.49 |
| | (100, 100) | 0.36 | | (100, 100) | 0.14 | | (100, 100) | 0.52 |
| | (100, 200) | 0.64 | | (100, 200) | 0.21 | | (100, 200) | 0.81 |

（4）4 种邻域搜索算法对比

基于邻域搜索的 SA 算法共有 4 种邻域操作，为了验证邻域操作在求解网点优化整合问题上的有效性，设计实验时，对比利用 3 种邻域操作进行优化的结果和利用 4 种邻域操作进行优化的结果。任选 3 种邻域操作有 4 种组合，即{操作 2+3+4,操作 1+3+4,操作 1+2+4,操作 1+2+3}，每种组合运行程序 20 次取平均值。图 3-17 所示为利用不同邻域操作组合求解的平均成本值与利用 4 种邻域操作进行求解的平均成本值的差值。差值大于 0，则表示该邻域操作组合的求解效果与原算法求解效果相比较差；差值越大，则表示该邻域操作组合的求解效果与原算法求解效果相比越差。由图 3-17 可知，差值均大于或等于 0，即 4 种邻域操作在求解该优化问题时，均是有效的。同时可知，去掉操作 1，利用操作 2、3 和 4 进行求解的结果与原算法相比差值最大，说明操作 1 在求解该问题的优化过程中起主要作用。

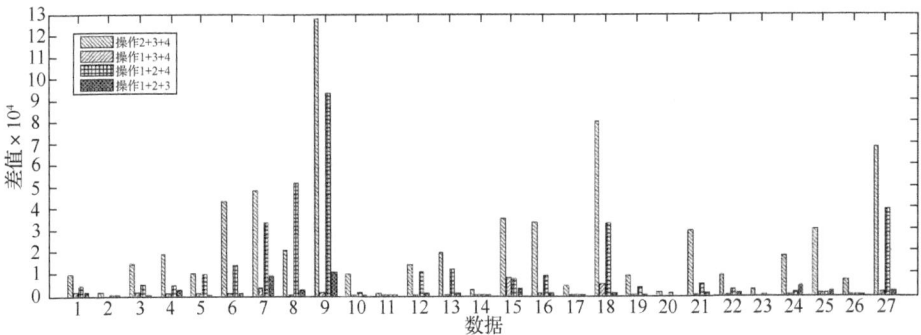

图 3-17　4 种邻域搜索算法对比

（5）算法结果分析

通过前文所述对比实验可知如下结论。①使用 SA 算法求解网点优化整合问题时，成本低、网点利用率高、网点整合效果好，使用 UIGA 和 DIGA 求解时，执行时间长且求解结果不理想，SA 算法虽然不如 CPLEX 求解器的运行速度快，但求解结果要优于后者。②在本书设计的实验中，网点运营成本与业务量的关系包括线性关系、凹函数关系和凸函数关系。分析对比实验结果可知，本书建立的模型和设计的求解算法更适用于网点运营成本与业务量的关系为凸函数的情况。③分析网点整合效果和网点数量、客户群数量的关系可知，平均网点利用率与网点数量和客户群数量之比成反比，本书建立的模型和设计的求解算法更适用于网点数量多、客户群数量少的情况，即网点提供的业务量远大于客户群需求的业务量的情况。④本书提出了 4 种邻域操作，并设计实验验证了这 4 种邻域操作的有效性，同时可知操作 1 在求解网点优化整合问题的过程中起主要作用。

## 3.6　本章小结

针对网点优化整合问题，本章提出一种客户群业务量可拆分的网点优化整合模型，并采用基于邻域搜索的 SA 算法对该问题进行求解。网点优化整合模型在分配业务量时考虑了一个客户群上的业务量可以分配到多个网点的情况，因此，网点与客户群之间是多对多的关系，解的编码定义为一个二维矩阵。针对解的编码特征，本书设计了 4 种邻域操作：撤销部分客户群后重分配操作、网点业务量交换操作、随机网点业务量外迁操作和低利用率网点业务量外迁操作。基于邻域搜索的 SA 算法的输入是网点集合信息、客户群集合信息，输出是客户群分配到网点的方案以及撤并的网点信息。为了验证所提出的 SA 算法的求解质量，同时实现了 DIGA 和 UIGA，设计并进行对比实验，此外，还采用 IBM 商用求解器 CPLEX 12.7.1 对该问题进行了求解。实验结果显示，所提出的基于邻域搜索的 SA 算法在求解该问题时，网点利用率高，网点整合效果好，求解结果优于 DIGA、UIGA 和 CPLEX。

## 参考文献

[1]　HE Y, WANG X, LIN Y, et al. Sustainable decision making for joint distribution center

location choice[J]. Transportation Research Part D: Transport and Environment, 2017, 55(8):202-216.

[2] SUN L, KARWAN M H, BANU G O, et al. Estimating the long-term cost to server new customers in joint distribution[J]. Computers & Industrial Engineering, 2015,80(2): 1-11.

[3] WANG Y, MA X, LIU M, et al. Cooperation and profit allocation in two-echelon logistics joint distribution network optimization[J]. Applied Soft Computing, 2017,56 (7): 143-157.

[4] JI Y, YANG H, ZHANG Y, et al. Location optimization model of regional express distribution center[J]. Procedia-Social and Behavioral Science, 2013, 96(6):1008-1013.

[5] WANG W, RAHMAN M, KURNIAWAN I, et al. Immune genetic algorithm optimization and integration of logistics network terminal resources[C]//In Proceedings of 2019 Third IEEE International Conference on Robotic Computing, 2019: 435-436.

[6] DROŹDZIEL P, WIŃSKA M, MADLEŇÁK R, et al. Optimization of the post logistics network and location of the local distribution center in selected area of the lublin province[J]. Procedia Engineering, 2017,192:130-135.

[7] HAKIMI S L. Optimum locations of switching centers and the absolute centers and medians of a graph[J]. Operations Research, 1964,12(3):450-459.

[8] GUASTAROBA G, SPERANZA M G. A heuristic for BILP problems: the single source capacitated facility location problem[J]. European Journal of Operational Research, 2014,238(2):438-450.

[9] SUN H, GAO Z, WU J. A bi-level programming model and solution algorithm for the location of logistics distribution centers[J]. Applied Mathematical Modelling, 2008, 32(4):610-616.

[10] LIU Y, FAN L, WANG Y, et al. Optimization of logistics nodes in dynamic location with a multi-objective evolutionary algorithm[C]//In 2009 International Conference on Computational Intelligence and Security,2009:133-137.

[11] TING C J, CHEN C H. A multiple ant colony optimization algorithm for the capacitated location routing problem[J]. International Journal of Production Economics, 2013, 141 (1):34-44.

[12] HUA X, HU X, YUAN W. Research optimization on logistics distribution center location based on adaptive particle swarm algorithm[J]. Optik, 2016,127(20):8443-8450.

[13] NOZICK. The fixed charge facility location problem with coverage restrictions[J]. Transportation Research Part E, 2001,37(4):281-296.

[14] KLOSE A, GORTZ S. A branch-and-price algorithm for the capacitated facility location problem[J]. European Journal of Operational Research, 2007,179(3):1109-1125.

[15] MELKOTE S, DASKIN M S. Capacitated facility location/network design problems[J]. European Journal of Operational Research, 2001,129(3):481-495.

[16] WU L Y, ZHANG X S, ZHANG J L. Capacitated facility location problem with general setup cost[J]. Computer & Operations Research, 2006,33(5):1226-1241.

[17] JARAMILLO J H, BHADURY J, BATTA R. On the use of genetic algorithms to solve location problems[J]. Computers & Operations Research, 2002,29(6):761-779.

[18] VENABLES H, MOSCARDINI A. An adaptive search heuristic for the capacitated fixed charge location problem[J]. LNCS, 2006,4150:348-355.

[19] VENABLES H, MOSCARDINI A. Ant based heuristics for the capacitated fixed charge location problem[J]. LNCS, 2008, 5217:235-242.

[20] KAI M C, SOHN H S, TSENG T L, et al. A hybrid algorithm for capacitated plant location problem[J]. Expert Systems with Applications, 2010,37(12):8599-8605.

[21] MAHDIAN M, YE Y Y, ZHANG J W. Approximation algorithms for metric facility location problems[J]. Sima Journal on Computing, 2006,36(2):411-432.

[22] PÁL M, TARDOS E, WEXLER T. Facility location with nonuniform hard capacities[C]// Proceedings of the 42nd Annual Symposium on Foundations of Computer Science, 2001: 329-338.

[23] ZHANG J, CHEN B, YE Y. A multiexchange local search algorithm for the capacitated facility location problem[J]. Mathematics Operations. Research,2005,30(2):389-403.

[24] XU Y, XU D, DU D, et al. Approximation algorithm for squared metric facility location problem with nonuniform capacities[J]. Discrete Applied Mathematics, 2019,264(15): 208-217.

[25] KIRKPATRICK S, GELATT C D, VECCHI M P . Optimization by simulated annealing[J]. Science, 1983,220:671-680.

[26] 汪定伟, 王俊峰, 王洪峰, 等. 智能优化方法[M]. 北京: 高等教育出版社, 2007.

# 第4章

# 面向共同配送的车辆优化调度

本章研究面向共同配送的车辆优化调度问题，重点讨论了任务驱动可循环配送的车辆优化调度问题（Task Driven Vehicle Scheduling Problem with Recyclable Delivery，TDVSPRD），该问题可以看作对车辆路径问题（Vehicle Routing Problem，VRP）的扩展，针对该问题提出任务驱动可循环配送的车辆优化调度模型。针对 TDVSPRD，首先提出一种 HA，然后在此基础上设计两种 VNS 算法：GVNS 算法和 GVNSBM 算法。

## 4.1 概述

VRP 是由 Dantzig 和 Ramser 于 1959 年提出的[1]，他们研究了从亚特兰大炼油厂向各个加油站配送汽油的车辆路径优化问题，并提出了基于线性规划的求解过程。VRP 自从被提出后，得到了学术界的广泛关注，很快成为数学、运筹学、计算机科学等领域的热点研究问题，VRP 得到不断的扩展和发展。随着对 VRP 研究的深入和实际应用的发展，VRP 也产生了许多变体，例如，多车场的车辆路径问题（Multiple Depot Vehicle Routing Problem，MDVRP）[2]、带时间窗的车辆路径问题（Vehicle Routing Problem with Time Windows，VRPTW）[3]、带同时取送货需求的车辆路径问题（Vehicle Routing Problem with Pick-up and Delivery，VRPSDP）[4]、动态车辆路径问题（Dynamic Vehicle Routing Problem，DVRP）[5]等。VRP 可简要描述为在某个供求系统中，有若干个配送中心节点和客户节点，要求合理地安排车辆的行车路线和旅行时间，从而在满足一定的约束条件下（如货物需求量、车辆容量、时间窗限制等），把货物从配送中心节点送到客户节点，或者把客户节点的货物取回到配送中心，并达到一定的优化目标（如费用最低、距离最短、车辆数最少等）。

尽管目前已经提出了许多 VRP，但是这些问题都有一些假设，如下所示。

① 货物不区分配送中心和客户，每个配送中心的货物都可以送到任何客户或者每个客户的货物可以取回到任何配送中心，即货物是不可区分的。

② 被分配任务的车辆从配送中心出发，只经过一轮取货或送货即可满足所有客户的需求。

③ 每个客户节点只被访问一次，并且客户的货物需求量小于车辆的容量。快递物流的一个重要特征是寄送物品的名址性和封装性，即每个快件所属的转运中心（对应配送中心）和共享网点（对应客户）是确定的，不能改变其取货和送货的节点，也就是说快件是可标识、可区分的。通常情况下，一个共享网点的快件数量大于单台车辆的容量，需要多次配送才能满足其服务需求，因此，每个共享网点需要被一台或多台车辆访问多次。

然而，现有 VRP 的假设限制了路径规划在快递物流配送领域中的应用，因此，不能满足共同配送模式下的车辆调度需求。本章主要研究共同配送模式下从多个转运中心向多个共享网点送货的车辆调度问题，该问题可以看作对 VRP 的扩展，其目标是在完成所有配送任务的前提下最小化共同配送成本。

图 4-1 描述了该问题的一个简单实例，该实例包含 2 个转运中心、6 个共享网点、2 台共同配送车辆和 11 个配送任务，其中，转运中心 1 包含 6 个配送任务（1、2、3、4、5、6），它们的终点分别是共享网点 3、4、5、5、6、6，转运中心 2 包含 5 个配送任务（7、8、9、10、11），它们的终点分别是共享网点 4、6、6、7、8。每个配送任务都由一组快件构成，具有相应的物品质量，假设每个配送任务的快件质量都为 1，配送车辆的最大载重量为 3，由于所有配送任务的快件总质量超过 2 台车辆的最大载重量之和，因此，需要进行多轮配送才能完成所有配送任务。

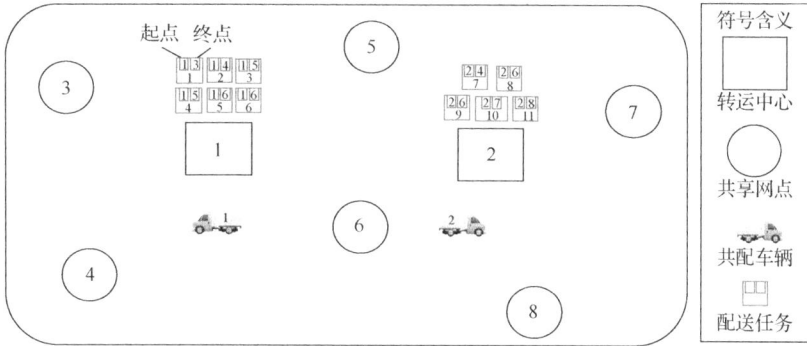

图 4-1　共同配送模式下车辆调度问题实例示意

　　图 4-2 描述了第一轮配送过程中每台车辆所执行的配送任务和行驶的线路。车辆 1 从所在位置出发到转运中心 1 装载配送任务 1、任务 2 和任务 5 的快件开始第一轮配送，首先到共享网点 3 卸载配送任务 1 的快件，然后到共享网点 4 卸载配送任务 2 的快件，最后到共享网点 6 卸载配送任务 5 的快件。车辆 2 从所在位置出发，先到转运中心 2 装载配送任务 10、任务 11 和任务 9 的快件开始第一轮配送，首先到共享网点 7 卸载配送任务 10 的快件，接下来到共享网点 8 卸载配送任务 11 的快件，最后到共享网点 6 卸载配送任务 9 的快件。因此，第一轮配送结束后，车辆 1 和车辆 2 都位于共享网点 6 的位置，此时，配送任务 3、任务 4、任务 6、任务 7 和任务 8 没有被执行。

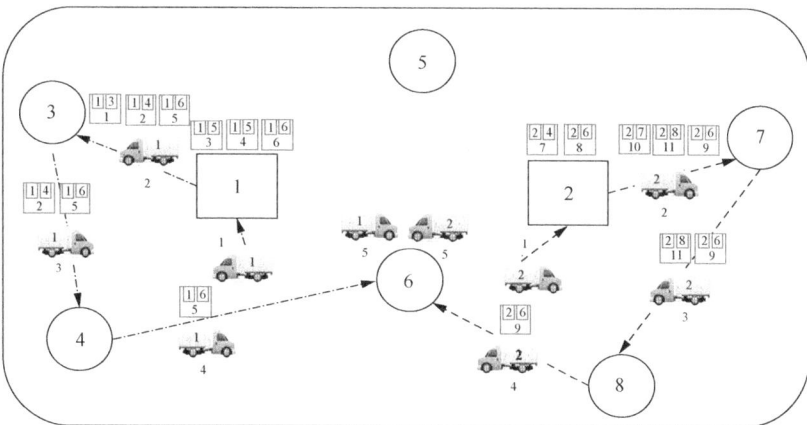

图 4-2　第一轮配送过程

图 4-3 描述了第二轮配送过程中每台车辆所执行的配送任务和行驶的线路。车辆 1 从共享网点 6 出发到转运中心 2 装载配送任务 8 和任务 7 的快件后开始第二轮配送，先到共享网点 6 卸载配送任务 8 的快件，然后到共享网点 4 卸载配送任务 7 的快件。车辆 2 从共享网点 6 出发到转运中心 1 装载配送任务 3、任务 4 和任务 6 的快件后开始第二轮配送，先到共享网点 5 卸载配送任务 3 和任务 4 的快件，然后到共享网点 6 卸载配送任务 6 的快件。第二轮配送结束后，车辆 1 位于共享网点 4 的位置，车辆 2 位于共享网点 6 的位置，此时所有配送任务都已完成，每个配送任务的快件都被送到相应的共享网点，如图 4-4 所示。

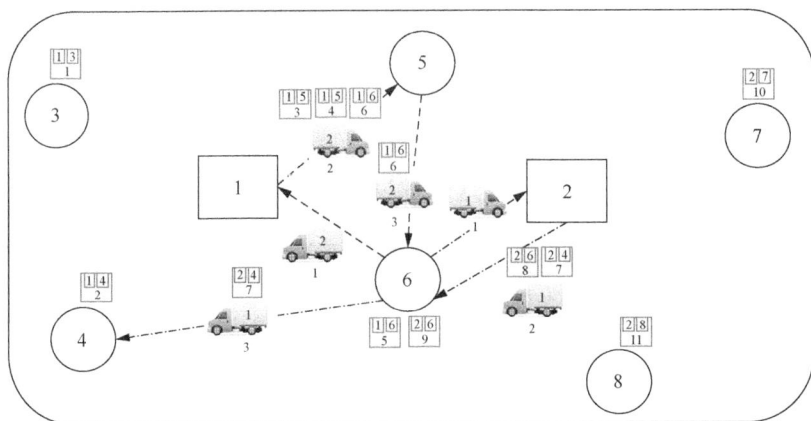

图 4-3　第二轮配送过程

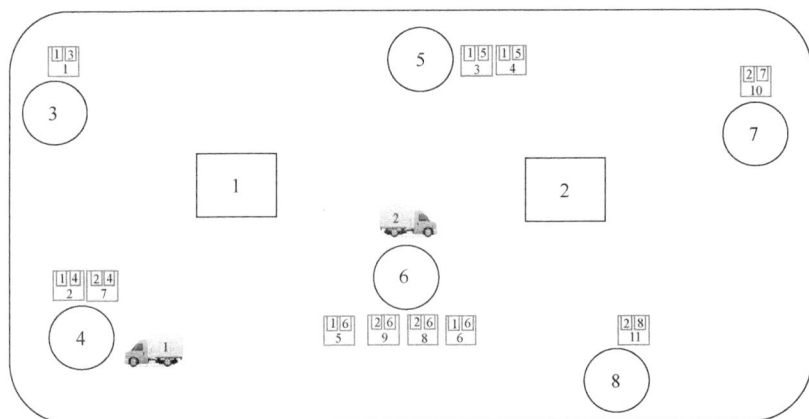

图 4-4　配送结束状态

通过上述实例的分析可知，TDVSPRD 具有如下特点。

① 以配送任务为中心。在快递物流中，每个快件都有明确的起点和终点，因此，可以按照一定的规则（例如，相同的配送区域、相同类型的物品等）将每个转运中心发往一个共享网点的所有快件划分为一组配送任务，每个配送任务所包含的快件质量要小于配送车辆的最大载质量。

② 车辆可多轮配送。分配给每台车辆的所有配送任务的快件质量可以大于该车辆的最大载重量，因此车辆要进行多轮配送，每轮配送分配给该车辆的配送任务的快件质量不超过其最大载重量。在每轮配送中，车辆从其所在的位置出发先到转运中心取货，然后按照所规划的配送任务次序访问相应的共享网点，在每个共享网点卸载相应的快件。

③ 最小化配送成本。车辆优化调度的目标是在完成所有配送任务的前提下，通过制定合理的配送任务分配和多轮路径规划策略，减少被使用车辆的数量和行驶距离，以此来降低共同配送的总成本。

VRP 已被证明是一类 NP-Hard 问题[6]，该问题可以看作装箱问题（Bin Packing Problem，BPP）[7]与多旅行商问题（Multiple Travelling Salesman Problem，MTSP）[8]的融合，其问题求解方法非常复杂。求解 VRP 的算法主要包括精确算法、HA 和元启发式算法（Meta Heuristic Algorithm，MHA）[9]。

求解 VRP 的精确算法主要包括 BBM[10-11]、分支定价法[12-13]、割平面法[14]和动态规划方法[15]等。BBM 是一种在问题的解空间树上搜索问题的解的方法。分支定价法可以看作 BBM 与列生成算法的组合，其核心思想是通过列生成算法求解节点松弛模型的最优解，以确定节点下界，进而达到减少决策变量规模、简化问题求解复杂度的目的。割平面法通过将整数问题线性松弛为非整数线性问题，以实现对原问题的求解。动态规划方法将待求解的问题拆分成若干个子问题，进而通过逐渐求解子问题的方式求得原问题的解。精确算法的计算量会随着 VRP 规模的增大而呈指数级增长，所以它不适合用于求解大规模的 VRP。HA 和 MHA 为求解大规模 VRP 提供了一种有效的途径。

HA 是通过对 VRP 及其相应数学模型的深入剖析、归纳推理和实验分析来解决问题的方法。求解 VRP 的 HA 可分为两类：构造式启发算法和改进式启发算法[16]。构造式启发算法是指从头开始创建初始解，即一组路线，采用增量的方法迭代地添加路线直到生成完整的解。典型的构造式启发算法主要有节约算法[17]、插入算法[18]和簇插入算法[19]等。改进式启发算法通过用当前解的邻域解中的更优解来替代当前解，从而修复先前构建的解。改进式启发算法主要有路径内改进和路径间改进两种，其中，路径内改进是指车辆被安排给所服务的客户后就不能再改进，只允许更改这些客户的服务顺序；而路径间改进允许调整车辆所服务的客户。改进式启发算法主要有 2-Opt/3-Opt/k-Opt[20]、Or-Opt[21]、基于禁忌的插入法[22]、自适应粒状局部搜索算法[23]等。HA 的优点是速度较快，但是大多数情况生成解的质量较差，一般用于构造其他优化算法的初始解。

MHA 是基于计算智能的机制求解复杂优化问题最优解或满意解的方法，有时也被称为智能优化算法。MHA 是 HA 的改进，它是随机算法与局部搜索算法相结合的产物。针对不同类型的 VRP，国内外学者提出了大量的 MHA，这些算法可分为两类：基于单点搜索的 MHA 和基于种群的 MHA。基于单点搜索的 MHA 可以被看作在问题搜索空间上的轨迹搜索，这类 MHA 主要包括禁忌算法[24-25]、SA 算法[26-27]、VNS 算法[28-29]等。基于种群的 MHA 是一种从最初的种群解开始，迭代地更新种群并替换现有解的方法，这类 MHA 主要包括 GA[30-31]、ACO 算法[32-34]、粒子群算法[35-36]、人工蜂群算法[37-38]等。

TDVSPRD 是一类新的 VRP，由于每台车辆可以进行多轮循环配送，因此，TDVSPRD 的解要体现任务和循环的概念，这增加了问题求解的复杂度，现有的求解 VRP 的算法不能直接应用于 TDVSPRD。针对 TDVSPRD 的特点，我们设计了 3 种求解算法：HA、GVNS 算法、GVNSBM 算法。其中，HA 也是 GVNS 算法和 GVNSBM 算法生成初始解算法。

# 4.2　TDVSPRD 建模

TDVSPRD 以共同配送网络为基础。共同配送网络由转运中心、共享网点及它们之间的运输线路组成，其中，转运中心相当于 VRP 中的配送中心节点，共享网点相当于 VRP 中的客户节点。与传统 VRP 不同的是，在 TDVSPRD 中，每台车辆的行驶路线不是客户节点的序列，而是配送任务的序列，每个配送任务的起点和终点分别是一个转运中心和一个共享网点。由于一个客户节点可以包含多个配送任务，因此，一个包含多个配送任务的客户节点可以让一台或多台车辆多次送货。为了表述问题比较方便，节点（转运中心和共享网点）、配送任务和车辆都采用自然数编号来表示。

**定义 4.1**　一个共同配送网络可以定义为 $G=(V, E)$，其中，$V=V_1 \cup V_2$ 为节点的集合，$V_1=\{1, 2, \cdots, n_1\}$ 为转运中心节点的集合，$V_2=\{n_1+1, n_1+2, \cdots, n_2\}$ 为共享网点节点的集合，$n_1$ 为转运中心的数量，$n_2$ 为共享网点的数量，$L=n_1+n_2$ 为所有节点的数量；$E=\{(u, v)|u, v \in V\}$ 为节点之间的边集，边 $(u, v) \in E$ 表示从节点 $u$ 到节点 $v$ 的最优配送线路，令 $d(u, v)$ 为边 $(u, v)$ 的距离。

**定义 4.2**　配送任务是对快件分组，一个配送任务可以看作一组快件的集合，令 $T=\{1, 2, \cdots, n\}$ 为共同配送网络中某一时段内所产生的配送任务集合，$n$ 为配送任务的数量。对于每个配送任务 $i \in T$，$u_i \in V_S$ 表示配送任务 $i$ 的起始节点，即取货的转运中心，$v_i \in V_2$ 表示配送任务 $i$ 的终止节点，即送货的共享网点，$w_i$ 为配送任务 $i$ 所包含的快件质量。

**定义 4.3**　令 $K=\{1, 2, \cdots, m\}$ 为负责共同配送的车辆集合。对于每台车辆 $k \in K$，$W_k$ 为车辆 $k$ 的最大载重量，$D_k$ 为车辆 $k$ 的最大行驶距离约束，$c_1^k$ 为使用车辆 $k$ 的固定成本，$c_2^k$ 为车辆 $k$ 的单位距离运输成本，$d_{k,u}$ 为车辆 $k$ 从初始位置到达转运中心节点的距离。

每台车辆都可以进行多轮配送，一轮配送称为一个循环。一个循环可以看作一组配送任务的序列，该序列中的所有配送任务属于同一个转运中心节点，车辆从该转运中心节点出发，按照配送任务序列所规定的次序访问相应的共享网点进行送货。为了区分相邻的两个循环的边界，可以为每个循环定义一个起始任务和一个终止任务，起始任务表示循环的起点，终止任务表示循环的终点。循环的起点是该循环所有配送任务的取货转运中心，除了最后一个循环外，其他循环的终点也是下一个循环的起点，而最后一个循环的终点是该循环中最后一个配送任务所属的共享网点。

**定义 4.4** 对于每台车辆 $k \in K$，令 $l_k \in \{0, 1, \cdots, n\}$ 表示车辆 $k$ 的循环次数，$l_k$ 是一个决策变量，如果 $l_k=0$，表示车辆 $k$ 没有被使用，否则，表示车辆 $k$ 被使用。

基于每台车辆的循环次数 $l_k$，可以确定已被使用和未被使用的车辆集合。令 $K_0 = \{k \in K | l_k = 0\}$ 表示未被使用的车辆集合，$K_1 = \{k \in K | l_k \geqslant 1\}$ 表示已被使用的车辆集合，$K_0 \cup K_1 = K$，$K_0 \cap K_1 = \varnothing$。对于每台已被使用的车辆 $k \in K_1$，令 $L_k - \{1, 2, \cdots, l_k\}$ 表示车辆 $k$ 的循环集合，$l \in L_k$ 表示车辆 $k$ 的第 $l$ 次循环。

**定义 4.5** 对于每台已被使用的车辆 $k \in K_1$，令决策变量 $x_{k,l} \in V_1$ 表示车辆 $k$ 的第 $l \in L_k$ 次循环所属的转运中心，分配给一个循环的所有配送任务的起点都是该循环所属的转运中心。

**定义 4.6** 对于已被使用的车辆 $k \in K_1$，令 $o_{k,l}^+$ 和 $o_{k,l}^-$ 分别表示车辆 $k$ 的第 $l \in L_k$ 次循环的起始任务和终止任务（虚拟任务），$v_{o_{k,l}^+} \in V_1$ 和 $v_{o_{k,l}^-} \in V$ 分别表示起始任务 $o_{k,l}^+$ 和终止任务 $o_{k,l}^-$ 所属的节点，其中，$v_{o_{k,l}^+} = x_{k,l}$，即循环的起点是该循环所属的转运中心。如果 $l<l_k$，则 $v_{o_{k,l}^-} = v_{o_{k,l+1}^+}$，即循环 $l$ 的终点等于循环 $l+1$ 的起点；如果 $l=l_k$，则 $v_{o_{k,l}^-}$ 等于循环 $l$ 的最后一个配送任务所属的共享网点。

例如，在图 4-1 所描述的问题实例中，车辆 1 和车辆 2 都包含两次循环，因此，$l_1=2$，$l_2=2$，$L_1=\{1, 2\}$，$L_2=\{1, 2\}$。车辆 1 的第 1 次循环的起点为转运中心 1，配送任务序列为 1、2、5，终点是转运中心 2（第 2 次循环的转运中心），因此，$x_{1,1}=1$，$v_{o_{1,1}^+}=1$，$v_{o_{1,1}^-}=2$；车辆 1 的第 2 次循环的起点是转运中心 2，配送任务序列为 8、7，终点是最后一个配送任务 7 所属的共享网点 4，因此，$x_{1,2}=2$，$v_{o_{1,2}^+}=2$，$v_{o_{1,2}^-}=4$。车辆 2 的第 1 次循环的起点是转运中心 2，配送任务序列为 10、11、9，终点是转运中心 1（第 2 次循环的转运中心），因此，$x_{2,1}=2$，$v_{o_{2,1}^+}=2$，$v_{o_{2,1}^-}=1$；车辆 2 的第 2 次循环的起点是转运中心 1，配送任务序列为 3、4、6，终点是最后一个配送任务 6 所属的共享网点 6，因此，$x_{2,2}=1$，$v_{o_{2,2}^+}=1$，$v_{o_{2,2}^-}=6$。

**定义 4.7**　决策变量 $y_{k,l}^i \in \{0,1\}$ 表示配送任务 $i \in T$ 是否分配给车辆 $k \in K_1$ 的第 $l \in L_k$ 次循环，如果将配送任务 $i$ 分配给车辆 $k$ 的第 $l$ 次循环，则 $y_{k,l}^i=1$，否则，$y_{k,l}^i=0$。每个配送任务 $i \in T$ 只能分配给所属转运中心与其相同的一个循环，因此，$\sum\limits_{k \in K_1}\sum\limits_{l \in L_k} y_{k,l}^i=1$，如果 $x_{k,l} \neq u_i$，则 $y_{k,l}^i=0$。

例如，在图 4-1 所描述的问题实例中，分配给车辆 1 的第 1 次循环的配送任务序列为 1、2、5，因此 $y_{1,1}^1=1$，$y_{1,1}^2=1$，$y_{1,1}^5=1$，对于 $\forall i \in \{3, 4, 6, 7, 8, 9, 10, 11\}$，则 $y_{1,1}^i=0$。分配给车辆 1 的第 2 次循环的配送任务序列为 8、7，因此 $y_{1,2}^8=1$，$y_{1,2}^7=1$，对于 $\forall i \in \{1, 2, 3, 4, 5, 6, 9, 10, 11\}$，则 $y_{1,2}^i=0$。分配给车辆 2 的第 1 次循环的配送任务序列为 10、11、9，因此 $y_{2,1}^9=1$，$y_{2,1}^{10}=1$，$y_{2,1}^{11}=1$，对于 $\forall i \in \{1, 2, 3, 4, 5, 6, 7, 8\}$，则 $y_{2,1}^i=0$。分配给车辆 2 的第 2 次循环的配送任务序列为 3、4、6，因此 $y_{2,2}^3=1$，$y_{2,2}^4=1$，$y_{2,2}^6=1$，对于 $\forall i \in \{1, 2, 5, 7, 8, 9, 10, 11\}$，则 $y_{2,2}^i=0$。

**定义 4.8**　决策变量 $z_{k,l}^{i,j} \in \{0,1\}$ 表示任务 $i \in T \cup \{o_{k,l}^+\}$ 和 $j \in T \cup \{o_{k,l}^-\}$ 是否为车辆 $k \in K_1$ 的第 $l \in L_k$ 次循环中直接相邻的两个任务，如果任务 $i$ 和 $j$ 是车辆 $k$ 的第 $l$ 次循环中直接相邻的两个任务，则 $z_{k,l}^{i,j}=1$，否则，$z_{k,l}^{i,j}=0$。

**定义 4.9**　如果决策变量 $z_{k,l}^{i,j}=1$，则称 $i$ 为 $j$ 的前驱任务，或称 $j$ 为任务 $i$ 的后继任务，记为 $i \prec j$。每个配送任务只有一个前驱任务和一个后继任务，每个起始任务只有一个后继任务而没有前驱任务，每个终止任务只有一个前驱任务而没有后继任务。

根据定义 4.8，在图 4-1 所描述的问题实例中，车辆 1 的第 1 次循环的任务序列可以表示为 $o_{1,1}^+ \prec 1 \prec 2 \prec 5 \prec o_{1,1}^-$，其对应的节点序列为 1→3→4→6→2；车辆 1 的第 2 次循环的任务序列可以表示为 $o_{1,2}^+ \prec 8 \prec 7 \prec o_{1,2}^-$，其对应的节点序列为 2→6→4→4，终止任务所属的节点与最后一个配送任务所属的节点是同一个节点，因此在计算车辆 1 行驶的路程时可以不计入从最后一个配送任务到达终止任务的距离。车辆 2 的第 1 次循环的任务序列可以表示为 $o_{2,1}^+ \prec 10 \prec 11 \prec 9 \prec o_{2,1}^-$，其对应的节点序列为 $2 \rightarrow 7 \rightarrow 8 \rightarrow 6 \rightarrow 1$；车辆 2 的第 2 次循环的任务序列可以表示为 $o_{2,2}^+ \prec 3 \prec 4 \prec 6 \prec o_{2,2}^-$，其对应的节点序列为 $1 \rightarrow 5 \rightarrow 5 \rightarrow 6 \rightarrow 6$，配送任务 3 和任务 4 的终点都是 5，因此它们之间的距离为 0，因此在计算车辆 2 行驶的路程时就可以忽略配送任务 3 和任务 4 之间的距离。

**定义 4.10** 每台已被使用车辆 $k \in K_1$ 的行驶距离定义为：

$$d_k = d_{k,o_{k,1}^+} + \sum_{l \in L_k} \sum_{i \in T \cup \{o_{k,l}^+\}} \sum_{j \in T \cup \{o_{k,l}^-\}} d(v_i, v_j) z_{k,l}^{i,j} \tag{4-1}$$

式中，$d_{k,o_{k,1}^+}$ 为车辆 $k \in K_1$ 从其初始位置到第 1 次循环的起始任务所在转运中心的距离，$d(v_i, v_j)$ 为从任务 $i$ 所属节点到任务 $j$ 所属节点的距离，$z_{k,l}^{i,j} \in \{0,1\}$。如果任务 $i$ 与任务 $j$ 之间存在关系 $i \prec j$，则 $z_{k,l}^{i,j} = 1$，否则，$z_{k,l}^{i,j} = 0$。

TDVSPRD 所涉及的主要符号及其含义如表 4-1 所示。

表 4-1　TDVSPRD 所涉及的主要符号及其含义

| 符号 | 符号含义 |
| --- | --- |
| $V_1 = \{1, 2, \cdots, n_1\}$ | 转运中心节点的集合 |
| $V_2 = \{n_1+1, n_1+2, \cdots, n_2\}$ | 共享网点节点的集合 |
| $K = \{1, 2, \cdots, m\}$ | 负责共同配送的车辆集合 |
| $T = \{1, 2, \cdots, n\}$ | 配送任务的集合 |
| $W_k$ | 车辆 $k \in K$ 的最大载重量 |
| $D_k$ | 车辆 $k \in K$ 的最大行驶距离约束 |
| $c_1^k$ | 车辆 $k \in K$ 的固定成本 |
| $c_2^k$ | 车辆 $k \in K$ 的单位距离运输成本 |
| $d_{k,u}$ | 车辆 $k \in K$ 从初始位置到达转运中心节点 $u \in V_1$ 的距离 |
| $u_i \in V_1$ | 配送任务 $i \in T$ 的起点 |
| $v_i \in V_2$ | 配送任务 $i \in T$ 的终点 |
| $w_i$ | 配送任务 $i \in T$ 的质量 |
| $l_k \in \{0, 1, \cdots, n\}$ | 车辆 $k \in K$ 的循环次数（决策变量） |
| $K_0 = \{k \in K \mid l_k = 0\}$ | 未被使用的车辆集合 |
| $K_1 = \{k \in K \mid l_k \geq 1\}$ | 已被使用的车辆集合 |
| $L_k = \{1, 2, \cdots, l_k\}$ | 车辆 $k \in K$ 的循环集合 |

| | |
|---|---|
| $x_{k,l} \in V_1$ | 车辆 $k \in K$ 的第 $l \in L_k$ 次循环所属的转运中心（决策变量） |
| $o_{k,l}^+$ | 车辆 $k \in K$ 的第 $l \in L_k$ 次循环的起始任务 |
| $o_{k,l}^-$ | 车辆 $k \in K$ 的第 $l \in L_k$ 次循环的终止任务 |
| $v_{o_{k,l}^+} \in V_1$ | 车辆 $k \in K$ 的第 $l \in L_k$ 次循环的起始任务所属节点 |
| $v_{o_{k,l}^-} \in V$ | 车辆 $k \in K$ 的第 $l \in L_k$ 次循环的终止任务所属节点 |
| $y_{k,l}^i \in \{0,1\}$ | 配送任务 $i \in T$ 是否分配给车辆 $k \in K_1$ 的第 $l \in L_k$ 次循环（决策变量） |
| $z_{k,l}^{i,j} \in \{0,1\}$ | 任务 $i \in T \cup \{o_{k,l}^+\}$ 和 $i \in T \cup \{o_{k,l}^-\}$ 是否为车辆 $k \in K_1$ 的第 $l \in L_k$ 次循环中直接相邻的两个任务（决策变量） |
| $d_k$ | 车辆 $k \in K_1$ 的行驶距离 |

TDVSPRD 的目标是最小化所有被使用车辆的总配送成本，该成本分为两个部分：固定成本和运输成本。固定成本等于所有被使用车辆的固定成本之和，计算公式为 $C_{\text{fix}} = \sum\limits_{k \in K_1} c_1^k$。其中，$c_1^k$ 为车辆 $k \in K_1$ 的固定成本。运输成本等于所有被使用的车辆的运输成本之和，计算公式为 $C_{\text{tran}} = \sum\limits_{k \in K_1} d_k c_2^k$。其中，$c_2^k$ 为车辆 $k \in K_1$ 的单位距离成本，$d_k$ 为车辆 $k \in K_1$ 行驶的距离，如式（4-1）所示。

TDVSPRD 的形式化数学模型的定义如式（4-2）～式（4-14）所示：

$$\min \sum_{k \in K_1} c_1^k + \sum_{k \in K_1} d_k c_2^k \tag{4-2}$$

s.t.

$$x_{k,l} \neq u_i \Rightarrow y_{k,l}^i = 0 \qquad i \in T; k \in K_1; l \in L_k \tag{4-3}$$

$$\sum_{k \in K_1} \sum_{l \in L_k} y_{k,l}^i = 1 \qquad i \in T \tag{4-4}$$

$$\sum_{i \in T} w_i y_{k,l}^i \leqslant W_k \qquad k \in K_1; l \in L_k \tag{4-5}$$

$$\sum_{j \in T \cup \{o_{k,l}^-\}} z_{k,l}^{i,j} = y_{k,l}^i \qquad i \in T; k \in K_1; l \in L_k \tag{4-6}$$

$$\sum_{j \in T \cup \{o_{k,l}^+\}} z_{k,l}^{i,j} = y_{k,l}^i \qquad j \in T; k \in K_1; l \in L_k \tag{4-7}$$

$$\sum_{j \in T} z_{k,l}^{o_{k,l}^+,j} = 1 \qquad k \in K_1; l \in L_k \tag{4-8}$$

$$\sum_{j\in T} z_{k,l}^{i,o_{k,l}^-}=1 \qquad k\in K_1; l\in L_k \qquad (4\text{-}9)$$

$$d_k\leqslant D_K \qquad k\in K_1 \qquad (4\text{-}10)$$

$$z_{k,l}^{i,j}\in\{0,1\} \qquad i\in T\cup\{o_{k,l}^+\}\ ; i\in T\cup\{o_{k,l}^-\}\ ; k\in K_1; l\in L_k \qquad (4\text{-}11)$$

$$y_{k,l}^{i,j}\in\{0,1\} \qquad i\in T; k\in K_1; l\in L_k \qquad (4\text{-}12)$$

$$x_{k,l}\in V_1 \qquad k\in K_1=\{k\in K|l_k\geqslant 1\}; l\in L_k=\{1,2,\cdots,l_k\} \qquad (4\text{-}13)$$

$$l_k\in\{0,1,\cdots,L\} \qquad k\in K \qquad (4\text{-}14)$$

在上述模型中，式（4-2）定义了问题的目标函数，表示最小化固定成本和运输成本之和。在约束条件中，式（4-3）表示分配给每个循环的配送任务的终点应与该循环所属的节点相同；式（4-4）表示每个配送任务只能分配一个循环；式（4-5）表示分配给每台被使用车辆的每个循环的所有配送任务的总质量不超过该车辆的最大载重量；式（4-6）表示每个配送任务只有一个后继任务；式（4-7）表示每个配送任务只有一个前驱任务；式（4-8）表示每个起始任务只有一个后继任务；式（4-9）表示每个终止任务只有一个前驱任务；式（4-10）表示每台被使用的车辆的行驶距离不超过其单次最大行驶距离；式（4-11）～式（4-14）定义了问题的决策变量。

对于 TDVSPRD，如果我们限定只有一个转运中心，每个共享网点只有一个配送任务，每台车辆的初始位置位于某个转运中心处，且最大循环次数为 1，则 TDVSPRD 可以退化为带有载重限制的车辆路径问题（Capacity Vehicle Routing Problem，CVRP），因此，TDVSPRD 可以看作对 CVRP 的扩展。因为 CVRP 是 NP-Hard 问题，所以，TDVSPRD 也是 NP-Hard 问题。TDVSPRD 中包含多个转运中心（车场）和多个共享网点（客户），而每个共享网点又包含多个配送任务，并且每台车辆可以跨多个转运中心进行多次循环配送，因此，TDVSPRD 的复杂度要远高于 CVRP。

## 4.3　基于 VNS 的求解算法

针对 TDVSPRD，本节首先对 TDVSPRD 的解进行编码；然后，提出一种构造初始解的 HA；针对 TDVSPRD 解的编码特征，提出了 6 种邻域操作：移动任务、移动循环、交换任务、交换任务对、交换任务片段和交换循环。其中，移动循环和交换循环是针对 TDVSPRD 的特点首次提出，其他 4 种邻域操作是在现有的求解 VRP 的邻域操作的基础上扩展而来的；基于这 6 种邻域操作，提出了两种 VNS 算法：G-VNS 算法和 GVNSBM 算法。

## 4.3.1　VNS 简介

VNS 算法是由 Hansen 和 Mladenović 于 1997 年提出的一种 MHA[39]，该算法的基本思想是在解的搜索过程中使用变动的邻域结构来扩大搜索空间，以跳出当前局部搜索空间并发现更好的局部最优解，再基于当前局部最优解重新在变动的邻域结构集中搜索，从而获得更优的局部最优解，并不断逼近全局最优解。VNS 具有设计自由度高、可变参数少、结构简单、收敛速度快等优点，目前已广泛应用于各类组合优化问题的求解。

VNS 主要包括 3 个部分：扰动过程（Shaking Procedure）、邻域变换步骤（Neighborhood Change Step）和改进过程（Improvement Procedure）[40]。扰动过程的目标是跳出局部最优陷阱，扩大解的搜索空间。邻域变换步骤的目标是决定下一步探索哪个邻域以及新解是否被接受作为当前解，常见的邻域变换步骤有：顺序邻域变换步骤（Sequential Neighborhood Change Step）、循环邻域变换步骤（Cyclic Neighborhood Change Step）、管道邻域变换步骤（Pipe Neighborhood Change Step）和倾斜邻域变换步骤（Skewed Neighborhood Change Step）等。目前使用最广泛的是顺序邻域变换步骤。局部搜索中的改进过程主要分为两种：首次改进（First Improvement）和最优改进（Best Improvement）。首次改进是指一旦检测到邻域中的改进解就会将其设置为当前解；最优改进则是指搜索邻域中的所有解并将最好的解作为当前解，当邻域的搜索范围较大时，最优改进的复杂度会非常高。

目前，VNS 算法有许多变体，常见的变体有基本变邻域搜索算法（Baisc

VNS，BVNS）、变邻域深度（Variable Nerigborhood Descent，VND）算法、简化变邻域搜索算法（Reduced VNS，RVNS）、GVNS 算法等[41]。BVNS 算法使用局部搜索来提高算法的求解精度，通过对当前最优解采用扰动的方法以跳出局部最优搜索范围，利用邻域变换扩展搜索空间，以进一步接近全局最优解。与 BVNS 相比，VND 没有扰动过程，RVNS 省略了局部搜索过程。GVNS 是在 BVNS 的基础上发展而来的，其将 BVNS 中的局部搜索方法改为 VND 算法。

VNS 算法对于求解复杂的组合优化问题具有较高的效率，目前已经被广泛应用于求解各类 VRP。Amous 等人提出一种求解带容量车辆路径问题的 VNS 算法[28]，该算法使用 4 种邻域结构，包括两个插入操作和两个交换操作，扰动过程随机选择 4 个邻域结构之一。Song 提出一种求解多行程车辆路径问题（Muti-Trip Vehicle Routing Problem，MTVRP）的 VNS 算法[42]，其设计了 4 个邻域结构，两个用于最小化行程总长度和超时，另外两个用于最小化超时。陈久梅等人提出一种求解开放式带时间窗车辆路径问题（Open Vehicle Routing Problem with Time Windows，OVRPTW）的 VNS 算法[43]，该算法的抖动阶段通过当前解与种群历史最优、与个体历史最优之间的路径重连来实现，邻域搜索阶段通过同一条路径内以及不同路径间的交换、插入和 2-opt 3 个操作算子来实现。Ferreira 等人提出一种多时间窗车辆路径问题（Vehicle Routing Problem with Multiple Time Windows，VRPMTW）的混合变邻域禁忌搜索算法[29]，该算法在邻域搜索中使用禁忌表来提高算法的求解效率。Arif Imran 提出一种求解多车场车辆路径问题的 VNS 算法[44]，该算法除了使用交换、2-opt 等邻域结构外，还提出了一些针对多车场车辆路径问题的新特征，例如，识别边界客户、多样化过程、在多车场之间的集合和分解路径的机制。Bezerra 等人提出一种求解多车场车辆路径问题的 GVNS 算法[45]，每次扰动使用 3 个邻域操作之一进行多次搜索，局部搜索过程采用一个简化 VNS 算法。Kuo 等人提出一种求解考虑装载成本的多车场车辆路径问题（Multi-Depot Vehicle Routing Problem with Loading Cost，MDVRPLC）[46]，该算法提出了算法邻域操作：节点插入、节点交换、弧交换和片段交换。另外，该算法使用 SA 策略来确定是否接受新解。

### 4.3.2　解的表示

TDVSPRD 的解可以表示为一组整数序列的集合，记为 $x=\{P_1, P_2, \cdots, P_m\}$。任务序列 $P_k$ 描述了车辆 $k$ 的配送路线，其可以定义为一个任务序列，如果任务序列为空，则表示车辆 $k$ 没有被使用。每个任务序列都可以划分为若干个片段，一个片段代表一个循环，由于一个循环的终止任务与下一个循环的开始任务所属的转运中心相同，因此，可以省略终止任务，每个片段由一个起始任务和一组配送任务构成。在每个任务序列中，配送任务可以直接采用其编号来表示，起始任务可以采用其所属的转运中心编号加上配送任务的数量来表示，这样就可以与配送任务进行区分。

例如，图 4-1 所描述的问题实例的解可以表示为 $x=(P_1, P_2)$，编码示意如图 4-5 所示，任务序列 $P_1=(12, 1, 2, 5, 13, 8, 7)$表示车辆 1 的配送线路，任务序列 $P_2=(13, 10, 11, 9, 12, 3, 4, 6)$表示车辆 2 的配送线路。车辆 1 包含两个循环，第 1 个循环的起始任务所属的转运中心编号是 1，加上配送任务数量 11 后变为 12，因此，循环 1 的第 1 个位置的值为 12；第 2 个循环的起始任务所属的转运中心编号为 2，加上配送任务数量 11 后变为 13，因此，循环 2 的第 1 个位置的值为 13。由于 12 和 13 都大于 11，因此，可以将其看作一个循环的起始任务。类似，对于车辆 2，循环 1 的第 1 个位置的值为 13，循环 2 的第 1 个位置的值为 12，它们分别表示转运中心 2 和 1。

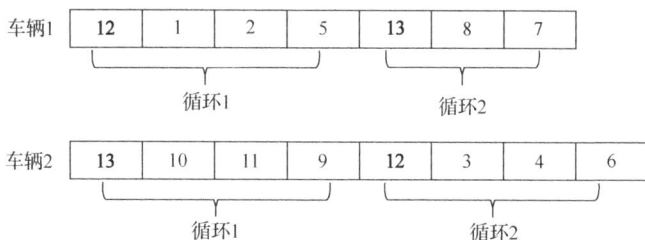

图 4-5　解的编码示意

### 4.3.3 初始解构造

针对 TDVSPRD，本小节提出一种构造初始解的 HA，该 HA 以车辆为中心，每次选择加入当前车辆后新增成本最低的配送任务，直到所有配送任务都被分配为止。算法首先将 $K$ 中的所有车辆按照成本载重比率由低到高的顺序进行排列。每台车辆 $k \in K$ 的成本载重比率可以定义为 $r_k = \dfrac{c_1^k + c_2^k D_k}{W_k}$。其中，$c_1^k$ 和 $c_2^k$ 分别为车辆 $k$ 的固定成本和单位距离成本，$D_k$ 为车辆 $k$ 的单次最大行驶距离，$W_k$ 为车辆 $k$ 的最大载重量。设 $T_0$ 为未被分配的配送任务集合，初始时，令 $T_0 = T$，接下来依次为 $K$ 中的每台车辆 $k$ 分配配送任务，每次从 $T_0$ 中选择加入车辆 $k$ 的任务序列 $P_k$ 后新增成本最低的配送任务，如果不存在可加入的配送任务，则进行下一台车辆的分配，否则，将所选择的配送任务加入车辆 $k$ 的任务序列 $P_k$ 中，并将该配送任务从 $T_0$ 中移走，如果 $T_0$ 中的所有配送任务都已被分配，即 $T_0 = \varnothing$，则初始化过程结束。initialize$(G, K, T)$ 的伪代码如算法 4-1 所示。

---

算法 4-1：initialize$(G, K, T)$

| | |
|---|---|
| 1 | sort$(K)$; |
| 2 | $T_0 \leftarrow T$; |
| 3 | **for each** $k \in K$ **do** |
| 4 | $\quad P_k \leftarrow \varnothing$; |
| 5 | $\quad \varpi_k \leftarrow 0; d_k \leftarrow 0; c_k \leftarrow 0$; |
| 6 | **end for** |
| 7 | **for each** $k \in K$ **do** |
| 8 | $\quad$ **repeat** |
| 9 | $\quad\quad (j, \rho, w, d, c) = $getBestTask$(T_0, k)$; |
| 10 | $\quad\quad$ **if** $j \neq 0$ **then** |
| 11 | $\quad\quad\quad$ **if** $\rho = 1$ **or** $\rho = 3$ **then** |

---

| 12 | add($P_k, u_j+L$); |
|----|----|
| 13 | add($P_k, j$); |
| 14 | **else** |
| 15 | add($P_k, j$); |
| 16 | **end if** |
| 17 | $\varpi_k \leftarrow w$; $d_k \leftarrow d$; $c_k \leftarrow c$; |
| 18 | $T_0 \leftarrow T_0 - \{j\}$; |
| 19 | **end if** |
| 20 | **until** $j=0$; |
| 21 | **if** $T_0 = \varnothing$ **then break**; |
| 22 | **end for** |
| 23 | **return** $x=\{P_1, P_2, \cdots, P_m\}$; |

算法 4-1 的输入是共同配送网络 $G=(V, E)$、配送任务集合 $T$ 和车辆集合 $K$，输出是问题的一个解 $x=\{P_1, P_2, \cdots, P_m\}$，其中，$P_k$ 为车辆 $k$ 的任务序列。在算法 4-1 中，函数 sort($K$) 表示按照成本载重比率由低到高的顺序对 $K$ 中的车辆进行排列。第 3～6 行是对于解中各个任务序列 $P_k$ 及每台车辆 $k$ 的负载、行驶距离和成本的初始化，$\varpi_k$ 为车辆 $k$ 的负载，$d_k$ 为车辆 $k$ 的行驶距离，$c_k$ 为车辆 $k$ 的成本。函数 getBestTask($T_0, k$) 表示从未分配任务集合 $T_0$ 中获取加入车辆 $k$ 的任务序列 $P_k$ 后新增成本最低的配送任务 $j$，同时返回 $j$ 加入 $P_k$ 的方式 $\rho$（$\rho=1,2,3$）及 $j$ 加入 $P_k$ 后车辆 $k$ 的载重 $w$、行驶距离 $d$ 和总成本 $c$，其伪代码见算法 4-2。如果 $\rho=1$ 或 $\rho=3$，首先将 $j$ 所属的转运中心 $u_j+L$ 加入 $P_k$ 中，然后将配送任务 $j$ 加入 $P_k$ 中（第 11～13 行）；否则，直接将配送任务 $j$ 加入 $P_k$ 中（第 14～15 行）。配送任务 $j$ 加入 $P_k$ 后，更新车辆 $k$ 的负载 $\varpi_k$、行驶距离 $d_k$ 和成本 $c_k$（第 17 行），并将 $j$ 从 $T_0$ 中移走（第 18 行）。

函数 getBestTask($T_0, k$) 的伪代码如算法 4-2 所示。

---

**算法 4-2：** getBestTask($T_0$, $k$)

---

1    $(j^*, \rho^*, w^*, d^*, c^*) \leftarrow (0, 0, 0, 0, 0)$;

2    $\Delta c^* \leftarrow \text{MAX}$;

3    **for each** $j \in T_0$ **do**

4        $(\rho_{k,j}, \varpi_k, d_k, \Delta c_k, c_k) \leftarrow \text{getAlloc}(k, j)$;

5        **if** $\rho_{k,j} \neq 0 \wedge \Delta c_k < c^*$ **then**

6            $\Delta c^* \leftarrow \Delta c_k$;

7            $(j^*, \rho^*, w^*, d^*, c^*) \leftarrow (j, \rho_{k,j}, \varpi_k, d_k, c_k)$;

8        **end if**

9    **end for**

10   **return** $(j^*, \rho^*, w^*, d^*, c^*)$;

---

在算法 4-2 中，函数 getAlloc($k$, $j$)的功能是获取配送任务 $j$ 加入车辆 $k$ 的方式 $\rho_{k,j}$，以及 $j$ 加入任务序列 $\boldsymbol{P}_k$ 后，车辆 $k$ 的负载 $\varpi_k$、行驶距离 $d_k$、新增成本 $\Delta c_k$ 和成本 $c_k$，其伪代码如算法 4-3 所示。

---

**算法 4-3：** getAlloc($k$, $j$)

---

1    $\rho_{k,j} \leftarrow 0$;

2    **if** $P_k = \varnothing$ **then**

3        **if** $d'_{k,u_j} + d_{u_j,v_j} \leqslant D_k$ **then**

4            $\rho_{k,j} \leftarrow 1$;

5            $\varpi_k = w_j$; $d_k = d'_{k,u_j} + d_{u_j,v_j}$;

6            $\Delta c_k = d_k \cdot c_2^k$; $c_k = c_1^k + \Delta c_k$;

7        **end if**

8    **else**

9        $i = \text{getCurrTask}(P_k)$;

10       **if** $u_i = u_j$ **then**

11          **if** $d_k + d_{v_i,v_j} \leqslant D_k$ **and** $\varpi_k + w_j \leqslant w_j$ **then**

---

| 12 | $\rho_{k,j} \leftarrow 2$; |
| 13 | $\varpi_k = \varpi_k + w_j$; $\quad d_k = d_k + d_{v_i, v_j}$; |
| 14 | $\Delta c_k = d_{v_i, v_j} c_2^k$; $\quad c_k = c_k + \Delta c_k$; |
| 15 | **end if** |
| 16 | **else** |
| 17 | **if** $d_k + d_{v_i, u_j} + d_{u_j, v_j} \leqslant D_k$ **then** |
| 18 | $\rho_{k,j} \leftarrow 3$; |
| 19 | $\varpi_k = w_j$; $\quad d_k = d_k + d_{v_i, u_j} + d_{u_j, v_j}$; |
| 20 | $\Delta c_k = \left( d_{v_i, u_j} + d_{u_j, v_j} \right) c_2^k$; $\quad c_k = c_k + \Delta c_k$; |
| 21 | **end if** |
| 22 | **end if** |
| 23 | **end if** |
| 24 | **return** $(\rho_{k,j}, \varpi_k, d_k, \Delta c_k, c_k)$; |

在算法 4-3 中，当 $P_k = \varnothing$ 时，如果从车辆 $k$ 的当前位置到配送任务 $j$ 的转运中心的距离及从配送任务 $j$ 的转运中心到其共享网点的距离之和小于或等于车辆 $k$ 的单次最大行驶距离（第 3 行），令 $\rho_{k,j} = 1$、$\varpi_k = w_j$、$d_k = d'_{k,u_j} + d_{u_j, v_j}$、$\Delta c_k = d_k \cdot c_2^k$、$c_k = c_1^k + \Delta c_k$（第 4～6 行）。当 $P_k \neq \varnothing$ 时，首先获取 $P_k$ 中的最后一个配送任务 $i$（第 9 行），接下来分两种情况，当 $u_i = u_j$ 时，即配送任务 $j$ 与配送任务 $i$ 具有相同的起点，如果配送任务 $j$ 可以加入配送任务 $i$ 所属的循环中，即满足车辆的行驶距离和负载的约束（第 11 行），令 $\rho_{k,j} = 2$、$\varpi_k = \varpi_k + w_j$、$d_k = d_k + d_{v_i, v_j}$、$\Delta c_k = d_{v_i, v_j} c_2^k$、$c_k = c_k + \Delta c_k$（第 12～14 行）；否则，如果配送任务 $j$ 可以作为车辆 $k$ 下一次循环的首个配送任务，即满足车辆行驶距离的约束（第 17 行），令 $\rho_{k,j} = 3$、$\varpi_k = w_j$、$d_k = d_k + d_{v_i, u_j} + d_{u_j, v_j}$、$\Delta c_k = \left( d_{v_i, u_j} + d_{u_j, v_j} \right) c_2^k$、$c_k = c_k + \Delta c_k$（第 18～20 行）。

### 4.3.4　邻域操作

VNS 算法在解的搜索过程中，通过动态地改变邻域来扩展其搜索范围，因此有效的邻域搜索操作设计对算法的搜索能力具有重要的影响。TDVSPRD的解表示为一组任务序列的集合，一个任务序列又可划分为多个片段，一个片段代表一台车辆的一个循环。针对解的编码特点，本书提出了6种邻域操作：移动任务、移动循环、交换任务、交换任务对、交换任务片段、交换循环，每种邻域操作的具体方法如下。

（1）移动任务

移动任务邻域操作可以分为两种情况：同一车辆内的任务移动和不同车辆之间的任务移动。同一车辆内的任务移动是指将一个任务序列中的某个配送任务从一个位置移动到另一个位置。不同车辆之间的任务移动是指将一个任务序列中的某个配送任务移动到另一个任务序列中的某个位置。任务移动要满足车辆的负载和行驶距离的约束，即移动任务后的每个新任务序列都是一个可行的任务序列。为了提高任务移动的质量，目标位置不是随机选择的，而是在所有可行的位置中选择一个最好的位置。

① 同一车辆内的任务移动

同一车辆内的任务移动过程为随机选择一个至少包含两个配送任务的已使用车辆 $k \in K_1$，在车辆 $k$ 的任务序列 $P_k$ 中随机选择一个配送任务 $i$，然后依次检索 $P_k$ 中的每个位置，计算将 $i$ 从原来的位置移动到某个位置后重新构造的任务序列的成本，并从中选择成本最低的一个新任务序列代替原来的任务序列，如果所有新构造的任务序列都不可行，则 $i$ 不进行移动。

图4-6所示为同一车辆内的任务移动操作示意。在本例中，移动车辆2中第2个循环内的配送任务6，可将其移动到配送任务10、任务11、任务9、任务3和任务4的前面，具体位置需要根据移动后新任务序列的可行性和成本来确定。假设移动到配送任务3前面所生成的新任务序列成本要低于移动到其他配送任务前面生成的新任务序列成本，则将配送任务6移动到配送任务3的前面，如图4-6（a）所示，移动配送任务6后，车辆2的任务序列如图4-6（b）所示。

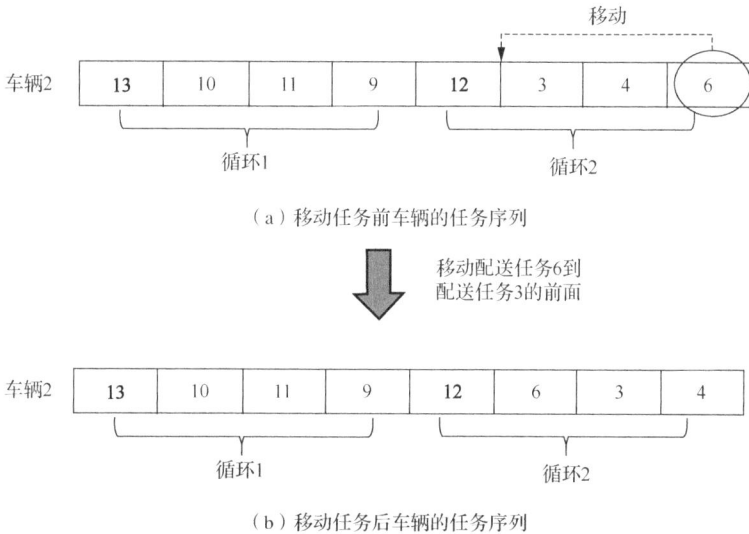

（a）移动任务前车辆的任务序列

移动配送任务6到
配送任务3的前面

（b）移动任务后车辆的任务序列

图 4-6　同一车辆内的任务移动操作示意

② 不同车辆之间的任务移动

不同车辆之间的任务移动过程为随机选择两个不同的已使用车辆 $k$、$k' \in K_1$，在车辆 $k$ 的任务序列 $P_k$ 中随机选择一个配送任务 $i$，然后依次检索 $P_{k'}$ 中的每个位置，计算将 $i$ 从 $P_k$ 移动到 $P_{k'}$ 的某个位置后重新构造的两个新任务序列的总成本，并从中选择成本最低的移动方案。如果车辆 $k$ 只有一个配送任务，则移动任务成功后，$k$ 变为未使用车辆。

图 4-7 所示为不同车辆之间的任务移动操作示意。在本例中，将车辆 2 中第 1 个循环内的配送任务 9 移动到车辆 1 中，其可以移动到配送任务 1、任务 2、任务 5、任务 8 和任务 7 的前面，以及任务 7 的后面。假设移动到配送任务 7 前面生成的新任务序列的成本低于移动到其他位置生成的新任务序列的成本，则将配送任务 9 从车辆 2 的任务序列中删除，并将其插入车辆 1 中的配送任务 7 的前面，其过程如图 4-7（a）所示，移动配送任务 9 后，车辆 1 和车辆 2 的任务序列如图 4-7（b）所示。

车辆1

| 12 | 1 | 2 | 5 | 13 | 8 | 7 |

循环1　　移动　循环2

车辆2

| 13 | 10 | 11 | 9 | 12 | 3 | 4 | 6 |

循环1　　　　　　　　　循环2

（a）移动任务前车辆的任务序列

将车辆2中的配送任务9移动到
车辆1中的配送任务7的前面

车辆1

| 12 | 1 | 2 | 5 | 13 | 8 | 9 | 7 |

循环1　　　　　　　　循环2

车辆2

| 13 | 10 | 11 | 12 | 3 | 4 | 6 |

循环1　　　　　　　循环2

（b）移动任务后车辆的任务序列

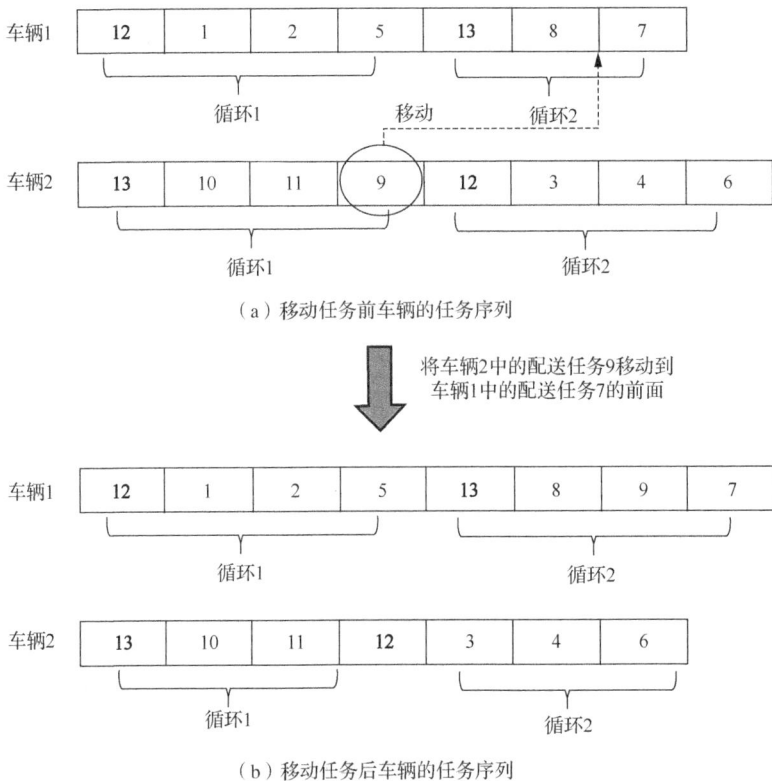

图 4-7　不同车辆之间的任务移动操作示意

（2）移动循环

移动循环邻域操作是指将一台车辆中的某个循环从一个位置移动到另一个位置。移动循环邻域操作的过程为在已使用的车辆集合 $K_1$ 中随机选择一个至少包含两个循环的车辆 $k \in K_1$，在车辆 $k$ 的任务序列 $P_k$ 中随机选择一个循环 $l$，然后依次检索 $P_k$ 中的每个循环的起始位置，计算将循环 $l$ 中的所有任务移动到某个位置后所得到的新任务序列的成本，并从中选择成本最低的一个新任务序列代替原来的任务序列。

图 4-8 所示为移动循环操作示意，在本例中，移动车辆 1 中的循环 2。由于车辆 1 只有两个循环，因此，循环 2 只能移动到循环 1 的前面，如图 4-8（a）所示，移动循环 2 后，车辆 1 的任务序列如图 4-8（b）所示。

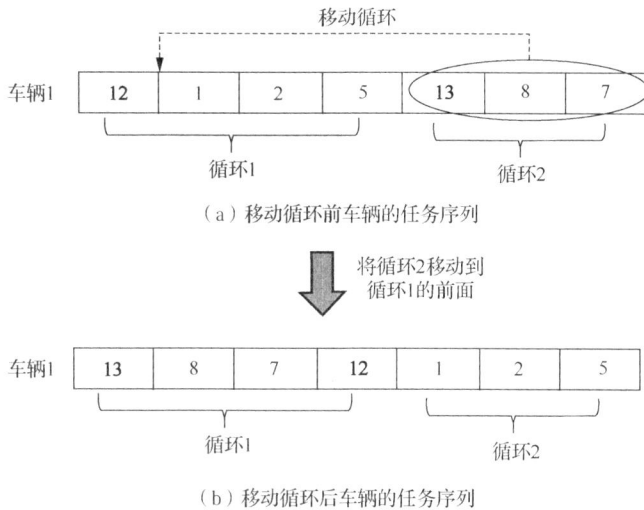

（a）移动循环前车辆的任务序列

将循环2移动到
循环1的前面

（b）移动循环后车辆的任务序列

图 4-8　移动循环操作示意

（3）交换任务

交换任务邻域操作是指交换具有相同起点的两个配送任务的位置，这两个配送任务可以属于同一车辆，也可以属于不同车辆。交换任务邻域操作过程为：随机选择两个具有相同起点的循环 $l$ 和 $l'$，循环 $l$ 属于车辆 $k$，循环 $l'$属于车辆 $k'$，$k$ 和 $k'$可以相同，从循环 $l$ 中随机选择一个配送任务 $i$，从循环 $l'$中随机选择一个配送任务 $j$，交换配送任务 $i$ 和 $j$ 的位置，如果交换任务后生成的每个新任务序列都满足其所在车辆的负载和行驶距离约束，则用新的任务序列代替原来的任务序列，否则，保持原来的任务序列不变。

图 4-9 所示为交换任务操作示意。在本例中，交换车辆 1 中循环 2 的配送任务 8 和车辆 2 中循环 1 的配送任务 11，图 4-9（a）所示为交换任务前车辆 1 和车辆 2 的任务序列，图 4-9（b）所示为交换任务后车辆 1 和车辆 2 的任务序列。

（4）交换任务对

任务对是指某个循环内具有前后续关系的两个相邻的配送任务，交换任务对邻域操作是指交换具有相同起点的两个循环中的两个任务对的位置，这两个循环可以属于同一车辆也可以属于不同车辆。交换任务对邻域操作过程为随机选择具有相同起点且配送任务数量大于或等于 2 的两个循环 $l$ 和 $l'$，循环 $l$ 属于车辆 $k$，循环 $l'$ 属于车辆 $k'$，$k$ 和 $k'$ 可以相同也可以不同，从 $l$ 中随机选择一个任务对 $(i, j)$，从 $l'$ 中随机选择一对配送任务 $(i', j')$，交换配送任务 $i$ 和 $i'$ 的位置以及配送任务 $j$ 和 $j'$ 的位置，如果交换任务对后生成的每个新任务序列都满足其所在车辆的载重和行驶距离约束，则用新的任务序列代替原来的任务序列，否则，保持原来的任务序列不变。

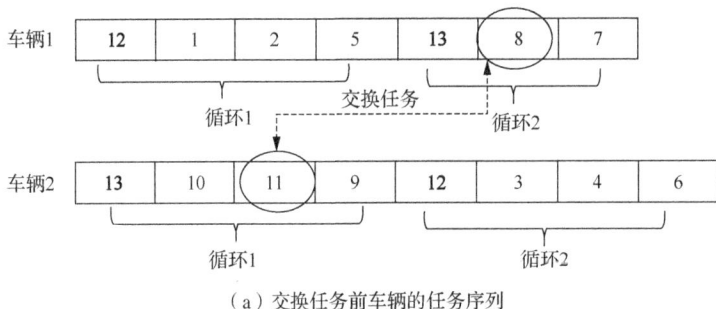

（a）交换任务前车辆的任务序列

交换车辆1中的配送任务8
和车辆2中的配送任务11

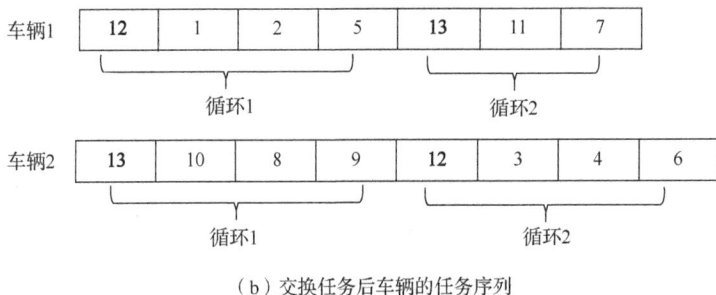

（b）交换任务后车辆的任务序列

图 4-9　交换任务操作示意

图 4-10 所示为交换任务对操作示意。在本例中，交换车辆 1 中循环 2 的任务对 $(8, 7)$ 和车辆 2 中循环 1 的任务对 $(10, 11)$，图 4-10（a）所示为交换任务对前车辆 1 和车辆 2 的任务序列，图 4-10（b）所示为交换任务对后车辆 1 和车辆 2 的任务序列。

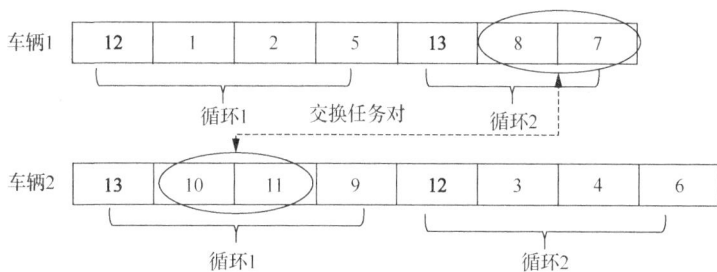

（a）交换任务对前车辆的任务序列

交换车辆1中循环2的任务对(8, 7)
和车辆2中循环1的任务对(10, 11)

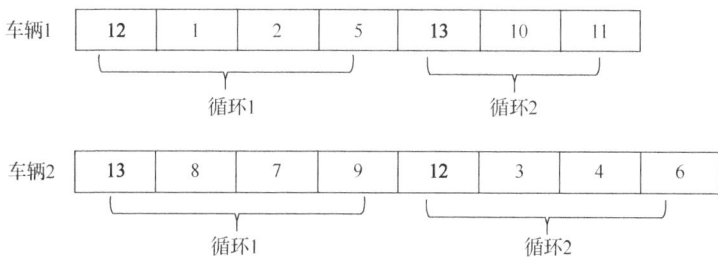

（b）交换任务对后车辆的任务序列

**图 4-10　交换任务对操作示意**

（5）交换任务片段

任务片段是指某个循环内从某个位置开始到末尾的所有配送任务的子序列。交换任务片段邻域操作是指交换具有相同起点的两个循环中的具有相同长度的任务片段，这两个循环可以属于同一车辆，也可以属于不同车辆。交换任务片段邻域操作过程为随机选择具有相同起点的两个循环 $l$ 和 $l'$，循环 $l$ 属于车辆 $k$，循环 $l'$ 属于车辆 $k'$，$k$ 和 $k'$ 可以相同也可以不同，假设循环 $l$ 的长度小于循环 $l'$，首先在 $l$ 中随机选择一个任务片段 $s$，然后在 $l'$ 中选择与 $s$ 具有相同长度的任务片段 $s'$，交换任务片段 $s$ 和 $s'$，即将 $s$ 中的所有配送任务移到 $s'$ 中的相应位置，将 $s'$ 中的所有配送任务移到 $s$ 中的相应位置，如果交换任务片段后生成的每个新任务序列都满足其所在车辆的载重和行驶距离约束，则用新的任务序列代替原来的任务序列，否则，保持原来的任务序列不变。

图 4-11 所示为交换任务片段操作示意,首先在车辆 1 的循环 1 中选择从位置 2 开始的任务片段$(2, 5)$,该任务片段的长度为 $2$,然后在车辆 2 的循环 2 中选择长度为 2 的任务片段,该任务片段为$(4, 6)$,接下来交换这两个任务片段,即将任务 2 和任务 4 交换,将任务 5 和任务 6 交换,交换的结果如图 4-11(b)所示。

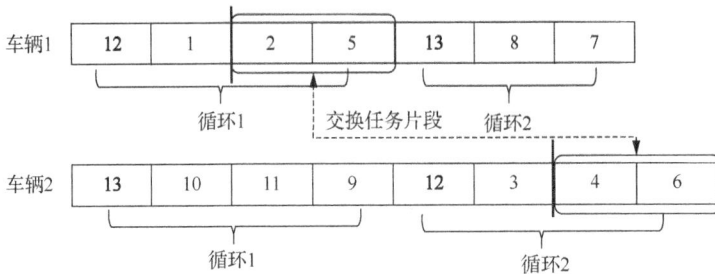

(a)交换任务片段前车辆的任务序列

交换车辆1中循环1的任务片段(2, 5)
和车辆2中循环2的任务片段(4, 6)

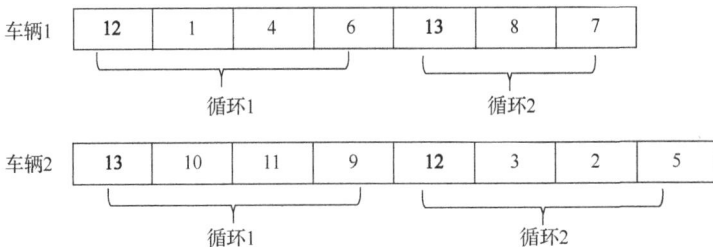

(b)交换任务片段后车辆的任务序列

图 4-11   交换任务片段操作示意

(6)交换循环

交换循环邻域操作是指交换两个循环的位置,这两个循环可以属于同一车辆也可以属于不同车辆。交换循环邻域操作的过程为:随机选择两个循环 $l$ 和 $l'$,循环 $l$ 属于车辆 $k$,循环 $l'$ 属于车辆 $k'$,$k$ 和 $k'$ 可以相同也可以不同,交换循环 $l$ 和 $l'$ 的位置,将 $l$ 中的所有任务移到 $l'$ 位置,将 $l'$ 中的所有任务移到 $l$ 位置,如果交换循环后生成的每个新任务序列都满足其所在车辆的载重和行驶距离约束，则用新的任务序列代替原来的任务序列，否则，保持原来的任务序列不变。

图 4-12 所示为交换循环操作示意。在本例中，交换车辆 1 的循环 2 和车辆 2 的循环 2，交换的结果如图 4-12（b）所示。

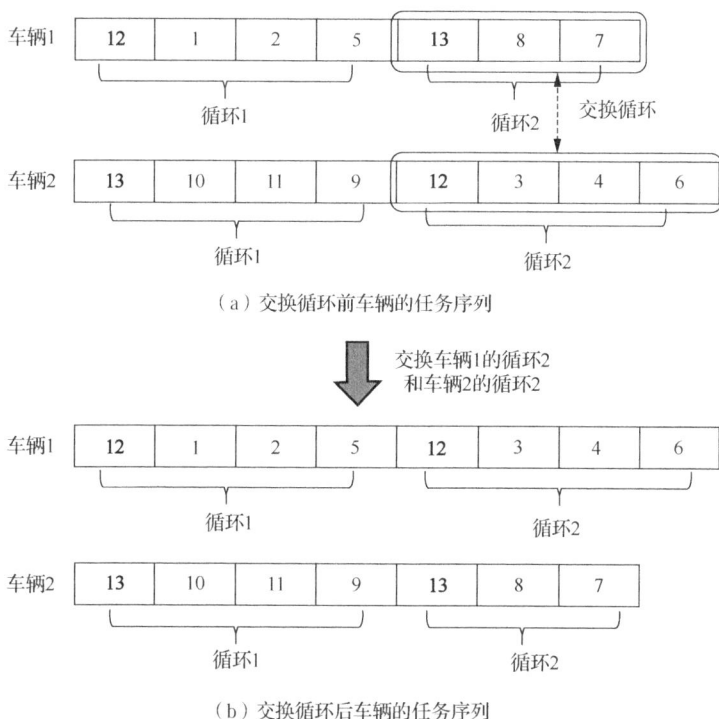

（a）交换循环前车辆的任务序列

交换车辆1的循环2
和车辆2的循环2

（b）交换循环后车辆的任务序列

图 4-12　交换循环操作示意

## 4.3.5　GVNS

针对 TDVSPRD，本小节设计了一种基于 GVNS 的求解方法，其伪代码见算法 4-4。首先设置算法参数和邻域操作集合，GVNS 的参数包含解的质量未改进最大次数 $iter_{max}$、最大执行时间 $t_{max}$ 和最大扰动范围 level。邻域操作集合定义为 $NS \leftarrow \{N_1, N_2, N_3, N_4, N_5, N_6\}$，其中，$N_1$ 为移动任务操作，$N_2$ 为移动循环操作，$N_3$ 为交换任务操作，$N_4$ 为交换任务对操作，$N_5$

为交换任务片段操作，$N_6$ 为交换循环操作。然后利用 4.3.2 小节所提出的 HA 生成一个初始解 $x$，定义所使用的邻域操作数量 $k_{max}$、解的质量未改进次数 iter，令 $k_{max} \leftarrow 6$、iter$\leftarrow 0$。接下来进行多轮循环迭代搜索（第 6～20 行），循环的终止条件是解的质量未改进次数 iter 超过 iter$_{max}$ 或算法执行时间 $t$ 超过 $t_{max}$（第 20 行），每一轮搜索都从第一个邻域操作开始搜索，即令 $k \leftarrow 1$（第 7 行），当 $k$ 超过邻域操作的数量 $k_{max}$ 时，本轮搜索结束（第 8～19 行）。在每一轮搜索中，首先利用扰动操作在第 $k$ 个邻域结构 $N_k(x)$ 中产生一个随机解 $x'$（第 9 行），扰动操作的伪代码见算法 4-5；然后利用一个变邻域深度算法在 $x'$ 的邻域内进行局部搜索，获取一个新解 $x''$（第 10 行），变邻域深度算法的伪代码见算法 4-6；如果 $x''$ 的目标函数值 $f(x'')$ 小于 $x$ 的目标函数值 $f(x)$，则用 $x''$ 代替 $x$，并令 $k \leftarrow 1$、iter$\leftarrow 0$，否则令 $k \leftarrow k+1$、iter$\leftarrow$iter$+1$，$x$ 不发生变化。

---

**算法 4-4：GVNS**

| | |
|---|---|
| 1 | Set parameters: iter$_{max}$, $t_{max}$, level; |
| 2 | $NS \leftarrow \{N_1, N_2, N_3, N_4, N_5, N_6\}$; |
| 3 | $x \leftarrow$ initialize($G$, $K$, $T$); |
| 4 | $k_{max} \leftarrow 6$; |
| 5 | iter$\leftarrow 0$; |
| 6 | **repeat** |
| 7 | $\quad k \leftarrow 1$; |
| 8 | $\quad$ **while** $k \leq k_{max}$ **do** |
| 9 | $\qquad x' \leftarrow$ shaking($x$, $k$, $NS$, level); |
| 10 | $\qquad x'' \leftarrow$ VND($x'$, $k_{max}$, $NS$); |
| 11 | $\qquad$ **if** $f(x'') < f(x)$ **then** |
| 12 | $\qquad\quad x \leftarrow x''$; |
| 13 | $\qquad\quad k \leftarrow 1$; |
| 14 | $\qquad\quad$ iter$\leftarrow 0$; |

| 15 | **else** |
|----|----------|
| 16 | $k \leftarrow k+1$; |
| 17 | iter$\leftarrow$iter+1; |
| 18 | **end if** |
| 19 | **end while** |
| 20 | **until** iter $>$iter$_{max}$ **or** $t>t_{max}$; |
| 21 | **return** $x$; |

算法 4-5 描述了 GVNS 的扰动操作过程，为了最大限度跳出局部最优搜索范围，每次扰动在 1 和最大扰动范围 level 之间产生一个随机数 $p$，然后在当前解的邻域内进行 $p$ 次邻域搜索，以此来扩大邻域搜索空间。

**算法 4-5**：shaking($x$, $k$, $NS$, level)

| 1 | $p \leftarrow$ random(1, level); |
|---|-----------------------------------|
| 2 | **for** $i \leftarrow 1$ **to** $p$ **do** |
| 3 | $x' \leftarrow N_k(x)$; |
| 4 | $x \leftarrow x'$; |
| 5 | **end for** |
| 6 | **return** $x'$; |

算法 4-6 描述了 GVNS 的局部搜索过程，该局部搜索过程可以看作一个采用顺序邻域变换步骤和首次改进过程的变邻域深度算法。该算法首先对集合 $N$ 中的 $k_{max}$ 个邻域操作进行随机排序（第 1 行），$L$ 为随机排序后的邻域操作列表。然后从 $L$ 中的第一个邻域开始进行搜索，即 $k \leftarrow 1$。$p \leftarrow L(k)$表示获取 $L$ 中第 $k$ 个邻域操作的编号 $p$，$x' \leftarrow N_p(x)$表示采用邻域操作 $N_p$ 获取 $x$ 邻域内的一个新解 $x'$。如果 $x'$ 的目标函数值 $f(x')$ 小于 $x$ 的目标函数值 $f(x)$，则用 $x'$代替 $x$，并返回 $L$ 中的第一个邻域重新开始搜索，否则，继续搜索 $L$ 中的下一个邻域，当变换到 $L$ 中的最后一个邻域时局部搜索结束。

算法 4-6：VND($x, k_{\max}, NS$)

| | |
|---|---|
| 1 | $L \leftarrow \text{randomize}(NS)$; |
| 2 | $k \leftarrow 1$; |
| 3 | **while** $k < k_{\max}$ **do** |
| 4 |     $p \leftarrow L(k)$; |
| 5 |     $x' \leftarrow N_p(x)$; |
| 6 |     **if** $f(x') < f(x)$ **then** |
| 7 |         $x \leftarrow x'$; |
| 8 |         $k \leftarrow 1$; |
| 9 |     **else** |
| 10 |         $k \leftarrow k+1$; |
| 11 |     **end if** |
| 12 | **end while** |
| 13 | **return** $x$; |

### 4.3.6 GVNSBM

目前 VNS 算法中新解的接受主要采用最优策略，即只有新解的目标函数值小于当前解的目标函数值时才接受其作为当前解。为了扩大解的搜索范围，本书基于 SA 算法中的 Metropolis 准则，在 GVNS 的基础上，设计一种 GVNSBM 算法对 TDVSPRD 进行求解。在 GVNSBM 中，新解的接受分为两种方式：无条件接受和有条件接受。

设 $x$ 为当前解，$x''$ 为经过扰动和局部搜索后获得的新解，它们的目标函数值分为 $f(x)$ 和 $f(x'')$，若 $f(x) > f(x'')$，则无条件地用新解 $x''$ 代替当前解 $x$；否则依据概率 $P(x,x'')$ 判断是否用 $x''$ 代替 $x$，$P(x,x'')$ 的计算公式如式（4-15）所示：

$$P(x, x'') = \exp\left( \frac{f(x) - f(x'')}{T_k} \right) \qquad (4\text{-}15)$$

式中，exp(x)表示指数函数 $e^x$，$T_k$ 为当前迭代次数下的温度，其计算公式如式（4-16）所示：

$$T_i = \alpha T_{i-1} + T_f \qquad （4\text{-}16）$$

式中，$T_{i-1}$ 为第 $i-1$ 次迭代的温度，$T_0$ 为初始温度，$T_f$ 为终止温度，$\alpha \in (0,1)$ 为降温系数。

GVNSBM 包含的参数有：解的质量未改进最大次数 $iter_{max}$、最大执行时间 $t_{max}$、最大扰动范围 level、初始温度 $T_0$、终止温度 $T_f$ 和降温系数 $\alpha$。其伪代码如算法 4-7 所示。

---

**算法 4-7：GVNSBM**

| | |
|---|---|
| 1 | Set parameters: $iter_{max}$, $t_{max}$, level, $T_0$, $T_f$, $\alpha$ |
| 2 | $NS \leftarrow \{N_1, N_2, N_3, N_4, N_5, N_6\}$; |
| 3 | $x \leftarrow initialize(G, K, T)$; |
| 4 | $x^* \leftarrow x$; |
| 5 | $k_{max} \leftarrow 6$; |
| 6 | $iter \leftarrow 0$; $T \leftarrow T_0$; |
| 7 | **repeat** |
| 8 | 　　$k \leftarrow 1$; |
| 9 | 　　**while** $k \leqslant k_{max}$ **do** |
| 10 | 　　　　$x' \leftarrow shaking(x, k, NS, level)$; |
| 11 | 　　　　$x'' \leftarrow VND(x', k_{max}, NS)$; |
| 12 | 　　　　**if** $f(x'') < f(x)$ **then** |
| 13 | 　　　　　　$x \leftarrow x''$; |
| 14 | 　　　　　　**if** $f(x) < f(x^*)$ **then** $x^* \leftarrow x$; |
| 15 | 　　　　　　$k \leftarrow 1$; |
| 16 | 　　　　　　$iter \leftarrow 0$; |
| 17 | 　　　　**else** |
| 18 | 　　　　　　$r \leftarrow Random(0,1)$; |

| 19 | **if** $r < \exp\left(\dfrac{f(x) - f(x'')}{T_k}\right)$ **then** $x \leftarrow x''$; |
|----|----|
| 20 | $k \leftarrow k+1$; |
| 21 | iter $\leftarrow$ iter$+1$; |
| 22 | **end if** |
| 23 | $T \leftarrow \alpha T + T_f$ ; |
| 24 | **end while** |
| 25 | **until** $i >$ iter$_{\max}$ **or** $t > t_{\max}$; |
| 26 | **return** $x^*$; |

在上述算法中,首先设置算法参数(iter$_{\max}$, $t_{\max}$, level, $T_0$, $T_f$, $\alpha$)和邻域操作集合 $NS$,令 $NS \leftarrow \{N_1, N_2, N_3, N_4, N_5, N_6\}$。然后,随机生成一个初始解 $x$,记录当前最优解为 $x^*$,令 $x^* \leftarrow x$,设置邻域操作数量 $k_{\max}$、解的质量未改进次数 iter 和当前温度 $T$,令 $k_{\max} \leftarrow 6$、iter$\leftarrow 0$、$T \leftarrow T_0$。接下来进行多轮循环迭代搜索(第 7~25 行),循环的终止条件是解的质量未改进次数 iter 超过 iter$_{\max}$ 或者算法执行时间 $t$ 超过 $t_{\max}$(第 25 行)。每一轮搜索都从第一个邻域开始搜索,即,令 $k \leftarrow 1$(第 8 行),当 $k$ 超过邻域操作的数量 $k_{\max}$ 时,本轮搜索结束(第 9~24 行)。在每一轮搜索中,首先利用扰动操作在第 $k$ 个邻域结构 $N_k(x)$ 中产生一个随机解 $x'$(见算法 4-5);然后利用一个变邻域深度算法在 $x'$ 的邻域内进行局部搜索获取一个新解 $x''$(见算法 4-6);如果 $x''$ 的目标函数值 $f(x'')$ 小于 $x$ 的目标函数值 $f(x)$,则用 $x''$ 代替 $x$,并令 $k \leftarrow 1$、iter$\leftarrow 0$,若 $f(x) < f(x^*)$,用 $x$ 替换当前最优解 $x^*$,即令 $x^* \leftarrow x$;否则,根据 Metropolis 准则判断是否用 $x''$ 代替 $x$,即生成一个随机数 $r \in (0,1)$,若 $r < \exp\left(\dfrac{f(x) - f(x'')}{T}\right)$,用 $x''$ 替换当前解 $x$($x \leftarrow x''$),令 $k \leftarrow k+1$,iter$\leftarrow$iter$+1$。

## 4.4 实验分析

针对任务驱动可循环配送车辆优化调度问题,本章设计了 3 种求解算法:

HA、GVNS 算法和 GVNSBM 算法。3 种算法都采用 Java 实现，JDK 版本为 1.8，算法的运行环境如下：处理器为 Intel Core i7-9790 @ 3.00GHz，内存为 32.0GB，64 位操作系统。

### 4.4.1　测试实例集

TDVSPRD 是一类新的车辆路径问题，目前并不存在该类问题的测试实例集。在这里，我们给出一种生成 TDVSPRD 测试实例集的方法。TDVSPRD 的参数包括：转运中心的数量 $n_1$、共享网点的数量 $n_2$、车辆的数量 $m$、配送任务的数量 $n$、车辆的载重 $W$、配送任务的快件质量 $w$、节点位置和车辆初始位置的坐标$(x, y)$、车辆的单次最大行驶距离 $D$、车辆的固定成本 $c_1$、单位距离成本 $c_2$。其中，车辆的数量和配送任务的数量共同决定 TDVSPRD 的规模，另外，转运中心的数量和共享网点的数量也会对问题的规模产生影响。

针对 TDVSPRD，本小节设计了 16 种测试实例，其中，配送任务的数量 $n \in \{10,20,50,100,200,500\}$；转运中心的数量 $n_1 \in \{3,5,10\}$，共享网点的数量 $n_2 \in \{6,10,20\}$，车辆的数量、配送任务的数量以及转运中心和共享网点的数量相关，每种测试实例的配置如表 4-2 所示。测试实例中其他参数的取值范围如表 4-3 所示，其中，车辆的载重的取值为[1000,3500]，配送任务的快件质量的取值为[500,1000]，车辆的单次最大行驶距离的取值为[400, 600]，节点的位置以及车辆初始位置的坐标为(0, 100)上的均匀分布，车辆的固定成本与其载重成正比，其计算公式为 $c_1 = 400 \times \dfrac{W}{3500}$。车辆的单位距离成本也与该车辆的载重成正比，其计算公式为 $c_2 = 20 \times \dfrac{W}{3500}$。

表 4-2　测试实例的配置

| 实例类型 | 配送任务的数量 $n$ | 车辆的数量 $m$ | 转运中心的数量 $n_1$ | 共享网点的数量 $n_2$ |
| --- | --- | --- | --- | --- |
| 1 | 10 | 2 | 3 | 6 |
| 2 | 10 | 2 | 5 | 10 |

| 实例类型 | 配送任务的数量 $n$ | 车辆的数量 $m$ | 转运中心的数量 $n_1$ | 共享网点的数量 $n_2$ |
|---|---|---|---|---|
| 3 | 20 | 4 | 3 | 6 |
| 4 | 20 | 4 | 5 | 10 |
| 5 | 50 | 6 | 3 | 6 |
| 6 | 50 | 6 | 5 | 10 |
| 7 | 50 | 6 | 10 | 20 |
| 8 | 100 | 10 | 3 | 6 |
| 9 | 100 | 12 | 5 | 10 |
| 10 | 100 | 12 | 10 | 20 |
| 11 | 200 | 14 | 3 | 6 |
| 12 | 200 | 18 | 5 | 10 |
| 13 | 200 | 18 | 10 | 20 |
| 14 | 500 | 32 | 3 | 6 |
| 15 | 500 | 40 | 5 | 10 |
| 16 | 500 | 38 | 10 | 20 |

表 4-3　测试实例参数的取值范围

| 参数 | 取值范围 | 含义 |
|---|---|---|
| $W$ | $[1000, 3500]$ | 车辆的载重 |
| $w$ | $[500, 1000]$ | 配送任务的快件质量 |
| $x, y$ | $(0, 100)$ | 节点位置和车辆初始位置的坐标 |
| $D$ | $[400, 600]$ | 车辆的单次最大行驶距离 |
| $c_1$ | $400 \times \dfrac{W}{3500}$ | 车辆的固定成本 |
| $c_2$ | $20 \times \dfrac{W}{3500}$ | 车辆的单位距离成本 |

对于表 4-2 中的每种测试实例，我们生成两个具体测试实例，其中一个测试实例用来进行算法参数设置的分析，另一个测试实例用来进行实验的对比。

### 4.4.2　算法的参数设置与分析

GVNS 包含 3 个参数 $t_{max}$、$iter_{max}$ 和 level，$t_{max}$ 为算法的最大执行时间，

$iter_{max}$ 为解的质量未改进最大次数，level 为扰动操作中邻域搜索最大次数。对于 GVNSBM，除了包含参数 $t_{max}$、$iter_{max}$ 和 level 外，还包含初始温度 $T_0$、终止温度 $T_f$ 和降温系数 $\alpha$ 等参数。

在本实验中，将扰动操作中邻域搜索最大次数 level 设置为 10，质量未改进最大次数 $iter_{max}$ 设置为 1000，GVNSBM 中的初始温度 $T_0$、终止温度 $T_f$ 和降温系数 $\alpha$ 分别设置为 1000、0.01 和 0.95。一般来说，最大执行时间 $t_{max}$ 的值设置得越大，算法获取到最优解的概率也就越大，但是其所消耗的计算机资源也越多。图 4-13 所示为 GVNS 和 GVNSBM 在不同配送任务数量下（$n$=10,20,50,100,200,500），目标函数值与算法执行时间的关系。

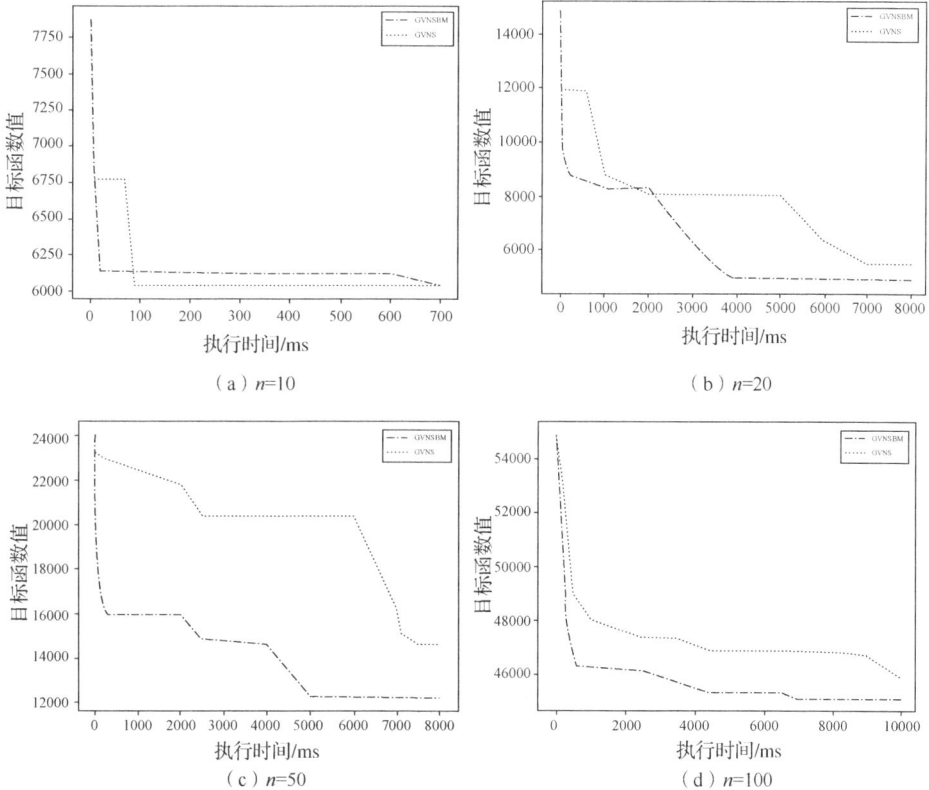

（a）$n$=10

（b）$n$=20

（c）$n$=50

（d）$n$=100

**图 4-13　目标函数值与算法执行时间的关系**

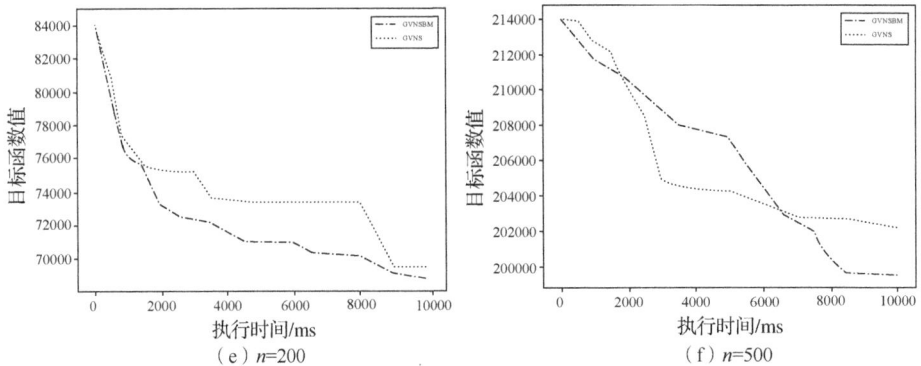

**图 4-13　目标函数值与算法执行时间的关系（续）**

从图 4-13 可以看出，当 $n$=20、50、100、200 时，在相同的执行时间下，GVNSBM 的目标函数值要低于 GVNS 的目标函数值，这说明 GVNSBM 的求解质量要优于 GVNS 的求解质量；当 $n$=10、500 时，GVNSBM 的收敛速度要慢于 GVNS 的收敛速度，但是当达到一定执行时间后，GVNSBM 的目标函数值要小于或等于 GVNS 的目标函数值。当配送任务数量 $n$=10 时，GVNS 和 GVNSBM 的执行时间超过 1000 ms 后，基本处于收敛状态；当配送任务数量 $n$=20、50 时，GVNS 和 GVNSBM 的执行时间超过 6000 ms 后，基本处于收敛状态；当配送任务数量 $n$=100、200、500 时，GVNS 和 GVNSBM 的执行时间超过 10000 ms 后，基本处于收敛状态。

### 4.4.3　对比实验

针对表 4-1 中的每种测试实例的一个具体测试实例，首先使用 HA 获得一个初始解，然后在此基础上，分别使用 GVNS 和 GVNSBM 进行变邻域搜索。GVNS 和 GVNSBM 在每个测试实例上分别运行 10 次，取目标函数的最小值（minCost）和平均值（avgCost）。当配送任务数量 $n$=10 时，将算法的最大执行时间 $t_{max}$ 设置为 1000 ms；当配送任务数量 $n$=20、50 时，将算法的最大执行时间 $t_{max}$ 设置为 6000 ms，当配送任务数量 $n$=100、200、500 时，将算法的最大执行时间 $t_{max}$ 设置为 10000 ms。HA、GVNS 和 GVNSBM 的求解结果对比如表 4-4 所示。

表 4-4　HA、GVNS、GVNSBM 的求解结果对比

| 测试实例 | HA | GVNS | | GVNSBM | |
|---|---|---|---|---|---|
| | Cost | minCost | avgCost | minCost | avgCost |
| 1 | 7875 | **6037** | 6054 | **6037** | 6070 |
| 2 | 11956 | **11091** | 10477 | **10091** | 10174 |
| 3 | 14841 | 8178 | 10139 | **7721** | 9612 |
| 4 | 16702 | 11207 | 12095 | **7987** | 12083 |
| 5 | 24032 | 21134 | 22072 | **16368** | 19569 |
| 6 | 32615 | 29908 | 30044 | **28669** | 29703 |
| 7 | 36586 | 31547 | 32763 | **31341** | 31947 |
| 8 | 54861 | 43037 | 46798 | **41926** | 45605 |
| 9 | 67187 | 58202 | 59727 | **57228** | 59043 |
| 10 | 57960 | 49455 | 50571 | **48174** | 50070 |
| 11 | 84008 | 73793 | 75974 | **72404** | 74168 |
| 12 | 105179 | 97234 | 98546 | **97222** | 98418 |
| 13 | 97027 | 86386 | 88261 | **86513** | 87900 |
| 14 | 213974 | 198724 | 201884 | **195156** | 197727 |
| 15 | 237935 | 224944 | 226586 | **219924** | 222670 |
| 16 | 213958 | 202829 | 203857 | **200089** | 202835 |

通过表 4-4 可以看出，在这 16 个测试实例上，GVNS 获取到了两个当前最优解（测试实例 1 和 2），而 GVNSBM 在所有测试实例上都获取到了当前最优解。通过该表也可以看出，GVNS 和 GVNSBM 在 HA 的基础上都能够改善初始解的质量，由于 GVNSBM 采用有条件的新解接受策略，可以有效地跳出局部最优陷阱，扩大解的搜索空间，与 GVNS 所采用无条件的新解接受策略相比，可以获取到更好的解。

针对 TDVSPRD，本章提出了 6 种邻域操作：移动任务（$N_1$）、移动循环（$N_2$）、交换任务（$N_3$）、交换任务对（$N_4$）、交换任务片段（$N_5$）、交换循环（$N_6$）。其中，邻域操作 $N_2$ 和 $N_6$ 是针对 TDVSPRD 的特点首次提出的。另外，对于被选择的配送任务，邻域操作 $N_1$ 不是随机地选择一个可行的移动位置，而是

选择一个最优的位置，这也有别于现有文献所提出的移动操作。为了与 $N_1$ 进行区分，我们令现有文献所提出的随机选择移动位置的交换任务操作为 $N_1'$。为了说明邻域操作 $N_1$、$N_2$ 和 $N_6$ 在求解 TDVSPRD 中的作用，我们对 GVNSBM 中的邻域操作集合进行了裁剪，生成两个新算法：GVNSBM1 和 GVNSBM2。其中，GVNSBM1 包含 4 个邻域操作：$N_1'$、$N_3$、$N_4$ 和 $N_5$。GVNSBM2 包含 3 个邻域操作：$N_1$、$N_2$ 和 $N_6$。为了测试两个新算法的求解质量，首先使用 HA 获得一个初始解，然后分别使用 GVNSBM1 和 GVNSBM2 进行变邻域搜索，两个新算法在每个测试实例上分别运行 10 次取目标函数的最小值（minCost）和平均值（avgCost），其最大执行时间约束与 GVNS 和 GVNSBM 相同，求解结果对比如表 4-5 所示。

表 4-5　HA、GVNSBM1 和 GVNSBM2 的求解结果对比

| 测试实例 | HA | GVNSBM1 | | GVNSBM2 | |
|---|---|---|---|---|---|
| | Cost | minCost | avgCost | minCost | avgCost |
| 1 | 7875 | **6037** | 6149 | **6037** | 6075 |
| 2 | 11956 | **10091** | 10693 | **10091** | 10503 |
| 3 | 14841 | 8370 | 10261 | 7883 | 10208 |
| 4 | 16702 | 13525 | 15009 | 12394 | 14457 |
| 5 | 24032 | 22356 | 23697 | 21360 | 22231 |
| 6 | 32615 | 29309 | 30852 | 27850 | 30085 |
| 7 | 36586 | 33384 | 35115 | 29644 | 32583 |
| 8 | 54861 | 49396 | 50782 | 46094 | 48467 |
| 9 | 67187 | 61857 | 62708 | 58171 | 61817 |
| 10 | 57960 | 52628 | 54654 | 51460 | 52400 |
| 11 | 84008 | 78687 | 81528 | 74544 | 78168 |
| 12 | 105179 | 102617 | 103682 | 100933 | 101608 |
| 13 | 97027 | 94628 | 95815 | 90460 | 91645 |
| 14 | 213974 | 207475 | 210699 | 202059 | 204525 |
| 15 | 237935 | 233656 | 234781 | 226700 | 229599 |
| 16 | 213958 | 211765 | 212078 | 209522 | 210484 |

从表 4-5 可以看出，在这 16 个测试实例上，GVNSBM1 和 GVNSBM2 在 HA 的基础上都能够改善初始解的质量。在测试实例 1 和 2 上，GVNSBM1 和 GVNSBM2 获取到两个当前最优解；在其他测试实例上，GVNSBM2 的最小目标函数值和平均目标函数值都要低于 GVNSBM1 的最小目标函数值和平均目标函数值，这说明邻域操作 $N_1$、$N_2$ 和 $N_6$ 组合的求解质量优于 $N_1'$、$N_3$、$N_4$ 和 $N_5$ 组合的求解质量。通过与表 4-4 中的结果对比来看，在每个测试实例上，GVNSBM2 的最小目标函数值和平均目标函数值要高于 GVNSBM 的最小目标函数值和平均目标函数值，这说明邻域操作 $N_1$、$N_2$、$N_3$、$N_4$、$N_5$ 和 $N_6$ 组合的求解质量优于邻域操作 $N_1$、$N_2$ 和 $N_6$ 组合的求解质量。

为了对比 4 个邻域搜索算法的求解质量，我们定义 4 个 VNS 算法 GVNS、GVNSBM、GVNSBM1 和 GVNSBM2 与 HA 的求解质量改进率，其定义如式（4-17）～式（4-20）所示。

$$g_{\text{gvns}}(i) = \frac{c_{\text{ha}}(i) - c_{\text{gvns}}(i)}{c_{\text{ha}}(i)} \tag{4-17}$$

$$g_{\text{gvnsbm}}(i) = \frac{c_{\text{ha}}(i) - c_{\text{gvnsbm}}(i)}{c_{\text{ha}}(i)} \tag{4-18}$$

$$g_{\text{gvnsbm1}}(i) = \frac{c_{\text{ha}}(i) - c_{\text{gvnsbm1}}(i)}{c_{\text{ha}}(i)} \tag{4-19}$$

$$g_{\text{gvnsbm2}}(i) = \frac{c_{\text{ha}}(i) - c_{\text{gvnsbm2}}(i)}{c_{\text{ha}}(i)} \tag{4-20}$$

式中，$g_{\text{gvns}}(i)$ 表示在测试实例 $i$（$i=1,2,\cdots,16$）上 GVNS 对 HA 的求解质量改进率，$g_{\text{gvnsbm}}(i)$ 表示在测试实例 $i$（$i=1,2,\cdots,16$）上 GVNSBM 对 HA 的求解质量改进率，$g_{\text{gvnsbm1}}(i)$ 表示在测试实例 $i$（$i=1,2,\cdots,16$）上 GVNSBM1 对 HA 的求解质量改进率，$g_{\text{gvnsbm2}}(i)$ 表示在测试实例 $i$（$i=1,2,\cdots,16$）上 GVNSBM2 对 HA 的求解质量改进率，$c_{\text{ha}}(i)$、$c_{\text{gvns}}(i)$、$c_{\text{gvnsbm}}(i)$、$c_{\text{gvnsbm1}}(i)$ 和 $c_{\text{gvnsbm2}}(i)$ 分别为 HA、GVNS、GVNSBM、GVNSBM1 和 GVNSBM2 在测试实例 $i$ 中的平均目标函数值。

图 4-14 所示为在每个测试实例上，GVNS、GVNSBM、GVNSBM1 和 GVNSBM2 对 HA 的求解质量改进率。GVNS 对 HA 的最大求解质量改进率为 31.68%，平均求解质量改进率为 12.75%。GVNSBM 对 HA 的最大求解质量改进率为 35.23%，平均求解质量改进率为 14.13%。GVNSBM1 对 HA 的最大求解质量改进率为 30.08%，平均求解质量改进率为 7.09%。GVNSBM2 对 HA 的最大求解质量改进率为 31.21%，平均求解质量改进率为 10.03%。从该图可以看出，GVNSBM 的求解质量优于 GVNS 的求解质量，GVNS 的求解质量优于 GVNSBM1 的求解质量，GVNSBM1 的求解质量优于 GVNSBM2 的求解质量。

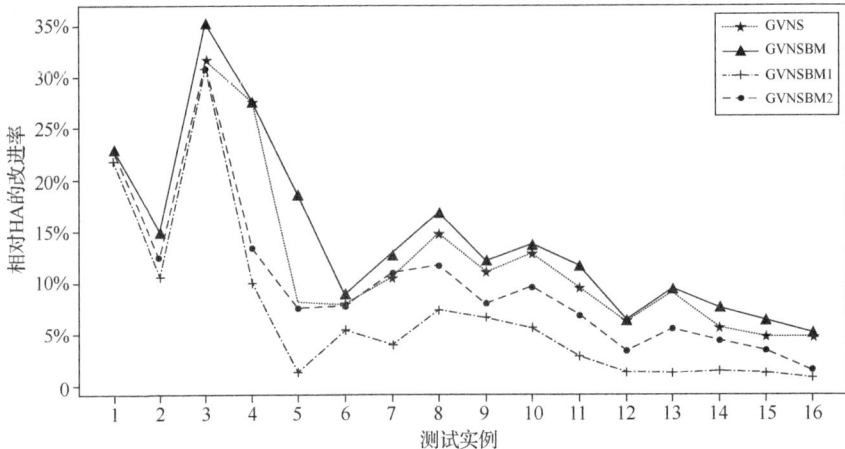

图 4-14　GVNS、GVNSBM、GVNSBM1 和 GVNSBM2 对 HA 的求解质量改进率

### 4.4.4　实例分析

本小节通过具体测试实例来说明 HA 和 VNS 算法的求解效果。限于篇幅，在这里只以测试实例 1 为例进行说明，测试实例 1 包含 3 个转运中心、6 个共享网点、10 个配送任务和 2 台共同配送车辆，其节点、配送任务和共同配送车辆等的信息分别如表 4-6～表 4-8 所示。

表 4-6　测试实例 1 的节点信息

| 节点编号 | 节点类型 | x 轴坐标 | y 轴坐标 |
|---|---|---|---|
| 1 | 转运中心 | 60.52 | 97.68 |
| 2 | 转运中心 | 41.93 | 77.31 |
| 3 | 转运中心 | 27.82 | 72.47 |
| 4 | 共享网点 | 11.19 | 49.39 |
| 5 | 共享网点 | 81.28 | 89.04 |
| 6 | 共享网点 | 77.3 | 37.31 |
| 7 | 共享网点 | 6.94 | 32.91 |
| 8 | 共享网点 | 39.65 | 1.75 |
| 9 | 共享网点 | 98.16 | 73.4 |

表 4-7　测试实例 1 的配送任务信息

| 任务编号 | 源节点（转运中心） | 目标节点（共享网点） | 货物质量 |
|---|---|---|---|
| 1 | 1 | 5 | 997 |
| 2 | 1 | 4 | 501 |
| 3 | 1 | 6 | 700 |
| 4 | 2 | 7 | 549 |
| 5 | 1 | 5 | 539 |
| 6 | 3 | 7 | 981 |
| 7 | 2 | 4 | 885 |
| 8 | 2 | 5 | 805 |
| 9 | 3 | 4 | 900 |
| 10 | 3 | 5 | 727 |

表 4-8　测试实例 1 的共同配送车辆信息

| 车辆 | 最大载重 | 最大行驶距离 | 固定成本 | 单位距离成本 | x 轴坐标 | y 轴坐标 |
|---|---|---|---|---|---|---|
| 1 | 1156 | 595 | 132.1 | 6.6 | 54.32 | 98.55 |
| 2 | 3341 | 492 | 381.8 | 19.1 | 80.77 | 86.47 |

首先利用 HA 获得初始解，其编码如图 4-15 所示。车辆 1 包含 7 个循环，各个循环的起始节点分别为转运中心 1、1、3、3、2、2 和 3。其中，第 1 个循环包含配送任务 1，其终止节点为共享网点 5；第 2 个循环包含配送任务 5 和任务 2，其终止节点分别为共享网点 5 和网点 4；第 3 个循环包含配送任务 9，其终止节点为共享网点 4；第 4 个循环包含配送任务 6，其终止节点为共享网点 7；第 5 个循环包含配送任务 8，其终止节点为共享网点 5；第 6 个循环包含配送任务 7，其终止节点为共享网点 4；第 7 个循环包含配送任务 10，其终止节点为共享网点 5。车辆 2 包含两个循环，第 1 个循环的起始节点为转运中心 1，包含配送任务 3，其终止节点为共享网点 6；第 2 个循环的起始节点为转运中心 2，包含配送任务 4，其终止节点为共享网点 7。车辆 1 经过的节点序列为 1→5→1→5→4→3→4→3→7→2→5→2→4→3→5，成本为 3755；车辆 2 经过的节点序列为 1→6→2→7，成本为 4120；因此，初始解的总成本为 7875。

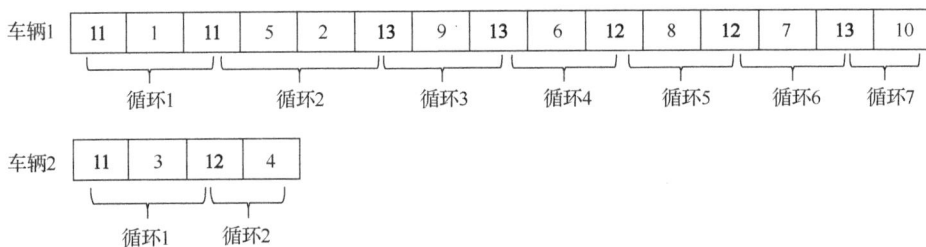

图 4-15　利用 HA 获得初始解的编码

接下来利用 GVNS 和 GVNSBM 进行求解，GVNS 和 GVNSBM 在该测试实例上的结果是一致的，解的编码如图 4-16 所示。第 1 台车辆包含的循环数量没有发生变化，但是包含的配送任务和循环的次序发生了变化；第 2 台车辆的循环减少了一个，配送任务也发生了变化。车辆 1 经过的节点序列为 2→5→1→5→1→5→4→3→4→3→7→3→5→1→6，成本为 3775。车辆 2 经过的节点序列为 1→6→4，成本为 2262。因此，经过变邻域搜索后的解的成本为 6037，与初始解比较成本减少了 1838，质量改进率约为 23.34%。

| 车辆1 | 12 | 8 | 11 | 1 | 11 | 5 | 2 | 13 | 9 | 13 | 6 | 13 | 10 | 11 | 3 |
|---|---|---|---|---|---|---|---|---|---|---|---|---|---|---|---|

循环1　　循环2　　　循环3　　　循环4　　循环5　　循环6　循环7

| 车辆2 | 11 | 3 | 7 |
|---|---|---|---|

循环1

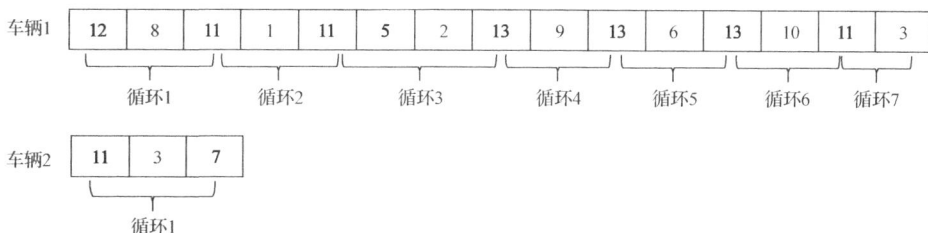

图 4-16　利用 GVNS 和 GVNSBM 获得的解的编码

## 4.5　本章小结

本章提出了一种新的车辆路径问题：TDVSPRD。TDVSPRD 是以配送任务为中心，每个配送任务都有明确的起点和终点，分配给每台车辆的所有配送任务的快件质量可以大于该车辆的最大载重量，因此车辆可以进行多轮配送，每轮配送分配给该车辆的配送任务的快件质量不超过其最大载重量。TDVSPRD 的目标是在完成所有配送任务的前提下，通过制定合理的配送任务分配和多轮路径规划策略，减少被使用车辆的数量和行驶距离，以此来降低共同配送的总成本。

TDVSPRD 的解可以表示为一组整数序列的集合，每个序列又可以划分为若干个片段，一个片段代表一个循环。针对 TDVSPRD，本书采用 VNS 算法进行求解。首先提出一种构造初始解的 HA，然后设计了 6 种邻域操作：移动任务、移动循环、交换任务、交换任务对、交换任务片段和交换循环。其中，移动循环和交换循环是针对 TDVSPRD 的特点首次提出的，其他 4 种邻域操作是在现有求解 VRP 的邻域操作的基础上扩展而来的。基于这 6 种邻域操作，本书设计了两种 VNS 算法：GVNS 算法和 GVNSBM 算法。其中，GVNSBM 算法是在 GVNS 算法的基础上，根据 Metropolis 准则可以有条件地接受新解而设计。为了验证所提出的算法的效率和求解质量，本章设计了16 种测试实例，实验结果表明，GVNS 算法和 GVNSBM 算法在 HA 的基础上，求解质量都有大幅度的提升，GVNSBM 算法的求解质量要明显优于GVNS 算法的求解质量。

# 参考文献

[1] DANTZIG G B, RAMSER R H. The truck dispatching problem[J]. Management Science, 1959,6(1):80-91.

[2] CORDEAU J F, GENDREAU M, LAPORTE G. A tabu search heuristic for periodic and multi depot vehicle routing problem[J]. Networks: An International Joural, 1997,302(2): 105-119.

[3] DESROCHERS M, DESROSIERS J, SOLOMON M. A new optimization algorithm for the vechicle routing problem with time windows[J]. Operations Research, 1992,40(2): 342-354.

[4] BIANCHESSI N, RIGHINI G. Heuristic algorithms for the vehicle routing problem with simultaneous pick-up and delivery[J]. Computers & Operations Research, 2007,34(2): 578-594.

[5] PSARAFTIS H N. Dynamic vehicle routing problems[J]. Vehicle Routing Methods & Studies, 1988,16:223-48.

[6] GAREY M R, JOHNSON D S. Computers and intractactability: A guide to the theory of NP-completeness[M]. New York: W.H.Freeman, 1979.

[7] FU Y, BANERJEE A. Heuristic/meta-heuristic methods for restricted bin packing problem[J]. Journal of Heuristics, 2020,26(5): 637-662.

[8] YANG S, SHAO Y F, ZHANG K. An effective method for solving multiple travelling salesman problem based on NSGA-II [J]. Systems Science & Control Engineering, 2019,7(2):121-129.

[9] OYOLA J, ARNTZEN H, WOODRUFF D L. The stochastic vehicle routing problem, a literature review, Part II: solution methods [J]. Euro Journal on Transportation and Logistics, 2017,6(4): 349-388.

[10] AZI N, GENDREAU M, POTVIN J Y. An exact algorithm for a single-vehicle routing

problem with time windows and multiple routes[J]. European Journal of Operational Research, 2007, 178(3): 755-766.

[11] AZI N, GENDREAU M, POTVIN J Y. An exact algorithm for a vehicle routing problem with time windows and multiple use of vehicles[J]. European Journal of Operational Research, 2010, 202(3): 756-763.

[12] DABIA S, ROPKE S, VAN WOENSEL T, et al. Branch and price for the time-dependent vehicle routing problem with time windows [J]. Transportation Science, 2013,47(3): 380-396.

[13] 揭婉晨, 杨珺, 杨超. 多车型电动汽车车辆路径问题的分支定价算法研究[J]. 系统工程理论与实践, 2016, 36(7): 1795-1805.

[14] BALDACCI R, HADJICONSTANTINOU E, MINGOZZI A. An exact algorithm for the capacitated vehicle routing problem based on a two-commodity network flow formulation[J]. Operations Research, 2004,52(5):723-738.

[15] BALDACCI R, MINGOZZI A. A unified exact method for solving different classes of vehicle routing problems [J]. Mathematical Programming, 2009,120(2): 347-380.

[16] 陈世峰. 动态车辆路径问题建模与优化算法研究[D]. 大连: 大连海事大学, 2018.

[17] ALTINKEMER K, GAVISH B. Parallel savings based heuristics for the delivery problem[J]. Operations Research, 1991,39(3):456-469.

[18] SOLOMON M M. Algorithms for the vechicle routimh and scheduling problems with time window constraints[J]. Operations research, 1987,35(20):254-265.

[19] SALHI S, NAGY G. A cluster insertion heuristic for single and multiple depot vehicle routing problems with backhauling[J]. Journal of the Operational Research Society, 1999,50(10):1034-1042.

[20] ZHU C J, LIU M, WU C, et al. Two kinds of 2-OPT algorithm for VRP with fuzzy demand[J]. Acta Electronica Sinica, 2001,29(8):1035-1037.

[21] LAPORTE G. Improvements to the or-opt heuristic for the symmetric travelling salesman problem problems[J]. Journal of the Operational Research Society, 2007,58 (3):402-407.

[22] MITROVIĆ-MINICĆ S, KRISHNAMURTI R, LAPORTE G. Double-horizon based heuristics for the dynamic pickup and delivery problem with time windows[J]. Transoportation Research Part B: Methodological, 2004, 38(8):669-785.

[23] BRANCHINI R, ARMENTANO V, KKETANGEN A. Adaptive granular local search heuristic for a dynamic vehicle routing problem[J]. Computers & Operations Research, 2009,36(11):2955-2968.

[24] MENG Q, ZHOU F, EGLESE R, et al. A tabu search algorithm for the vehicle routing problem with discrete split deliveries and pickups[J]. Computers & Operations Research, 2018, 100(12):102-116.

[25] GMIRA M, GENDREAU M, LODIA A, et al.Tabu search for the time-dependent vehicle routing problem with time windows on a road network[J]. European Journal of Operational Research, 2021,288(1):129-140.

[26] VINCENT F Y, PERWIRAREDI A A N, HIDAYAT Y A, et al. A simulated annealing heuristic for the hybrid vehicle routing problem[J]. Applied Soft Computing, 2017,53(4): 119-132.

[27] ILHAN I. An improved simulated annealing algorithm with crossover operator for capacitated vehicle routing problem[J]. Swarm and Evolutionary Computation,2021,64(5):100911.

[28] AMOUS M, TOUMI S, JARBOUI B, et al. A variable neighborhood search algorithm for the capacitated vehicle routing problem[J]. Electronic Notes in Discrete Mathematics, 2017,58:231-238.

[29] FERREIRA H S, BOGUE E T, NORONHAT F, et al. Variable neighborhood search for vehicle routing problem with multiple time windows[J]. Electronic Notes in Discrete Mathematics, 2018,66:207-214.

[30] TASAN A S, GEN M. A genetic algorithm based approach to vehicle routing problem with simultaneous pick-up and deliveries[J]. Computers & Industrial Engineering, 2012,62(3):755-761.

[31] PARK H, SON D, KOO B, et al. Waiting strategy for the vehicle routing problem with simultaneous pickup and delivery using genetic algorithm[J]. Expert Systems with

Applications, 2021,165(3):113959.

[32] B YU, YANG Z Z, YAO B. An improved ant colony optimization for vehicle routing problem[J].European Journal of Operational Research, 2009,196(7):171-176.

[33] GAJPAL Y, ABDA P. An ant colony system (ACS) for vehicle routing problem with simultaneous delivery and pickup[J]. Computers & Operations Research, 2009,36(12): 3215-3223.

[34] ZHANG H, ZHANG Q, MA L, et al. A hybrid ant colony optimization algorithm for a multi-objective vehicle routing problem with flexible time windows[J]. Information Sciences, 2019,490(7):166-190.

[35] MARINAKIS Y, MARINAKI M, MIGDALAS A. A multi-adaptive particle swarm optimization for the vehicle routing problem with time windows[J]. Information Sciences, 2019,481(5):311-329.

[36] CHEN J, SHI J. A multi-compartment vehicle routing problem with time windows for urban distribution – a comparison study on particle swarm optimization algorithms[J]. Computers & Industrial Engineering, 2019,133(7):95-106.

[37] SZETO W Y, WU Y, HO S C. An artificial bee colony algorithm for the capacitated vehicle routing problem[J]. European Journal of Operational Research, 2011,215(1):126-135.

[38] LEI D, MING Z C. A dynamical artificial bee colony for vehicle routing problem with drones[J]. Engineering Applications of Artificial Intelligence, 2022,107(1):104510.

[39] MLADENOVIĆ N, HANSEN P. Variable neighborhood search[J]. Computers & Operations Research, 1997, 24(11):1097-1100.

[40] HANSEN P, MLADENOVIĆ N. Variable neighborhood search: principles and applications[J]. European Journal of Operational Research, 2001,130(3):449-467.

[41] HANSEN P, MLADENOVIĆ N, TODOSIJEVIĆ R, et al. Variable neighborhood search: basics and variants[J]. EURO J Comput Optim, 2017, 5(3):423-454.

[42] 宋强. 多行程车辆路径问题中变邻域搜索算法的应用[J]. 数学的实践与认识, 2017, 47(19): 136-145.

[43] 陈久梅, 李英娟, 胡婷, 等. 开放式带时间窗车辆路径问题及变邻域搜索算法[J]. 计算机集成制造系统, 2021, 27(10): 3014-3025.

[44] IMRAN A. A variable neighborhood search-based heuristic for the multi-depot vehicle routing problem[J]. Jurnal Teknik Industri, 2013, 15(2):95-102.

[45] BEZERRA S N, SOUZA S R, SOUZA M J F. A GVNS algorithm for solving the multi-depot vehicle routing problem[J]. Electronic Notes in Discrete Mathematic, 2018,66:167-174.

[46] KUO Y, WANG C C. A variable neighborhood search for the multi-depot vehicle routing problem with loading cost[J]. Expert Systems with Applications, 2012, 39(8):6949-6954.

# 第5章

# 派单模式下众包配送订单的
# 优化调度

本章研究派单模式下众包配送订单优化调度问题，其目标是在满足订单时间窗约束及骑手最大接单量约束的条件下，最小化配送路线的总距离。派单模式下众包配送订单优化调度问题可以看作订单分配问题和骑手路径规划问题的组合。针对订单分配，本章介绍 4 种求解算法：HA、VNS算法、SA 算法和 GA。基于订单分配的结果，可以对每个骑手的配送路线进行路径规划。骑手路径规划问题可以看作具有时间约束的旅行商问题，尽管旅行商问题是一个 NP-Hard 问题，但由于每个骑手的单次最大接单量一般不会很大，加之存在时间窗的约束，其搜索空间规模大大缩小，因此，可以采用 BBM 对每个骑手的配送路线进行路径规划。为了验证所提出的算法的性能，本章设计了 20 个测试实例，实验结果表明，利用 VNS 算法进行订单分配的求解质量明显优于其他 3 种算法。

## 5.1　概述

随着基于互联网的电子商务和 O2O 商业模式的飞速发展，人们对物流配送的时效性要求越来越高，传统的物流配送由物流公司的专职快递人员来完成，这种配送方式难以及时响应众多消费者的服务需求[1-2]。为了解决当前物流配送资源不足的情况，出现了众包配送模式。众包配送把原来由物流公司的专职快递人员所承担的配送任务转交给企业外的大众群体使他们以自由、自愿的形式来完成，这种配送模式可以有效地整合社会的闲置资源，缓解末端配送压力，对解决"最后一公里"的配送问题起到了巨大的作用[3-5]。目前，已经出现了许多众包配送服务提供商，例如亚马逊、Uber、京东众包、美团配送等。

众包配送服务主要涉及 4 类参与者：服务提供商、发货方、客户和自由快递人（也称为骑手）。服务提供商负责构建众包配送平台，该平台整合发货方、客户和骑手等各方资源，是城市众包配送服务的核心。发货方在平台上提交配送订单，平台将配送订单与可用的骑手进行匹配，并将配送订单分配给最合适的骑手执行，骑手接收配送订单后先到发货地点取货，然后将货物送到指定的客户地点，客户接收货物后可以通过平台对骑手的服务进行质量评价。众包配送平台的主要功能包括参与者注册、资质认证、订单分配、路径规划、配送监控、质量评价等，本章主要研究众包配送订单优化分配策略和相应的路径规划方法。

众包配送订单的分配主要有两种模式：抢单模式和派单模式。抢单模式是骑手主动选择众包配送平台所发布的订单来配送，而派单模式则是由众包配送平台根据一定的策略将订单推送给相应的骑手进行配送。在目前的众包配送平台中，这两种分配模式都存在，本章主要研究派单模式下众包配送订单优化调度问题。在派单模式下，众包配送订单调度是把某一时段内某个区域的一组订单配送任务分配给该区域内的合适骑手，并对每个骑手的取货和送货线路进行规划的过程，其目标是在满足每个订单的取货时间和送货时间约束条件下最小化众包配送路线的长度。

派单模式下众包配送订单优化调度问题（Crowdsourcing Delivery Order Optimization Scheduling Problem，CDOOSP）是订单分配问题和骑手路径规划问题的组合，在对问题建模时需要考虑以下几方面。

① 众包配送订单的任务点是成对存在的并且有顺序要求，每个订单都有一个起点、一个终点及相应的取货和送货时间约束，骑手必须先到达

订单的起点完成取货任务后，再到达订单的终点完成送货任务，因此，在对众包配送订单进行调度时需要考虑订单任务点成对存在和有配送顺序的特点。

② 初始时刻，骑手是分散在各处的，因此具有不同的起始位置，而骑手的起始位置将直接影响订单的取货时间和送货时间，进而影响众包配送的效率和客户体验，因此，在进行众包配送订单调度时需要考虑骑手的起始位置到订单起点的距离和行驶时间。

③ 在派单模式下，每次可以分配给一个骑手多个配送订单任务，由于每个订单都有起点、终点及相应的时间约束，因此，在进行配送路径规划时不能将取货路线和送货路线分开考虑，而需要同时对取货路线和送货路线进行组合优化。

④ 在派单模式下，众包配送订单调度的策略是在满足每个订单的取货时间和送货时间的约束条件下，使得所有骑手的总配送路线最短。配送路线的长度不仅会影响每个骑手的配送成本，还会影响每个订单的平均配送时间，进而影响众包配送平台的整体配送效率。

图 5-1 所示为派单模式下众包配送订单调度问题的实例，该实例中共有 6 个订单和 3 个骑手，假设每个骑手的最大接单量是 3，初始时刻骑手的初始位置如图 5-1 左图所示。众包配送平台根据每个骑手的初始位置、每个订单的起点和终点的位置，以及相应的时间约束，确定了图 5-1 右图所示的订单分配策略和路径规划方案。在该规划方案中，订单 1 和 3 分配给骑手 1 来配送，配送路径为 $1^+ \rightarrow 3^+ \rightarrow 3^- \rightarrow 1^-$，其表示骑手 1 先到订单 1 的起点取货，然后到订单 3 的起点取货，接下来到订单 3 的终点送货，最后到订单 1 的终点送货，在这里，符号"+"表示该点是订单的起点，符号"−"则表示该点是订单的终点；订单 5、2 和 6 分配给骑手 2 来配送，其配送路径为 $5^+ \rightarrow 5^- \rightarrow 2^+ \rightarrow 6^+ \rightarrow 6^- \rightarrow 2^-$；订单 4 分配给骑手 3 来配送，其配送路径为 $4^+ \rightarrow 4^-$。

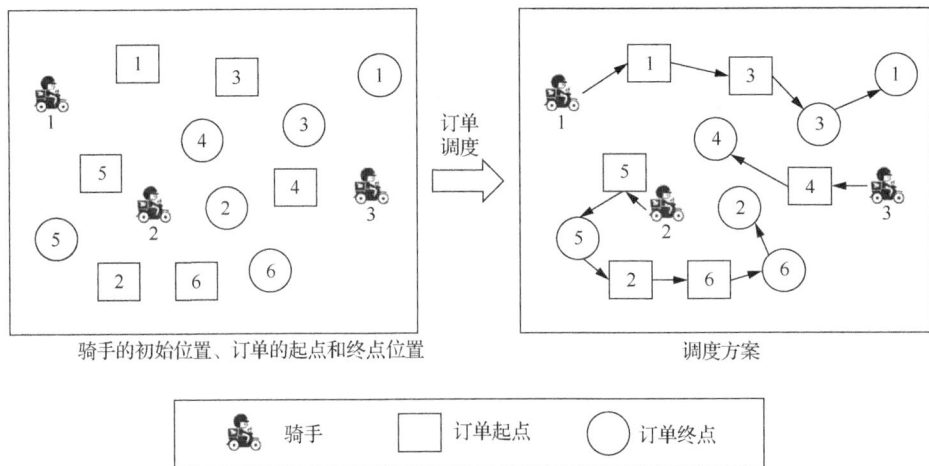

骑手的初始位置、订单的起点和终点位置　　　　调度方案

图 5-1　众包配送订单调度示意

派单模式下众包配送订单优化调度问题可以划分为两个子问题：订单分配与骑手路径规划。订单分配是确定配送每个订单的骑手，即建立订单与骑手之间的配送关系，基于订单分配的结果，可以对每个骑手的配送路线进行路径规划。对于订单分配，本书提出了 4 种算法：HA、VNS 算法、SA 算法和 GA。骑手路径规划问题采用 BBM 对每个骑手的配送路线进行规划。

## 5.2　相关工作

随着众包配送模式的兴起和大规模应用，众包配送订单优化调度问题已成为学术界的热点研究问题。针对末端配送的不同应用场景，目前已经提出了许多众包配送模式和相应的订单调度方法。

针对同城包裹的众包配送，Chen 等人提出一种使用已经在运送乘客的出租车来顺带运输包裹的众包模式[3]，提出一个称为 CrowdExpress 的概率框架用于提供准时快递包裹服务。CrowdExpress 包含两个阶段：第一个阶段为离线挖掘出租车的轨迹数据，以构建包裹运输网络；第二个阶段为开发一种在线出租车调度算法，以在实时乘客发送请求时自适应地发现具有最大准时到达率的路径，并指导包裹路由。该实验使用美国纽约市一个月内超过 19000 辆出租车产生的真实数据来评估该概率框架，结果表明，包裹按时送达的成功率超过 94%。

针对卡车在城市"最后一公里"配送中由于城市条例和地理条件（例如通行时间和单行道等因素）等方面的限制问题，Kafle 等人设计了一种基于众包的城市包裹传递系统[4]，该系统使用自行车和行人作为众包对象进行包裹"最后一公里"的配送。针对该应用场景，Kafle 等人提出一种基于众包的卡车运输商问题，该问题分解为具有软时间窗的赢家确定问题和同时取件与交货问题，采用基于禁忌搜索的算法对问题进行求解。与采用纯卡车配送相比，该系统可以降低行驶距离和总成本。Huang 等人将基于众包的卡车运输商问题建模为一个混合整数规划模型[5]，并提出一种 HA 以处理大规模问题，并取得较好的求解效果。

针对使用城市居民作为工人来进行"最后一公里"配送，Wang 等人提出了一个大规模移动人群众包任务分配模型[6]，将该模型形式化为一个网络最小费用流问题，并设计了剪枝策略来缩小网络规模，实验结果证明，该分配模型能够支持大规模移动众包任务的实时配送。Basik 等人提出了一种公平的众包配送任务分配策略[7]，该策略在最大化众包配送任务分配率的同时，考虑了对工人的公平性，引入一个两阶段分配模型，并设计了离线和在线版本的 F-Aware 算法进行验证，实验表明 F-Aware 算法能够为工人提供更公平的众包配送任务分配策略。

针对按需食品众包配送，Liu 等人利用空间众包构建一个称为 FooDNet 的食品众包配送网络[8]，同时提出了两种众包配送调度问题：O-OTOD 和 D-OTOD。对于 O-OTOD，食品被分配给载客的出租车，其优化目标是最小化被选择的出租车数量，以保持对参与配送司机的相对高激励；对于 D-OTOD，出租车专门运送食品而不带乘客，其目标是尽量使选定的出租车数量较少和总的配送距离较短，以降低成本。针对两类 OTOD 问题，Liu 等人提出一种包括构造算法和基于 SA 的自适应大邻域搜索算法的两阶段方法。实验结果表明所提出的配送网络可用于按需食品众包配送。Tu 等人提出一种包括订单收集、解决方案生成和顺序交付过程的在线动态优化框架[9]，并开发了一种结合自适应大邻域搜索和禁忌搜索方法的混合元启发式解决方案，以实时分配食品配送任务并生成高质量的配送路线，众包骑手在不同的食品供应商之间动态共享。结果表明，所提出的方法可以促进大规模的按需食品众包配送。

在线订单的当天送达正成为大型零售商不可或缺的服务。为了缓解自有配送资源的不足，Dayarian 和 Savelsbergh 提出一种新的众包配送模式[10]，该模式利用店内的消费者作为自有配送力量的补充，使其承担在回家途中提供在线订单的配送任务。他们还开发了两种滚动时域调度方法：一种是在决策时只考虑系统的状态，另一种是结合了未来在线订单和店内客户到达的概率信息。研究结果证明了利用众包配送进行当日达服务的好处和利用未来的概率信息的价值。

在线取餐与送餐是目前众包配送模式应用最多的领域。李雪妍针对派单模式下众包外卖的取餐与送餐问题，建立了相应的静态和动态模型，并采用 GA 对问题进行求解[11]。汪章月采用聚类算法对外卖订单进行分配，对分配后的每个骑手采用 GA 进行路径规划[12]。敬鹏程针对抢单模式下的外卖订单路径规划问题，建立基于城市路网的非对称时间窗口模型，并采用改进 GA 进行问题求解[13]。

众包配送订单优化调度问题与车辆路径问题具有较大的相似性，因此，许多学者为了对已有的 VRP 进行扩展使其满足众包配送的需求，提出了具有临时司机的 VRP 等。

Archetti 等人在 CVRP 的基础上提出了一种具有临时司机的车辆路径问题（Vechicle Routing Problem with Occasional Drivers，VRPOD）[14]，该问题假设一家公司不仅有一批自营的车辆和司机用于货物的配送，还可以使用离送货点较近的临时司机的车辆提供配送服务，这里的临时司机可以看作众包配送中的骑手，VRPOD 的目标是通过自营车辆和临时车辆的混合使用最小化总成本。针对 VRPOD，Archetti 等人设计了一种 HA，并与商业求解器 CPLEX 的求解结果进行了对比。在 VRPOD 的基础上，Archetti 等人又提出一种具有临时司机的在线车辆路径问题（Online Vechicle Routing Problem with Occasional Drivers，O-VRPOD）[15]，在该问题中，客户分为两类：静态客户和在线客户。静态客户的订单是在配送前提交的，而在线客户的订单是在配送过程中提交的，另外，每个客户的订单都有一个时间窗与之关联，违背时间窗将受到相应的惩罚。针对 O-VRPOD，Archetti 等人采用一种插入算法来评估每个客户请求，然后通过插入算法构造的解周期性传递给 VNS 算法。

Yu 等人提出一种具有同时取送货和临时司机的车辆路径问题（Vehicle Routing Problem with Simultaneous Pickup and Delivery and Occasional Drivers，VRPSPDOD）[16]，VRPSPDOD 可以看作在单车场 VRPSPD 的基础上融入众包配送的思想，其可以应用于产品退货场景。在 VRPSPDOD 中，除了有一组常规车辆可为客户提供送货和取货服务外，还有一组临时司机可用从他们的出发地出发为客户提供服务。VRPSPDOD 的目标是最小化常规车辆运输成本和支付给临时司机的报酬，Yu 等人采用 SA 算法对该问题进行求解。Dahle 等人在取送货和时间窗的车辆路径问题（Vehicle Routing Problem with Pickup and Delivery and Time Windows，VRPPDTW）的基础上提出了具有临时司机的 VRPPDTW，简称为 PDPTW-OD[17]，Dahle 等人研究了临时司机的补偿问题，提出了 3 种补偿方案。

综上分析可知，目前对众包配送订单调度的研究主要是针对特定应用场景下，如何更好地利用临时配送资源来补充常规配送资源的不足，以此来提高派单的效率和降低物流成本，而对派单模式下众包配送订单调度问题的研究比较少。尽管有些学者也提出了相应的调度方法，但是主要采用 GA 进行问题求解，且求解质量较差，很难满足实际应用场景的需求。

## 5.3 问题建模

派单模式下众包配送订单调度问题可以定义为给定一组众包配送订单的集合 $N=\{1, 2,\cdots, n\}$ 和一组骑手的集合 $K=\{1, 2,\cdots, m\}$，将 $N$ 中的每个订单分配给 $K$ 中的某个骑手进行配送，并对分配了订单的每个骑手的配送路径进行规划，其目标是在满足每个订单取货时间和送货时间的约束条件下最小化总的配送路线长度。

**定义 5.1** 设 $i \in N$ 为一个订单，$i^+$ 表示订单 $i$ 的起点，$i^-$ 表示订单 $i$ 的终点，$N^+=\{1^+, 2^+,\cdots, n^+\}$ 为 $N$ 中所有订单的起点集合，$N^-=\{1^-, 2^-,\cdots, n^-\}$ 为 $N$ 中所有订单的终点集合，$V=N^+\cup N^-$ 为 $N$ 中所有订单的位置集合。

**定义 5.2** 设 $i \in N$ 为一个订单，令 $t^s_{i^+}$ 为订单 $i$ 的起点 $i^+$ 的服务时间，即取货时间，$t^s_{i^-}$ 为订单 $i$ 的终点 $i^-$ 的服务时间，即送货时间，$\left[e_{i^+}, l_{i^+}\right]$ 为订单 $i$ 的起点 $i^+$ 的时间窗，$\left[e_{i^-}, l_{i^-}\right]$ 为订单 $i$ 的终点 $i^-$ 的时间窗，其中，$e_{i^+}$ 为订单 $i$ 的最早取货时刻，$l_{i^+}$ 为订单 $i$ 的最晚取货时刻，$e_{i^-}$ 为订单 $i$ 的最早送货时刻，$l_{i^-}$ 为订单 $i$ 的最晚送货时刻。

**定义 5.3** 设 $i \in N$ 为一个订单，令 $t_{i^+}$ 为骑手到达订单 $i$ 的起点 $i^+$ 的时刻，$t^w_{i^+}$ 为骑手在位置 $i^+$ 的等待时间，如果骑手在 $e_{i^+}$ 之前到达 $i^+$，则骑手在 $i^+$ 的等待时间为 $t^w_{i^+} = e_{i^+} - t_{i^+}$，如果骑手在 $\left[e_{i^+}, l_{i^+}\right]$ 到达 $i^+$，则骑手在 $i^+$ 的等待时间为 $t^w_{i^+} = 0$。

**定义 5.4** 设 $i \in N$ 为一个订单，令 $t_{i^-}$ 为骑手到达订单 $i$ 的终点 $i^-$ 的时刻，$t^w_{i^-}$ 为骑手在位置 $i^-$ 的等待时间，如果骑手在 $e_{i^-}$ 之前到达 $i^-$，则骑手在 $i^-$ 的等待时间为 $t^w_{i^-} = e_{i^-} - t_{i^-}$，如果骑手在 $\left[e_{i^-}, l_{i^-}\right]$ 到达 $i^-$，则骑手在 $i^-$ 的等待时间为 $t^w_{i^-} = 0$。

对于每个订单 $i \in N$，骑手必须先到达订单 $i$ 的起点 $i^+$ 取货，然后到达订单 $i$ 的终点 $i^-$ 送货，因此，有 $t_{i^+} < t_{i^-}$。另外，骑手到达订单 $i$ 的起点和终点的时刻不应超过其最晚取货时刻和最晚送货时刻，即，$t_{i^+} \leqslant l_{i^+}$，$t_{i^-} \leqslant l_{i^-}$。

**定义 5.5** 设 $k \in K$ 为一个骑手，令 $q_k$ 为 $k$ 的最大接单量，$v_k$ 为 $k$ 的平均

行驶速度，$k_o^+$ 表示骑手 $k$ 的起始位置，$k_o^-$ 表示骑手 $k$ 的终止位置；如果骑手 $k$ 没有被分配订单配送任务，则 $k_o^+ = k_o^-$，否则 $k_o^+ \neq k_o^-$；令 $K^+ = \{1_o^+, 2_o^+, \cdots, m_o^+\}$ 为 $K$ 中所有骑手的起始位置集合，$K^- = \{1_o^-, 2_o^-, \cdots, m_o^-\}$ 为 $K$ 中所有骑手的终止位置集合。

**定义 5.6**　设 $u \in V \cup K^+$ 和 $v \in V \cup K^-$ 为两个位置，$d_{u,v}$ 表示从位置 $u$ 到位置 $v$ 的最短距离，$t_{u,v}^k = \dfrac{d_{u,v}}{v_k}$ 为骑手 $k$ 从位置 $u$ 到位置 $v$ 的行驶时间，如果 $u = v$，则 $d_{u,v} = 0$、$t_{u,v}^k = 0$。

每个骑手 $k \in K$ 从起始位置 $k_o^+$ 出发，按照一定的顺序经过其被分配的订单的起点和终点，最后到达终止位置 $k_o^-$。终止位置可以看作一个虚拟位置，任何其他位置到终止位置的距离都为 0。

可以采用如下两种决策变量来描述众包配送订单调度问题的解。

① $x_k^i \in \{0,1\}$ 表示订单 $i \in N$ 是否分配给骑手 $k \in K$ 来配送，如果订单 $i$ 分配给骑手 $k$ 进行配送，则 $x_k^i = 1$，否则 $x_k^i = 0$。每个订单只能分配给一个骑手配送，因此，如果 $\forall i \in N$，则 $\sum_{k \in K} x_k^i = 1$。分配给每个骑手的所有订单的数量不超过该骑手的最大接单量，因此，如果 $\forall k \in K$，则 $\sum_{i \in N} x_k^i \leqslant q_k$。

② $y_{u,v}^k \in \{0,1\}$ 表示骑手 $k$ 是否从位置 $u \in V \cup K^+$ 行驶到位置 $v \in V \cup K^-$，如果骑手 $k$ 从位置 $u$ 行驶到位置 $v$，则 $y_{u,v}^k = 1$，否则 $y_{u,v}^k = 0$。如果 $y_{u,v}^k = 1$，则称 $u$ 是 $v$ 的前驱位置，$v$ 是 $u$ 的后继位置。

除 $K^+$ 中的每个起始位置外，$V \cup K^-$ 中的每个位置只有一个前驱位置，除了 $K^-$ 中的每个终止位置外，$V \cup K^+$ 中的每个位置只有一个后继位置。对于骑手 $k \in K$，如果 $y_{k_o^+, k_o^-}^k = 1$，则表示骑手 $k$ 没有被分配到订单。

例如，对于图 5-1 所示的众包配送调度方案，$N = \{1, 2, 3, 4, 5, 6\}$，$K = \{1, 2, 3\}$，订单 1 和 3 分配给骑手 1 配送，订单 2、5 和 6 分配给骑手 2 配送，订单 4 分配给骑手 3 配送，因此，$x_1^1 = 1$，$x_1^3 = 1$，$x_1^i = 0\,(i = 2, 4, 5, 6)$；$x_2^2 = 1$，$x_2^5 = 1$，$x_2^6 = 1$，$x_2^i = 0\,(i = 1, 3, 4)$；$x_3^4 = 1$，$x_3^i = 0\,(i = 1, 2, 3, 5, 6)$。骑手 1 的配送路径为 $1^+ \to 3^+ \to 3^- \to 1^-$，因此，$y_{1_o^+, 1^+}^1 = 1$，$y_{1^+, 3^+}^1 = 1$，$y_{3^+, 3^-}^1 = 1$，$y_{3^-, 1^-}^1 = 1$，

$y_{1^-,1_o^1}^1 = 1$，对于 $\forall (u,v) \in E - E_1$，$y_{u,v}^1 = 0$，其中，$E = \{(u,v) | u \in V \cup K^+, v \in V \cup K^-\}$，$E_1 = \left\{ \left(1_o^+, 1^+\right), \left(1^+, 3^+\right), \left(3^+, 3^-\right), \left(3^-, 1^-\right), \left(1^-, 1_o^1\right) \right\}$。类似，根据骑手 2 和 3 的配送路径可以确定相应位置之间的前后继关系，限于篇幅此处不赘述。

CDOOSP 中涉及的主要符号及其含义如表 5-1 所示。

表 5-1　CDOOSP 中涉及的主要符号及其含义

| 符号 | 符号含义 |
|---|---|
| $N = \{1, 2, \cdots, n\}$ | 订单的集合 |
| $K = \{1, 2, \cdots, m\}$ | 骑手的集合 |
| $N^+ = \{1^+, 2^+, \cdots, n^+\}$ | 订单的起点集合 |
| $N^- = \{1^-, 2^-, \cdots, n^-\}$ | 订单的终点集合 |
| $V = N^+ \cup N^-$ | 订单的位置集合 |
| $t_{i^+}^s, t_{i^-}^s$ | 订单 $i$ 的取货时间和送货时间 |
| $\left[ e_{i^+}, l_{i^+} \right]$ | 订单 $i$ 的取货时间窗 |
| $\left[ e_{i^-}, l_{i^-} \right]$ | 订单 $i$ 的送货时间窗 |
| $t_{i^+}, t_{i^-}$ | 骑手到达订单 $i$ 的起点和终点的时刻 |
| $t_{i^+}^w, t_{i^-}^w$ | 骑手在订单 $i$ 的起点和终点的等待时间 |
| $q_k$ | 骑手 $k$ 的最大接单量 |
| $v_k$ | 骑手 $k$ 的平均行驶速度 |
| $k_o^+, k_o^-$ | 骑手 $k$ 的起始位置和终止位置 |
| $K^+ = \left\{ 1_o^+, 2_o^+, \cdots, m_o^+ \right\}$ | 所有骑手的起始位置集合 |
| $K^- = \left\{ 1_o^-, 2_o^-, \cdots, m_o^- \right\}$ | 所有骑手的终止位置集合 |
| $d_{u,v}$ | 从位置 $u$ 到位置 $v$ 的最短距离 |
| $t_{u,v}^k$ | 骑手 $k$ 从位置 $u$ 到位置 $v$ 的行驶时间 |
| $x_k^i \in \{0, 1\}$ | 订单 $i$ 是否分配给骑手 $k$ 来配送 |
| $y_{u,v}^k \in \{0, 1\}$ | 骑手 $k$ 是否从位置 $u$ 行驶到位置 $v$ |

　　派单模式下众包配送订单优化调度问题的目标是将每个订单分配给相应的骑手来配送，在满足订单时间窗约束以及骑手最大接单量约束的条件下，最小化配送路线的总距离，其形式化定义如式（5-1）～式（5-16）所示：

$$\min \sum_{k\in K} \sum_{u\in V\cup\{k_o^+\}} \sum_{v\in V\cup\{k_o^-\}} y_{u,v}^k \cdot d_{u,v} \qquad (5\text{-}1)$$

s.t.

$$\sum_{k\in K} x_k^i = 1 \qquad\qquad i\in N \qquad\qquad (5\text{-}2)$$

$$\sum_{i\in N} x_k^i \leqslant q_k \qquad\qquad k\in K \qquad\qquad (5\text{-}3)$$

$$\sum_{v\in N} y_{k_o^+,v}^k \leqslant 1 \qquad\qquad k\in K \qquad\qquad (5\text{-}4)$$

$$\sum_{v\in V\cup\{k_o^-\}} y_{k_o^+,v}^k = 1 \qquad\qquad k\in K \qquad\qquad (5\text{-}5)$$

$$\sum_{u\in V\cup\{k_o^+\}} y_{u,k_o^-}^k = 1 \qquad\qquad k\in K \qquad\qquad (5\text{-}6)$$

$$\sum_{u\in V\cup\{k_o^+\}} y_{u,j^+}^k = x_k^j \qquad\qquad j\in N;\ k\in K \qquad\qquad (5\text{-}7)$$

$$\sum_{u\in V\cup\{k_o^+\}} y_{u,j^-}^k = x_k^j \qquad\qquad j\in N;\ k\in K \qquad\qquad (5\text{-}8)$$

$$\sum_{v\in V\cup\{k_o^-\}} y_{i^+,v}^k = x_k^j \qquad\qquad i\in N;\ k\in K \qquad\qquad (5\text{-}9)$$

$$\sum_{v\in V\cup\{k_o^-\}} y_{i^-,v}^k = x_k^j \qquad\qquad i\in N;\ k\in K \qquad\qquad (5\text{-}10)$$

$$\sum_{v\in V} y_{i^+,v}^k = \sum_{v\in V} y_{v,i^-}^k \qquad\qquad i\in N;\ k\in K \qquad\qquad (5\text{-}11)$$

$$\sum_{k\in K} \sum_{u\in V\cup\{k_o^+\}} \left(t_u + t_u^w + t_u^s + t_{u,v}^k\right) y_{y,v}^k = t_v \qquad v\in V \qquad (5\text{-}12)$$

$$t_v \leqslant l_v \qquad\qquad v\in V \qquad\qquad (5\text{-}13)$$

$$t_{i^+} < t_{i^-} \qquad\qquad i\in N \qquad\qquad (5\text{-}14)$$

$$x_k^i \in \{0,1\} \qquad\qquad i\in N;\ k\in K \qquad\qquad (5\text{-}15)$$

$$y_{u,v}^k \in \{0,1\} \qquad\qquad u\in V\cup K^+;\ v\in V\cup K^-;\ k\in K \qquad (5\text{-}16)$$

　　在上述模型中，式（5-1）定义了问题的目标函数，表示最小化所有骑手的配送线路的总距离；式（5-2）～式（5-14）是对问题约束条件的定义；式（5-15）和式（5-16）是对问题决策变量的定义。

该模型中每个约束条件的含义如下：式（5-2）表示每个订单只能分配给一个骑手，不存在没有被分配的订单；式（5-3）表示分配给每个骑手的所有订单的数量不超过该骑手的最大接单量；式（5-4）表示骑手不一定会被分配到订单；式（5-5）表示每个骑手的起始位置只有一个后继位置，式（5-6）表示每个骑手的终止位置只有一个前驱位置，如果 $y_{k_o^+,k_o^-}^k=1$，表示骑手 $k$ 没有被分配任何订单；式（5-7）和式（5-8）表示每个订单的起始位置和终止位置都有一个前驱位置；式（5-9）和式（5-10）表示每个订单的起点和终点都有一个后继位置；式（5-11）表示每个骑手一定到达分配给其的每个订单的起点和终点；式（5-12）表示对于每个订单，骑手到达该订单的起始位置和终止位置的时刻等于其到达前驱位置的时刻加上在前驱位置的等待时间和服务时间，再加上从前驱位置行驶到终止位置的时间；式（5-13）表示对于每个订单，骑手到达该订单的起始位置和终止位置的时刻不应超过其最晚取货时刻（ $v\in N^+$ ）和最晚送货时刻（ $v\in N^-$ ）；式（5-14）表示对于每个订单，骑手应先到达该订单的起点取货，然后到达该订单的终点送货。

## 5.4 解的编码

派单模式下众包配送订单优化调度问题的一个解可以表示为 $x=(A, P)$ 。其中，$A=(a_1, a_2,\cdots, a_n)$ 为订单的分配方案，$a_i\in K$ 表示订单 $i\in N$ 被分配的骑手，令 $A_k=\{i|a_i=k\}$ 表示分配给骑 $k\in K$ 的订单集合，如果 $A_k$ 为空集，则表示骑手 $k$ 没有被分配订单。$P=\{P_1, P_2,\cdots, P_m\}$ 为所有骑手的配送路线，$P_k=\left(p_{k,1}, p_{k,2},\cdots, p_{k,2|A_k|}\right)$ 表示骑手 $k\in K$ 的配送路线，其中，$p_{k,j}\in A_k$ 为骑手 $k$ 经过的第 $j$ 个位置（订单的起点或终点），$P_k$ 可以看作多重集 $A_k'=\{2\cdot i|a_i=k\}$ 的一个全排列，$A_k'$ 表示 $A_k$ 中每个元素都出现两次的多重集，因此，$|A_k'|=2|A_k|$ 。在 $P_k$ 中，由于 $A_k$ 中的每个订单都出现两次，因此可以规定排在前面的为订

单起点，排在后面的为订单终点。如果一个骑手没有被分配任何订单，则该
骑手所对应的配送路线为空。

例如，图 5-1 中的调度方案可表示为 $x=(A, P)$，解的编码示意如图 5-2
所示。$A=(1, 2, 1, 3, 2, 2)$ 为订单分配方案，即 $a_1=1$、$a_2=2$、$a_3=1$、$a_4=3$、$a_5=2$、
$a_6=2$，其表示订单 1 和 3 分配给骑手 1，订单 2、5 和 6 分配给骑手 2，订单
4 分配给骑手 3，因此，分配骑手 1 的订单集合为 $A_1=\{1, 3\}$，分配给骑手 2
的订单集合为 $A_2=\{2, 5, 6\}$，分配给骑手 3 的订单集合为 $A_3=\{4\}$。$P=\{P_1, P_2, P_3\}$
为所有骑手的配送路线，$P_1=(1, 3, 3, 1)$ 为骑手 1 的配送路线，其表示骑手 1
先到订单 1 的起点取货，然后到订单 3 的起点取货，接下来到订单 3 的终
点送货，最后到订单 1 的终点送货；$P_2=(5, 5, 2, 6, 6, 2)$ 为骑手 2 的配送路线，
其表示骑手 2 先到订单 5 的起点取货，然后到订单 5 的终点送货，接下来
依次到订单 2 和订单 6 的起点取货，最后依次到订单 6 和订单 2 的终点送
货；$P_3=(4, 4)$ 为骑手 3 的配送路线，其表示先到订单 4 的起点取货，然后到
订单 4 的终点送货。

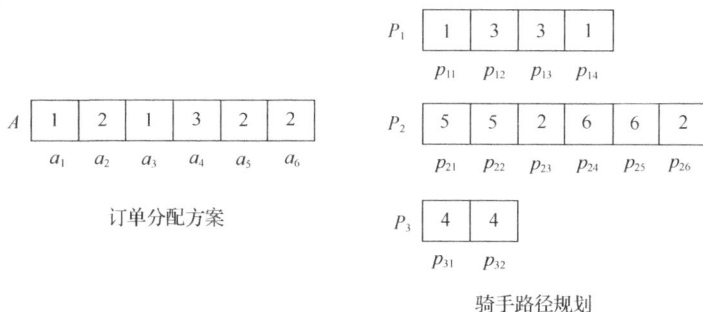

图 5-2  解的编码示意

## 5.5  众包配送路径规划

本节介绍当订单分配方案确定后，如何为每个骑手所分配的订单进行路
径规划，该问题可以看作具有时间约束的旅行商问题。尽管旅行商问题是

NP-Hard 问题，但由于骑手的最大接单量一般不会很大，加之订单时间窗的约束大大缩减了搜索空间的范围，因此，可以采用 BBM 对骑手所分配的订单进行路径规划。BBM 是一种精确求解方法，该方法以广度优先的方式搜索配送路线解空间树，在搜索解空间树的过程中，采用最小堆来存储活动节点表，每个活动节点只有一次机会成为扩展节点，活动节点一旦成为扩展节点，就一次性产生其所有子节点。在这些子节点中，存在不可行解或存在非最优解的子节点被舍弃，然后从活动节点表中选择下一个节点作为当前扩展节点，重复上述过程，直到找到所需的解或活动节点表为空时为止。

### 5.5.1 堆

在 BBM 中，从活动节点表中选择下一个扩展节点主要有两种方式：队列式 BBM 和优先队列式 BBM。队列式 BBM 将活动节点表组织成一个队列，并按照队列的先进先出（First In First Out，FIFO）原则选取下一个节点作为扩展节点。优先队列式 BBM 将活动节点表组织成优先队列，并按照优先队列中规定的优先级选取优先级最高的节点作为当前扩展节点。由于众包配送路径规划问题的目标是最小化配送距离，因此，可以采用最小堆来实现优先队列，用最小堆的删除最小值（DeleteMin）运算抽取堆中的根节点使其成为当前扩展节点，这体现了最小费用优先的原则。

堆是一种特殊的完全二叉树结构，在完全二叉树的基础上，它的每个节点都满足堆的特性：如果 $v$ 和 $p(v)$ 分别是节点和它的父节点，那么存储在 $p(v)$ 中的数据项键值不大于或不小于存储在 $v$ 中数据项键值。如果存储在 $p(v)$ 中的数据项键值不大于存储在其子节点 $v$ 中的数据项的键值，则称该堆为最小堆或小根堆；反之，如果存储在 $p(v)$ 中的数据项键值不小于存储在其子节点 $v$ 中的数据项键值，则称该堆为最大堆或大根堆。这里主要以最小堆为例介绍堆的性质和运算。

一个包含 $n$ 个节点的最小堆 $T$（一棵完全二叉树）可以由一个线性表 $H(0,\cdots,n-1)$ 用下面的方式来表示。

- $T$ 的根节点存储在 $H(0)$ 中。

- 假设 $T$ 的节点 $v$ 存储在 $H(i)$ 中，如果它有左子节点，那么这个子节点存储在 $H(2i+1)$ 中，如果它也有右子节点，那么这个子节点存储在 $H(2i+2)$ 中。

- 假设 $T$ 的非根节点 $v$ 存储在 $H(i)$ 中，那么它的父节点 $p(v)$ 存储在 $H(\lfloor (i-1)/2 \rfloor)$ 中。

- 令 $H(i).key$ 表示存储在 $H(i)$ 中节点的数据项键值，对于 $\forall i: 1 \leqslant i \leqslant n-1$，$H(\lfloor (i-1)/2 \rfloor).key \leqslant L(i).key$。

图 5-3 所示是一个分别用二叉树和线性表来表示的最小堆的存储结构示意。为了简化这张图，我们把存储在堆中的数据项键值看作数据项本身。该图一共包含 10 个节点，$H(0)$ 存储的是这个最小堆的根节点，其数据项键值为 3，$H(1)$ 和 $H(2)$ 分别存储根节点的左子节点和右子节点，它们的数据项键值分别为 4 和 7，都大于父节点的数据项键值 3。类似，$H(3)$ 和 $H(4)$ 分别存储 $H(1)$ 的左子节点和右子节点，它们的数据项键值分别为 10 和 11（大于 4）；$H(5)$ 和 $H(6)$ 分别存储 $H(2)$ 的左子节点和右子节点，它们的数据项键值分别为 8 和 13（大于 7）；$H(7)$ 和 $H(8)$ 分别存储 $H(3)$ 的左子节点和右子节点，它们的数据项键值分别为 17 和 30（大于 10）；$H(9)$ 存储 $H(4)$ 的左子节点，它的数据项键值为 26（大于 11）。

堆的两个重要运算是上移操作（Sift-up）和下移操作（Sift-down），下面介绍这两个运算的思想和过程。

（1）Sift-up

假定对于某个 $i > 0$，$L(i)$ 的键值变成小于它父节点 $H(\lfloor (i-1)/2 \rfloor)$ 的键值，这样就违反了最小堆的特性，那么这种数据结构就不再是最小堆了。如果要修复最小堆的特性，则需要使用 Sift-up 运算把新的节点上移到二叉树的合适位置上，这样最小堆的特性就修复了。Sift-up 运算沿着从 $H(i)$ 到根节点的唯一一条路径，把 $H(i)$ 移到适合它的位置上，沿着路径的每一步，都将 $H(i)$ 的键值和它的父节点 $H(\lfloor (i-1)/2 \rfloor)$ 的键值相比较。Sift-up 运算过程如算法 5-1 所示。

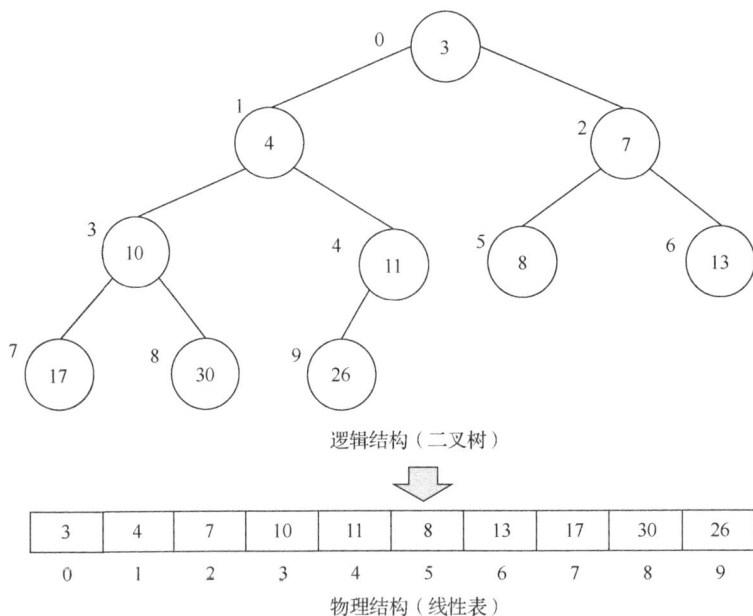

逻辑结构（二叉树）

| 3 | 4 | 7 | 10 | 11 | 8 | 13 | 17 | 30 | 26 |
|---|---|---|----|----|---|----|----|----|----|
| 0 | 1 | 2 | 3  | 4  | 5 | 6  | 7  | 8  | 9  |

物理结构（线性表）

图 5-3　最小堆的存储结构示意

---

算法 5-1：Sift-up($H, i$)

1　flag←**false**;

2　**if** $i=0$ **then return**;

3　**repeat**

4　　　**if** $H(i).\text{key} < H(\lfloor (i-1)/2 \rfloor).\text{key}$ **then**

5　　　　　$H(i) \leftrightarrow H(\lfloor (i-1)/2 \rfloor)$；　//交换节点

6　　　**else**

7　　　　　flag ←**true**;

8　　　**end if**

9　　　$i \leftarrow \lfloor i/2 \rfloor$；

10　**until** $i=0$ **or** flag;

---

假定图 5-3 中存储在 $H(9)$ 中的键值从 26 变成 2，由于现在的键值 2 比它的父节点 $H(4)$ 的键值 11 小，违反了最小堆的特性。为了修复最小堆的特性，

我们从 $H(9)$ 处开始对二叉树进行 Sift-up 运算，如图 5-4 所示，2 被上移到根节点 $H(0)$ 处，同时，3 被交换到 $H(1)$ 处，4 被交换到 $H(4)$ 处，11 被交换到 $H(9)$ 处。

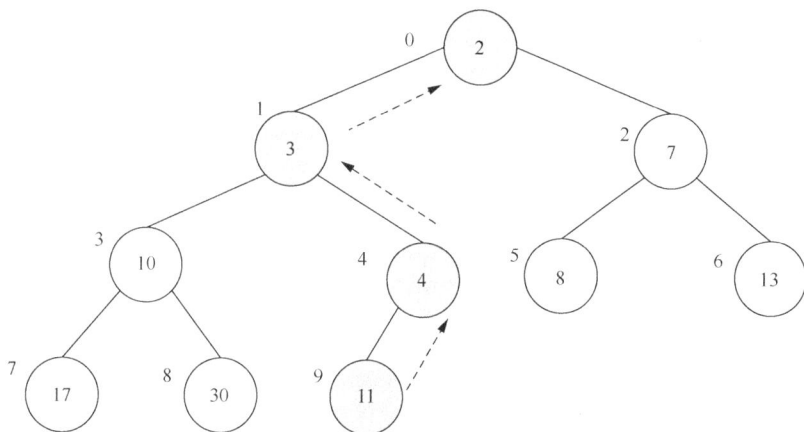

图 5-4　Sift-up 运算示例

（2）Sift-down

假定 $i \leq \lfloor (i-1)/2 \rfloor$，存储在 $H(i)$ 中的键值变成大于 $H(2i+1)$ 和 $H(2i+2)$ 的键值，就违反了最小堆的特性，该二叉树就不是一个堆了。如果要修复最小堆的特性，需要用 Sift-down 运算使存储在 $H(i)$ 中的节点下移到二叉树中的合适位置上，沿着这条路径的每一步，都把 $H(i)$ 的键值和它的子节点中两个键值更小的那个进行比较，直到满足最小堆特性为止。Sift-down 运算过程如算法 5-2 所示。

---

**算法 5-2**：Sift-down($H,i$)

1　　flag←**false**;

2　　$n$←$H$.length;

3　　**if** $2i$>$n$-1 **then return**;

4　　**repeat**

5　　　　$i$←$2i+1$;

---

6    **if** $i+1 \leqslant n-1$ **and** $H(i+1).key < H(i).key$ **then** $i \leftarrow i+1$;

7    **if** $H(\lfloor (i-1)/2 \rfloor).key > H(i).key$ **then**

8          $H(i) \leftrightarrow H(\lfloor (i-1)/2 \rfloor)$;   //交换节点

9    **else**

10          flag $\leftarrow$ **true**;

11    **end if**

12    **until** $2i > n-1$ **or** flag;

假定将图 5-4 所示的堆中存储在 $H(1)$ 中的键值从 3 变成 15，因为新的键值 15 比它的两个子节点键值更小的值 4 大，违反了最小堆的特性。为了恢复最小堆的特性，我们从存储 15 的节点 $H(1)$ 处开始进行 Sift-down 运算，如图 5-5 所示，15 被下移到 $H(9)$ 处，同时，4 被交换到 $H(1)$ 处，11 被交换到 $H(4)$ 处。

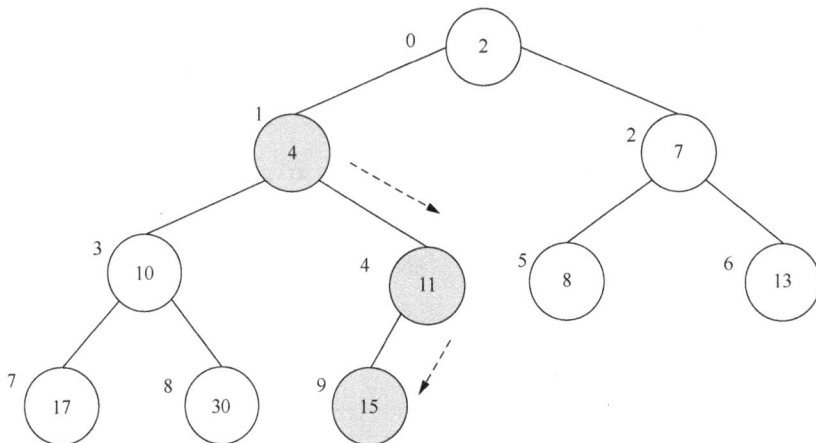

图 5-5　Sift-down 运算示例

基于 Sift-up 和 Sift-down，可以实现堆的 3 个主要运算：插入节点（Insert）、删除节点（Delete）和删除最小值节点（DeleteMin）。

插入节点：为了把节点 $v$ 插入堆 $H$ 中，要先将堆的大小加 1，然后将 $v$ 添加到 $H$ 的末尾，再根据需要将 $v$ 上移，直到满足最小堆的特性为止。插入节点运算的过程如算法 5-3 所示。

---

**算法 5-3**：Insert($H,v$)

| 1 | $n \leftarrow H.length+1$; |
|---|---|
| 2 | $H(n-1) \leftarrow v$; |
| 3 | Sift-up($H, n-1$); |

---

在上述算法中，$H.length$ 表示线性表 $H$ 当前的大小，$H(n-1) \leftarrow v$ 表示将节点 $v$ 加入线性表 $H$ 的第 $n-1$ 个位置处。

假定在图 5-5 所示的堆中插入键值为 7 的新节点，则要先将堆的大小加 1 变为 11，然后将新节点添加到堆的末尾 $H(10)$ 处，接下来运用 Sift-up 运算将 7 上移到 $H(4)$ 处，同时将 11 交换到 $H(10)$ 处，该过程如图 5-6 所示。

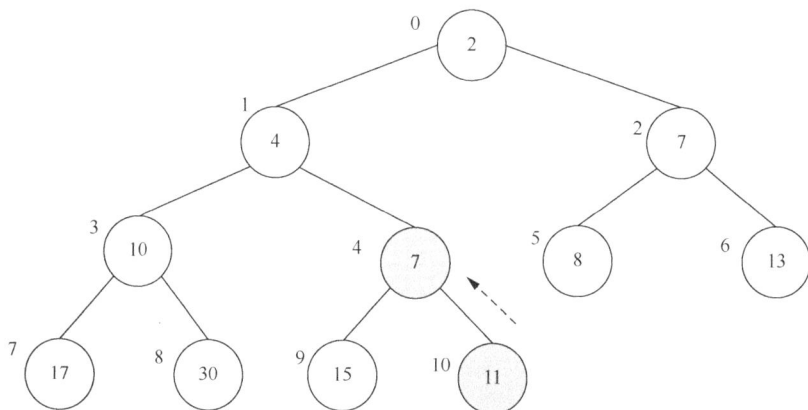

图 5-6　插入节点运算示例

删除节点：要从大小为 $n$ 的堆中删除节点 $H(i)$，要先用最后一个节点 $H(n-1)$ 替换节点 $H(i)$，然后删除 $H(n-1)$ 中的节点，接下来根据 $H(i)$ 中节点的键值与其父节点和子节点键值的大小关系，对 $H(i)$ 进行 Sift-up 运算或 Sift-down 运算，直到满足最小堆的特性为止。删除节点运算的过程如算法 5-4 所示。

**算法 5-4**：Delete($H$, $i$)

1    $n \leftarrow H.length$;

2    $x \leftarrow L(i)$; $y \leftarrow L(n-1)$;

3    remove($H$, $n-1$);

4    **if** $i=n-1$ **then return**;

5    $H(i) \leftarrow y$;

6    **if** $y.key \geqslant x.key$ **then**

7        Sift-down($H$, $i$);

8    **else**

9        Sift-up($H$, $i$);

10   **end if**

在上述算法中，remove($H$, $n-1$)表示将位于线性表 $H$ 的第 $n-1$ 个位置的节点移走，此时线性表的长度减 1。

删除最小值节点：删除最小值节点运算是在一个非空堆中删除并返回最小键值的节点。在一个最小堆中，树的根节点的键值是最小的，因此，删除最小值节点运算需要删除树的根节点。然而删除根节点会破坏这个堆，因此，还要进行堆的修复工作直到满足最小堆的特性为止。删除最小值节点运算的过程如算法 5-5 所示。

**算法 5-5**：DeleteMin($H$)

1    $n \leftarrow H.length$;

2    **if** $n=0$ **then return null**;

3    $v \leftarrow H(0)$;

4    Delete($H$,0);

5    **return** $v$;

假定在图 5-6 所示的堆中删除最小值节点，由于 $H$ 的大小为 11，因此将根节点保存到 $v$ 中，调用 Delete($H$,0)运算删除根节点。首先交换根节点 $H(0)$

和最后一个节点 $H(10)$，交换后新的根节点的键值变为 11。然后将最后一个节点从 $H$ 中删除，此时堆的大小变为 10，如图 5-7（a）所示。由于新的根节点的键值 11 大于原根节点的键值 2，接下来进行 Sift-down 运算将 11 下移到 $H(4)$ 处，同时将 4 交换到 $H(0)$ 处，将 7 交换到 $H(1)$ 处，如图 5-7（b）所示，最后返回节点 $v$。

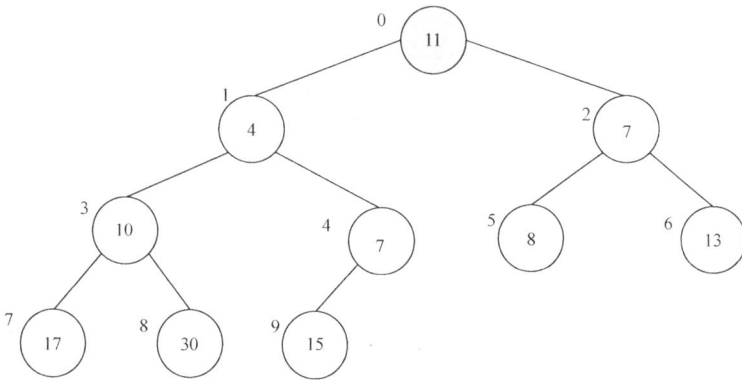

（a）交换 $H(0)$ 和 $H(10)$，删除 $H(10)$

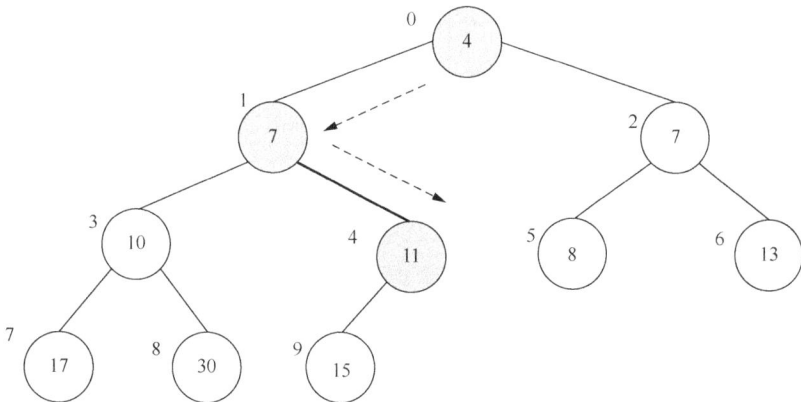

（b）Sift-down 运算过程

图 5-7　删除最小值节点运算示例

### 5.5.2 基于 BBM 的众包配送路径规划

分支限界法以广度优先的方式搜索问题的解空间树，众包配送路径规划问题的解空间树是一棵排列树，排列树中的每个节点存储搜索过程中的一些重要信息，主要包括节点在排列树中的层次、从根节点到该节点的路径、当前费用和子树费用下界等。由于众包配送路径规划问题的目标是寻找距离最短的配送路线，所以可以采用一个最小堆存储活节点优先队列。

设 $k \in K$ 为一个骑手， $A_k = \{i_{k,1}, i_{k,2}, \cdots, i_{k,n_k}\}$ 为分配给骑手 $k$ 的订单集合， $n_k$ 为分配给骑手 $k$ 的订单数量， $i_{k,j} \in N$ 为分配给骑手 $k$ 的第 $j$ （ $j=1,2,\cdots,n_k$ ）个订单， $A_k$ 中的每个订单 $i_{k,j}$ 都包含一个起点 $i_{k,j}^+$ 和一个终点 $i_{k,j}^-$ ，如果将骑手 $k$ 的初始位置 $k_o^+$ 也看作一个顶点，则骑手 $k$ 进行配送所经过的顶点数量为 $2n_k+1$ ，令 $V_k = \left\{ k_o^+, i_{k,1}^+, \cdots, i_{k,n_k}^+, i_{k,1}^-, \cdots, i_{k,n_k}^- \right\}$ 为骑手 $k$ 进行配送需经过的顶点集合。

为了方便利用 BBM 进行路径规划，我们需要将 $V_k$ 中的每个顶点从 0 到 $2n_k$ 进行重新编号，其中， $k_o^+$ 被编号为 0， $i_{k,1}^+$ 被编号为 1，$\cdots$， $i_{k,n_k}^+$ 被编号为 $n_k$ ， $i_{k,1}^-$ 被编号为 $n_k+1$，$\cdots$， $i_{k,n_k}^-$ 被编号为 $2n_k$ ，令 $I_k = \{0,1,\cdots,2n_k\}$ 为顶点编号的集合， $\rho_k$ 为从 $V_k$ 到 $I_k$ 的映射函数，其中， $\rho_k(k_o^+)=0$ ， $\rho_k(i_{k,j}^+)=j$ ， $\rho_k(i_{k,j}^-)=n_k+j$ ， $j=\{1,2,\cdots,n_k\}$ 。由于 $\rho_k$ 是从 $V_k$ 到 $I_k$ 一一对应的映射函数，所以 $\rho_k$ 存在逆函数。令 $\rho_k^-$ 为 $\rho_k$ 的逆函数，因此， $\rho_k^-(0)=k_o^+$ ，对于 $\forall j: 1,\cdots,n_k$ ， $\rho_k^-(j)=i_{k,j}^+$ ，对于 $\forall j: n_k+1,\cdots,2n_k$ ， $\rho_k^-(j)=i_{k,j}^-$ 。

经过从 $V_k$ 到 $I_k$ 映射后，接下来就可以利用 BBM 对 $I_k = \{0,1,\cdots,2n_k\}$ 中的顶点进行路径规划，其中，0 为起点。与旅行商问题不同，众包配送路径规划问题不需要回到起点，另外，在每个顶点处都有最早开始时间和最晚开始时间约束，同时要求每个订单的起点一定要排在该订单的终点前面。当利用 BBM 确定 $I_k$ 中顶点的一条最优路径后，可以利用函数 $\rho_k^-$ 将该路径转换为 $V_k$ 中顶点的一个路径，从而就可以确定骑手 $k$ 的一条配送路线 $P_k$ 。

采用 BBM 进行路径规划需要输入的参数如下。

$I_k=\{0, 1, \cdots, 2n_k\}$：骑手 $k$ 经过的顶点集合，0 为初始顶点。

$d[i][j]$：从顶点 $i\in I_k$ 到顶点 $j\in I_k$ 的距离，由于每个顶点只经过一次，所以规定，对于 $\forall i:I_k$，$d[i][i]=\infty$，由于从初始顶点必须先到达取货点，所以，对于 $\forall j:n_k+1,\cdots, 2n_k$，$d[0][j]=\infty$。

$t[i][j]$：骑手从顶点 $i\in I_k$ 到 $j\in I_k$ 的行驶时间，对于 $\forall i:I_k$，$t[i][i]=\infty$，对于 $\forall j:n_k+1,\cdots, 2n_k$，$t[0][j]=\infty$。

$t_e[i]$：顶点 $i\in I_k$ 的最早开始时间，$t_e[0]=0$。

$t_l[i]$：顶点 $i\in I_k$ 的最晚开始时间，$t_l[0]=0$。

$t_s[i]$：顶点 $i\in I_k$ 的服务时间，$t_s[0]=0$。

$p[0,\cdots,2n_k]$：初始路径，$\forall i:I_k$，$p[i]=i$。

令 $v=(p, s, ct, cc, rc, lc)$ 表示解空间树中的一个节点，$p$ 为从顶点 0 开始的一条路径，$s$ 表示该节点在解空间树中的层次，从根节点到该节点的路径为 $p[0]\to p[1]\to\cdots\to p[s]$，需要进一步搜索的顶点是 $p[s+1],\cdots, p[2n_k]$，$ct$ 为当前时间，$cc$ 为当前费用，$rc$ 是 $p[s+1],\cdots, p[2n_k]$ 中每个顶点最小入边之和，$lc=cc+rc$ 是子树费用下界，也是该节点的键值。

BBM 用一个最小堆表示活节点表的优先队列，堆中每个节点的 $lc$ 值是该节点在优先队列中的优先级，初始时堆为空。BBM 从根节点开始搜索解空间树，在根节点中，对于 $\forall i:I_k$，$p[i]=i$，$s=0$，$cc=0$，$rc=\sum_{j=1}^{2n_k}\min_{i\in I_k} d[i][j]$，$lc=rc$。在搜索解空间树的过程中，对于每个扩展节点，除了判断其在解空间树中的层次，还要判断其是否满足订单的取送货顺序（取货点在送货点前面）以及顶点的最晚开始时间约束，算法用 bestc 记录当前的最优值，搜索的终止条件是当前扩展节点为 null，算法的伪代码如算法 5-6 所示。

---

算法 5-6：BBRouting($I_k, d, t, t_s, t_e, t_l, p$)

---

1　$l\leftarrow |I_k|-1$；

2　$rc\leftarrow \sum_{j=1}^{l}\min_{i\in I_k} d[i][j]$；

3　$H\leftarrow$ MakeHeap()；　//创建最小堆

---

4    $v \leftarrow (p, 0, 0, 0, rc, rc)$;   //创建根节点（初始扩展节点）

5    $bestc \leftarrow \infty$;   //初始最小费用

6    **while** $v \neq$ null **do**

7        $p \leftarrow v.p$; //当前扩展节点的路径

8        **if** $v.s = l-1$ **then**

9            **if** $d[p[l-1]][p[l]] = \infty$ **then break**;

10            $cc \leftarrow v.cc + d[p[l-1]][p[l]]$;

11            $ct \leftarrow v.ct + t[p[l-1]][p[l]]$;

12            **if** $cc < bestc$ **and** $ct \leqslant t_1[p[l]]$   **then**

13                $bestc \leftarrow cc$; //更新当前最小费用

14                $rc \leftarrow 0$; $lc \leftarrow cc$;

15                **if** $ct < t_e[p[l]]$ **then** $ct \leftarrow t_e[p[l]] + t_s[p[l]]$; **else** $ct \leftarrow ct + t_s[p[l]]$;

16                $v' \leftarrow (v.s+1, p, ct, cc, rc, lc)$; //创建子节点

17                Insert$(H, v')$; //将新节点插入最小堆中

18            **end if**

19        **else**

20            **for** $j \leftarrow v.s+1$ **to** $l$

21                **if** $d[p[v.s]][p[j]] = \infty$ **or** !seqCons$(v.p, v.s, l, j)$ **then break**;

22                $cc \leftarrow v.cc + d[p[v.s]][p[j]]$;

23                $rc \leftarrow v.rc - \min_{i \in I_k} d[i][p[v.s]]$

24                $lc \leftarrow cc + rc$;

25                $ct \leftarrow v.ct + t[p[v.s]][p[j]]$;

26                **if** $lc < bestc$ **and** $ct \leqslant t_1[p[j]]$ **then**

27                    **if** $ct < t_e[p[j]]$ **then** $ct \leftarrow t_e[p[j]] + t_s[p[j]]$; **else** $ct \leftarrow ct + t_s[p[j]]$;

28                    **for** $i \leftarrow 0$ **to** $l$

29                      $p'[i] \leftarrow p[i]$;

30                  **end for**

| 31 | $p'[v.s+1] \leftarrow p[j]$; |
| 32 | $p'[j] \leftarrow p[v.s+1]$; |
| 33 | $v' \leftarrow (v.s+1, p', ct, cc, rc, lc)$; //创建非子节点 |
| 34 | Insert($H, v'$); //将新节点插入最小堆中 |
| 35 | **end if** |
| 36 | **end for** |
| 37 | **end if** |
| 38 | $v \leftarrow$ DeleteMin($H$); //获取当前扩展节点 |
| 39 | **end while** |
| 40 | **return** bestc; |

在算法 5-6 中，while 循环体对解空间树搜索，其终止条件是当前扩展节点为 null，即最小堆为空。对于当前扩展节点，可以分为两种情况来处理。

一种情况是当前扩展节点 $v$ 是解空间树中某个子节点的父节点，即 $v.s=l-1$。如果 $p[v.s]$ 到 $p[l]$ 存在可行边，则计算到从顶点 $p[0]$ 到 $p[l]$ 的费用 $cc$ 和时间 $ct$，如果 $cc$ 小于当前最小费用 bestc 并且 $ct$ 不大于顶点 $p[l]$ 的最晚开始时间 $t_l[p[l]]$，则用 $cc$ 替换当前最小费用 bestc，创建新节点 $v'$并将其加入最小堆中。新节点 $v'$的当前费用为 bestc，如果 $ct$ 小于顶点 $p[l]$ 的最晚开始时间 $t_e[p[l]]$，则新节点 $v'$的当前时间为 $t_e[p[j]]+t_s[p[j]]$，否则，新节点 $v'$的当前时间为 $ct+t_s[p[j]]$。

另一种情况是 $v.s<l-1$，这时需要依次创建当前扩展节点 $v$ 的所有可行子节点。由于当前扩展节点所对应的路径是 $p[0] \rightarrow \cdots \rightarrow p[s]$，所以可行子节点是从剩余顶点 $p[s+1],\cdots,p[l]$ 中选择。对于每个顶点 $p[j]$，$j=s+1,\cdots,l$，首先判断从 $p[v.s]$ 到 $p[j]$ 是否存在可行边及加入顶点 $p[j]$ 后的路径是否满足取送货顺序约束（判断规则见算法 5-7），如果满足这些条件，接下来计算加入顶点 $p[j]$ 后的子树费用下界 $lc$ 和当前时间 $ct$，如果 $lc$ 小于当前最小费用 bestc 并且 $ct$ 不大于顶点 $p[j]$ 的最晚开始时间 $t_l[p[j]]$，则创建新的节点 $v'$并将其加入最小堆中。如果 $ct$ 小于顶点 $p[j]$ 的最早开始时间 $t_e[p[j]]$，则新节点 $v'$的当前时间为

$t_e[p[j]]+t_s[p[j]]$，否则，新节点 $v'$ 的当前时间为 $ct+t_s[p[j]]$。第 28～32 行是构造新节点 $v'$ 的路径 $p'$，其与父节点 $v$ 的路径 $p$ 的关系如式（5-17）所示。

$$\begin{cases} p'[i] = p[j] & i = v.s+1 \\ p'[i] = p[v.s+1] & i = j \\ p'[i] = p[i] & 其他 \end{cases} \quad (5\text{-}17)$$

在每一轮搜索结束后，从最小堆中删除键值最小节点（堆的根节点），并作为下一轮循环的当前扩展节点继续在解空间中搜索，直到最小堆为空。搜索结束时，如果 bestc=∞，则说明不存在可行的路径；否则，说明存在可行的最优路径 $p[0]\rightarrow\cdots\rightarrow p[l]$，该路径的费用为 bestc。

算法 5-7 是判断在路径 $p[0]\rightarrow\cdots\rightarrow p[s]$ 后面加入顶点 $p[j]$ 后是否满足订单的取送货顺序约束。判断分两种情况：如果 $p[j]\leq\dfrac{1}{2}$，则说明 $p[j]$ 是一个订单的起点，这时可以不用考虑该订单的终点；如果 $p[j]>\dfrac{1}{2}$，则说明 $p[j]$ 是一个订单的终点，此时需要检查在 $p[0],\cdots,p[s]$ 中是否存在该订单的起点，即是否存在 $p[i]$，使得 $p[i]=p[j]-\dfrac{1}{2}$，$\dfrac{1}{2}$ 为分配给骑手的订单数量，如果存在，则说明满足订单取送货顺序约束，否则，不满足订单取送货顺序约束。

---

**算法 5-7**：seqCons($p, s, l, j$)

---

1    flag←**false**;

2    **if** $p[j]\leq\dfrac{1}{2}$ **then**

3        flag←**true**;

4    **else**

5        **for** $i\leftarrow 0$ **to** $s$

6            **if** $p[i]=p[j]-\dfrac{1}{2}$ **then** // $p[i]$

7                flag←**true**;

8                **break**;

9        **end if**

---

| 10 | **end for** |
| 11 | **end if** |
| 12 | **return** flag; |

基于 BBM 的众包配送路径规划算法的输入是某骑手 $k \in K$ 及分配给该骑手的订单集合 $A_k$，输出是骑手 $k$ 的最优配送路线 $P_k$ 和最小费用 $c_k$，算法具体过程如算法 5-8 所示。

| **算法 5-8：** routing$(k, A_k)$ |
|---|
| 1　根据 $A_k$ 确定顶点集合 $I_k$； |
| 2　确定 $I_k$ 中顶点之间的距离 $d$、行驶时间 $t$ 以及每个顶点的最早开始时间 $t_e$、最晚开始时间 $t_l$ 和服务时间 $t_s$，定义初始路径 $p$； |
| 3　根据 BBM（算法 5-6）获取最优路径 $p$ 和最小费用 bestc； |
| 4　如果 bestc=$\infty$，说明不存在可行配送路线，令 $P_k \leftarrow \varnothing$，$c_k \leftarrow \infty$，转至步骤 6，否则，转至步骤 5； |
| 5　根据最优路径 $p$ 构造最优配送路线 $P_k$，令 $c_k \leftarrow$ bestc； |
| 6　输出 $P_k$ 和 $c_k$。 |

下面通过一个例子来说明如何利用 BBM 进行众包配送路径规划。在本例中，假定分配给骑手 1 的订单集合为 $A_1=\{1, 3\}$，因此，$n_1=2$，$l=5$，$V_1=\{1_o^+, 1^+, 3^+, 1^-, 3^-\}$，$I_1=\{0, 1, 2, 3, 4\}$，从 $V_1$ 到 $I_k$ 的映射为：$\rho_1(1_o^+) = 0$，$\rho_1(1^+)=1$，$\rho_2(3^+)=2$，$\rho_1(1^-)=3$，$\rho_1(3^-)=4$。$I_1$ 中各顶点之间的距离（$d$）、行驶时间（$t$），以及每个顶点的最早开始时间（$t_e$）、最晚开始时间（$t_l$）和服务时间（$t_s$）如图 5-8 所示。在该图中，在每个顶点旁边标注其最早开始时间、最晚开始时间和服务时间，在每条边上标注其距离和行驶时间。例如，顶点 1 的最早开始时间 $t_e[1]=0.2$，最晚开始时间 $t_l[1]=0.4$，服务时间 $t_s[1]=0.1$，从顶点 0 到 1 的距离 $d[0][1]=3$，行驶时间 $t[0][1]=0.3$。

基于 BBM 的众包配送路径搜索过程如图 5-9 所示。根据算法 5-7，首先创建最小堆和解空间树的根节点，在根节点中，$p[i]=i$，$i=0$、1、2、3、4，

$s=0$，$cc=0$，$rc=3+4+3+3=13$，$lc=cc+rc=13$，如图 5-9（a）所示，初始最小费用 $bestc=\infty$。接下来在解空间树中进行搜索，为了描述方便，我们用从根节点到节点的序列（$p[0]$,…,$p[s]$）来表示节点。在第 1 轮搜索中，当前扩展节点为根节点（0），它的两个可行子节点(0,1)和(0,2)加入最小堆中，两个节点的键值都为 13，节点(0,1)为堆的根节点，如图 5-9（b）所示。在第 2 轮搜索中，删除最小堆的根节点(0,1)，并作为当前扩展节点，它的两个可行子节点(0, 1, 2)和(0, 1, 3)加入最小堆中，它们的键值都为 15，节点(0, 2)成为堆的根节点，如图 5-9（c）所示。按照上述方法在解空间中进行搜索并更新最小堆，在第 8 轮搜索中，子节点(0, 1, 2, 4, 3)成为当前扩展节点，更新当前最小费用，令 $bestc=16$，如图 5-9（i）所示。在第 9 轮搜索中，已搜索完解空间树中的所有可行节点，此时最小堆为空，搜索结束，最优路径为 $0\rightarrow1\rightarrow2\rightarrow4\rightarrow3$，该路径的费用为 16，其所对应的配送路线为 $P_1=(1, 3, 3, 1)$。该配送路线表示骑手 1 先到订单 1 的起点取货，然后到订单 1 的终点送货，接下来到订单 3 的起点取货，最后到订单 3 的终点送货。

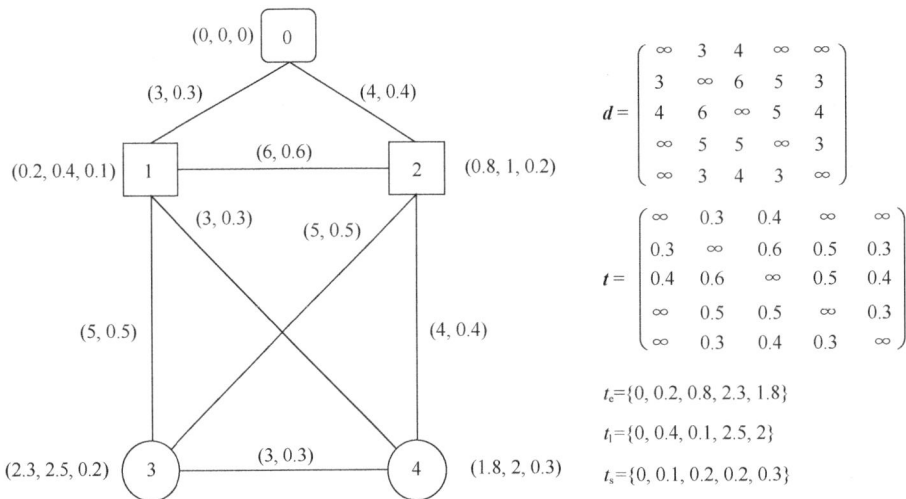

图 5-8 众包配送顶点关系

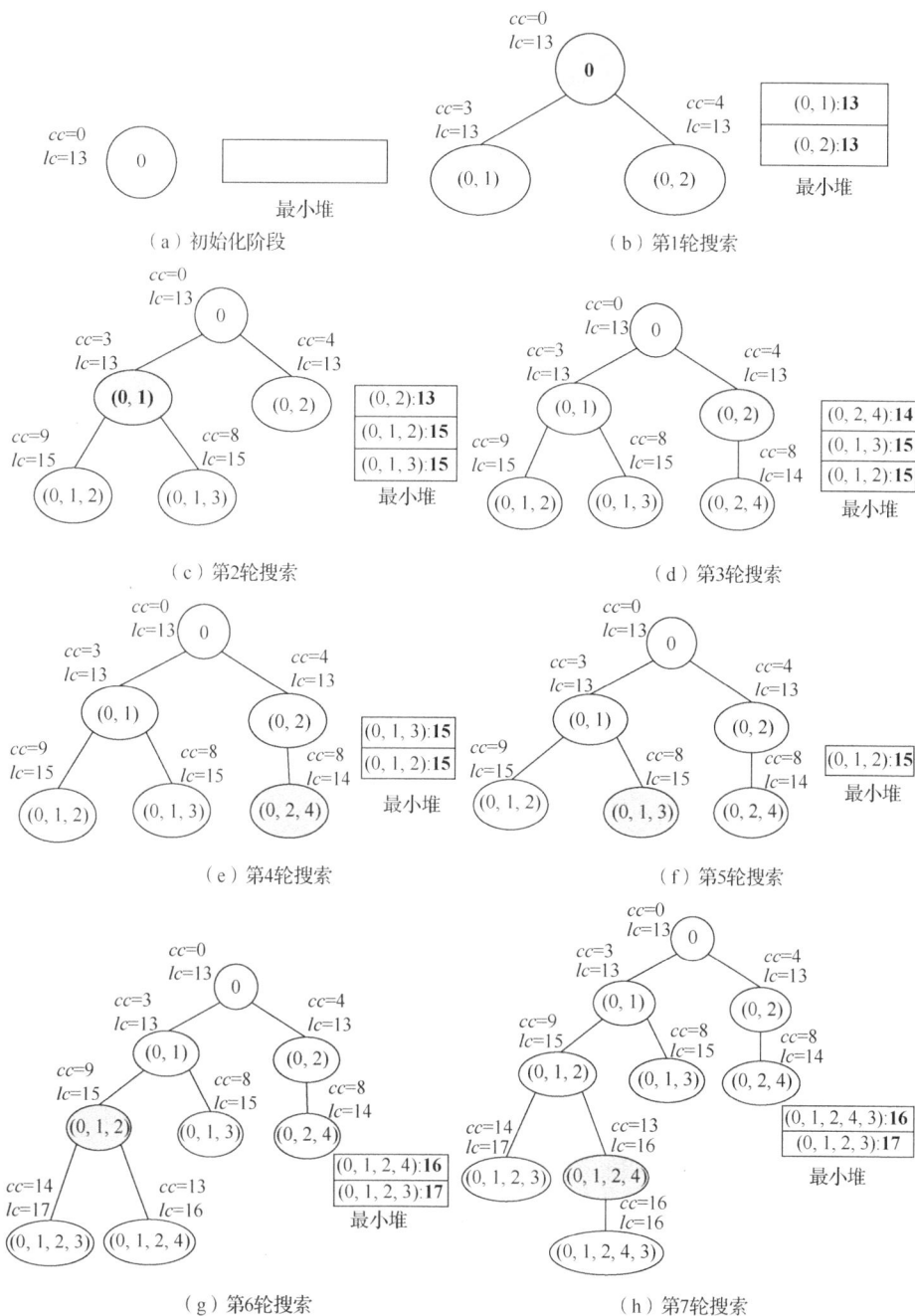

图 5-9　基于 BBM 的众包配送路径搜索过程

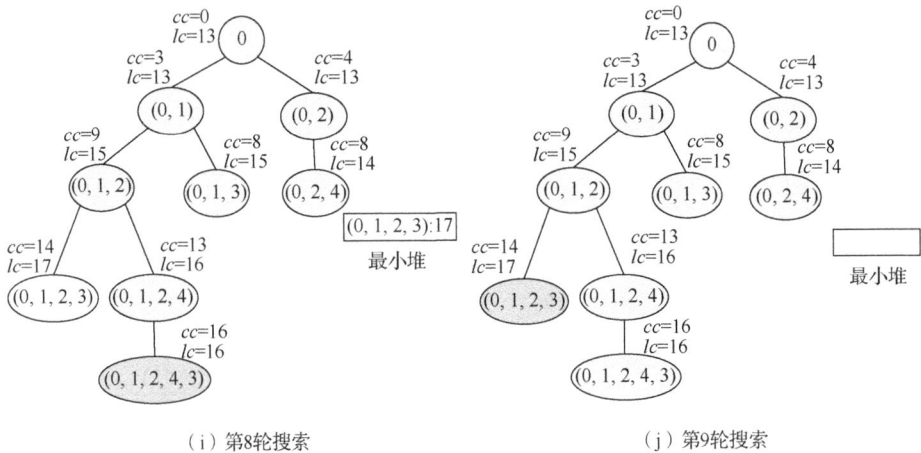

（i）第8轮搜索 　　　　　　　　（j）第9轮搜索

图 5-9　基于 BBM 的众包配送路径搜索过程（续）

## 5.6　众包配送订单优化分配

众包配送订单分配是确定配送每个订单的骑手，即建立订单与骑手之间的配送关系。针对派单模式下的众包配送订单优化分配问题，本书提出了 4 种求解算法：HA、VNS 算法、SA 算法和 GA。

### 5.6.1　HA

HA 采用基于距离的规则对订单进行分配。该算法首先对订单按照最晚开始时间由先到后的顺序排列，然后按照该顺序依次对每个订单进行分配，每次先把订单分配给离它的起点距离最近的骑手，如果不满足该订单的时间约束，再选择次近的骑手进行分配，以此类推，直到选择到可行的骑手为止。HA 的伪代码如算法 5-9 所示。

---

算法 5-9：HA

1　　　sortbyTime($N$); //按照最晚开始时间对订单排序

2　　　**for** $k \leftarrow 1$ **to** $m$

| | |
|---|---|
| 3 | $A_k \leftarrow \varnothing$; |
| 4 | $P_k \leftarrow \varnothing$; |
| 5 | **end for** |
| 6 | **for** $i \leftarrow 1$ **to** $n$ |
| 7 | $K' \leftarrow$ sortbyDistance$(i)$;//按照与订单 $i$ 的距离对骑手排序 |
| 8 | **for each** $k \in K'$ **do** |
| 9 | $P' \leftarrow$ routing$(k, A_k \cup \{i\})$; |
| 10 | **if** $P' \neq \varnothing$ **then** |
| 11 | $A_k \leftarrow A_k \cup \{i\}$; |
| 12 | $P_k \leftarrow P'$; |
| 13 | $a_i \leftarrow k$; |
| 14 | **break**; |
| 15 | **end if** |
| 16 | **end for** |
| 17 | **end for** |
| 18 | $A \leftarrow (a_1, a_2, \cdots, a_n)$; //订单分配 |
| 19 | $P \leftarrow (P_1, P_2, \cdots, P_k)$;//配送路线 |
| 20 | **return** $x = (A, P)$; |

在算法 5-9 中，$P' \leftarrow$ routing$(k, A_k \cup \{i\})$ 表示利用 BBM（算法 5-8）确定 $A_k \cup \{i\}$ 中订单的最优配送路线 $P'$。如果 $P' \neq \varnothing$，说明将订单 $i$ 分配给骑手 $k$ 是可行的，因此，令 $A_k \leftarrow A_k \cup \{i\}$、$P_k \leftarrow P'$、$a_i \leftarrow k$；否则，继续选择下一个骑手。算法的输出是问题的一个解 $x = (A, P)$，其中，$A \leftarrow (a_1, a_2, \cdots, a_n)$ 为订单的分配方案，$P \leftarrow (P_1, P_2, \cdots, P_k)$ 为骑手的配送路线。HA 是一种确定算法，通过该算法可以获得问题的一个近似最优解。如果将第 7 行中的按照距离对骑手排序改为对骑手进行随机排序，则 HA 可变为一个随机生成解的算法，该算法也是 VNS 算法、SA 算法和 GA 生成初始解的方法。

### 5.6.2 VNS 算法

本小节设计一种基于 VNS 的众包配送订单优化分配算法，该算法的核心是一个扰动操作和两个邻域搜索操作（迁移订单和交换订单），通过扰动操作来扩大解空间的搜索范围，通过迁移订单操作和交换订单操作获取某个邻域内的局部最优解。

（1）扰动操作

扰动操作的思想是按照一定的比率从已被分配订单的骑手中选择一部分骑手，将分配给他们的订单移走后重新进行分配。令 $x=(A, P)$ 为当前解，其中，$A=(a_1, a_2, \cdots, a_n)$ 为订单分配方案，$a_i \in K$ 为订单 $i \in N$ 所分配的骑手，$A_k=\{i|a_i=k\}$ 为分配给骑手 $k$ 的订单集合，$P=(P_1, P_2, \cdots, P_m)$ 为所有骑手的配送路线，$P_k$ 为骑手 $k \in K$ 的配送路线，扰动操作的过程如算法 5-10 所示。

---

**算法 5-10：** shaking($x$)

| | |
|---|---|
| 1 | $K' \leftarrow \text{select}(K, \alpha)$; |
| 2 | $N' \leftarrow \varnothing$; |
| 3 | **for each** $k \in K'$ |
| 4 |     **for each** $i \in A_k$, $a_i \leftarrow 0$; |
| 5 |     $N' \leftarrow N' \cup A_k$; |
| 6 |     $A_k \leftarrow \varnothing$; $P_k \leftarrow \varnothing$; |
| 7 | **end for** |
| 8 | **for each** $i \in N'$ |
| 9 |     $K' \leftarrow \text{sortbyDistance}(i)$; |
| 10 |     **for each** $k \in K'$ |
| 11 |         $P' \leftarrow \text{routing}(k, A_k \cup \{i\})$; |
| 12 |         **if** $P' \neq \varnothing$ **then** |
| 13 |             $A_k \leftarrow A_k \cup \{i\}$; |
| 14 |             $P_k \leftarrow P'$; |
| 15 |             $a_i \leftarrow k$; |

---

| 16 | **break**; |
| 17 | **end if** |
| 18 | **end for** |
| 19 | **end for** |
| 20 | **return** $x$; |

在算法 5-10 中，select$(K,\alpha)$表示从 $K$ 中随机选择比率为$\alpha$的骑手，$K'$为被选择的骑手集合，$N'$为 $K'$中所有骑手被分配的订单集合。对 $N'$中的订单进行重新分配的过程与 HA 相似，也是采用基于距离的规则选择骑手。

（2）迁移订单操作

迁移订单操作是指将随机选择的某个订单 $i$ 从其所在的骑手 $k_1$ 转移到另外一个骑手 $k_2$（$k_2 \neq k_1$）中。为了保证迁移订单操作的质量，我们将依次检索 $K$ 中的每个骑手，从中选择迁移订单后所得到的新解成本最低的骑手作为迁移对象。迁移订单操作的输入是当前解 $x$，输出是 $x$ 邻域内的一个新解 $x'$。迁移订单操作的伪代码如算法 5-11 所示。

**算法 5-11**：migrate$(x)$

| 1 | $x'\leftarrow(A', P')$;　　//创建一个新解 |
| 2 | $x'\leftarrow x$;　　　　//将当前解的信息赋给新解 |
| 3 | $i\leftarrow$select$(N)$; //随机选择一个订单 $i$ |
| 4 | $k_1 \leftarrow a_i'$;　　　　　//订单 $i$ 所属的骑手 |
| 5 | $CP_1'\leftarrow$routing$(k_1, A_{K_2}' / \{i\})$; |
| 6 | $c'\leftarrow\infty$;　$CP_2'\leftarrow\varnothing$; |
| 7 | **for each** $k\in K$ |
| 8 | **if** $k\neq k_1$ **and** 　$|A_k|<q_k$ **then** |
| 9 | $CP'\leftarrow$routing$(k, A_{K_2}'\cup\{i\})$; |
| 10 | **if** 　$CP' \neq \varnothing$ 　**then** |
| 11 | **if** $c(x')< c'$ **then** |

12      $c' \leftarrow c(x')$;

13      $k_2 \leftarrow k$;

14      $CP'_2 \leftarrow CP'$;

15          **end if**

16        **end if**

17      **end if**

18    **end for**

19    **if** $c' \neq \infty$ **then**

20      $A'_{k_2} \leftarrow A'_{k_1} / \{i\}$;

21      $A'_{k_2} \leftarrow A'_{k_2} \cup \{i\}$;

22      $P'_{k_1} \leftarrow CP'_1$; $P'_{k_2} \leftarrow CP'_2$;

23      $a'_i \leftarrow k_2$;

24    **end if**

25    **return** $x'$;

在算法 5-11 中，先创建一个新解 $x'=(A', P')$，其中，$A'=(a'_1, a'_2, \cdots, a'_n)$ 为新解的订单分配方案，对于 $\forall k \in K$，$A'_k = \{i \in N | a'_i = k\}$ 为分配给骑手 $k$ 的订单集合，$P'=(P'_1, P'_2, \cdots, P'_n)$ 为新解的骑手配送路线。将当前解 $x$ 的信息赋给新解 $x'$，即对于 $\forall i \in N$，$a'_i = a_i$；对于 $\forall k \in K$，$A'_k = A_k$，$P'_k = P_k$。随机选择一个被迁移的订单 $i \in N$，其所在的骑手为 $k_1 = a'_i$，根据 BBM（算法 5-8）计算将 $i$ 从 $k_1$ 中移走后 $k_1$ 的配送路线 $CP'_1$。从 $K$ 中选择一个最优的迁移骑手 $k_2$（$k_1 \neq k_2$），这需要检索 $K$ 中的每一个骑手 $k$（$k \neq k_1$），计算将 $i$ 从 $k_1$ 迁移到 $k$ 后骑手 $k$ 的配送路线 $CP'$，以及迁移订单后新解 $x'$ 的成本 $c(x')$，如果 $c(x')$ 小于当前最优成本 $c'$（初始值为 $\infty$），令 $c' \leftarrow c(x')$，将 $k$ 保存到 $k_2$ 中，并将 $CP'$ 保存到 $CP'_2$ 中。当 $K$ 中的所有骑手都检索完后，如果 $c' \neq \infty$，说明存在可迁移的骑手 $k_2$，更新新解 $x'$ 的信息（第 20～23 行）；否则，说明不存在可交换的骑手和订单，此时，新解 $x'$ 与当前解 $x$ 相同。

（3）交换订单操作

交换订单操作是指将某个随机选择的订单 $i$ 从其所在的骑手 $k_1$ 转移到另外一个骑手 $k_2$ 中，同时将骑手 $k_2$ 中的某个订单 $j$ 转移到骑手 $k_1$ 中。为了保证交换订单操作的质量，我们将依次检索每个不在 $k_1$ 中的订单，从中选择交换订单后所得到的新解成本最低的订单作为交换对象。交换订单操作的输入是当前解 $x$，输出是 $x$ 邻域内的一个新解 $x'$。交换订单操作的伪代码如算法 5-12 所示。

---

**算法 5-12：exchange($x$)**

| | |
|---|---|
| 1 | $x' \leftarrow (A', P')$;　//创建一个新解 |
| 2 | $x' \leftarrow x$;　　　　//将当前解的信息赋给新解 |
| 3 | $i_1 \leftarrow \text{random}(N)$;　//随机选择一个订单 $i_1$ |
| 4 | $k_1 \leftarrow a_{i_2}$;　　　//获取订单 $i_1$ 所属的骑手 |
| 5 | $k_2 \leftarrow 0$;　$i_2 \leftarrow 0$;　　//被交换的骑手和订单 |
| 6 | $CP_1' \leftarrow \varnothing$;　$CP_2' \leftarrow \varnothing$; |
| 7 | $c' \leftarrow \infty$; |
| 8 | **for each** $k \in K$ |
| 9 | 　　**if** $k \neq k_1$ **and** $|A_k| > 0$ **then** |
| 10 | 　　　　**for each** $i \in A_k$ |
| 11 | 　　　　　　$CP_1 \leftarrow \text{routing}(k_1, A'_{k_2} \cup \{i\} / \{i_1\})$; |
| 12 | 　　　　　　$CP_2 \leftarrow \text{routing}(k, k, A'_k \cup \{i_1\} / \{i\})$; |
| 13 | 　　　　　　**if** $CP_1 \neq \varnothing$ **and** $CP_2 \neq \varnothing$ **then** |
| 14 | 　　　　　　　　**if** $c(x') < c'$ **then** |
| 15 | 　　　　　　　　　　$c' \leftarrow c(x')$; |
| 16 | 　　　　　　　　　　$k_2 \leftarrow k$; $i_2 \leftarrow i$; |
| 17 | 　　　　　　　　　　$CP_1' \leftarrow CP_1$;　$CP_2' \leftarrow CP_2$; |
| 18 | 　　　　　　　　**end if** |
| 19 | 　　　　　　**end if** |

---

| 20 | **end for** |
| 21 | **end if** |
| 22 | **end for** |
| 23 | **if** $c' \neq \infty$ **then** |
| 24 | $A'_{k_1} \leftarrow A'_{k_1} \cup \{i_2\} / \{i_1\}$ ; |
| 25 | $A'_{k_2} \leftarrow A'_{k_2} \cup \{i_1\} / \{i_2\}$ ; |
| 26 | $P'_{k_1} \leftarrow CP'_1$ ;  $P'_{k_2} \leftarrow CP'_2$ ; |
| 27 | $a'_{i_1} \leftarrow k_2$ ;  $a'_{i_2} \leftarrow k_1$ ; |
| 28 | **end if** |
| 29 | **return** $x'$ ; |

在算法 5-12 中，先创建一个新解 $x'=(A', P')$，将当前解 $x=(A, P)$ 的信息赋给该新解。随机选择一个被交换的订单 $i_1$，该订单所属的骑手为 $k_1 = a_{i_1}$。接下来选择另外一个被交换的骑手 $k_2$ 和订单 $i_2$，这时需要检索每一个已被分配订单的骑手 $k$ 以及该骑手所包含的每个订单 $i$，计算将 $i_1$ 从 $k_1$ 迁移到 $k$ 并且将 $i$ 从 $k$ 迁移到 $k_1$ 后骑手 $k$ 的配送路线 $CP_1$ 和骑手 $k_1$ 的配送路线 $CP_2$，以及交换订单后新解 $x'$ 的成本 $c(x')$，如果 $c(x')$ 小于当前最优成本 $c'$（初始值为 $\infty$），令 $c' \leftarrow c(x')$，将 $k$ 和 $i$ 保存到 $k_2$ 和 $i_2$ 中，并将 $CP_1$ 和 $CP_2$ 保存到 $CP'_1$ 和 $CP'_2$ 中。当所有已被分配订单的骑手及其所包含的每个订单都检索完后，如果 $c' \neq \infty$，说明存在可交换的骑手 $k_2$ 和订单 $i_2$，更新新解 $x'$ 的信息（第 23～28 行）；否则，说明不存在可交换的骑手和订单，新解 $x'$ 与当前解 $x$ 相同。

（4）VNS 算法流程

基于 VNS 的众包配送订单优化分配流程如算法 5-13 所示。首先设置算法参数 $\alpha$ 和 $iter_{max}$，$\alpha$ 为扰动操作中被选择的骑手比率，$iter_{max}$ 为最大迭代次数。然后生成一个随机的初始解 $x$，令初始最优解 $x_{best}$ 为 $x$。接下来进行多轮循环迭代搜索，在每一轮循环中，首先对当前解 $x$ 进行一次扰动操作以跳出当前的邻域结构；然后先对 $x$ 进行迁移订单操作产生新解 $x'$，如果 $x'$ 的成本 $c(x')$ 小于当前最优解 $x_{best}$ 的成本 $c(x_{best})$，则用 $x'$ 替换 $x$ 和 $x_{best}$，否则，$x$ 和 $x_{best}$

不发生变化；接下来对 $x$ 进行交换订单操作产生新解 $x''$，如果 $x''$ 的成本 $c(x'')$ 小于当前最优解 $x_{best}$ 的成本 $c(x_{best})$，则用 $x''$ 替换 $x$ 和 $x_{best}$，否则，$x$ 和 $x_{best}$ 不发生变化。循环的终止条件是迭代次数超过 $iter_{max}$ 或执行时间超过 $t_{max}$。算法最后输出最优解 $x_{best}$。

---

**算法 5-13：VNS 算法**

---

1　　Set $\alpha$ and $iter_{max}$;

2　　$x \leftarrow initialize(N, K)$;

3　　$x_{best} \leftarrow x$;

4　　$iter \leftarrow 0$;

5　　**repeat**

6　　　　$x \leftarrow shaking(x)$;

7　　　　$x' \leftarrow migrate(x)$;

8　　　　**if** $c(x') < c(x_{best})$ **then**

9　　　　　　$x \leftarrow x'$;

10　　　　　$x_{best} \leftarrow x'$;

11　　　　**end if**

12　　　　$x'' \leftarrow exchange\ (x)$;

13　　　　**if** $c(x'') < c(x_{best})$ **then**

14　　　　　　$x \leftarrow x''$;

15　　　　　　$x_{best} \leftarrow x''$;

16　　　　**end**

17　　　　$iter \leftarrow iter + 1$;

18　　**until** $iter > iter_{max}$

19　　**return** $x_{best}$;

---

### 5.6.3　SA 算法

基于 5.6.2 小节所提出的两个邻域搜索操作（迁移订单和交换订单），本小节设计一种基于 SA 算法的众包配送订单优化分配方法，该方法基于 Metropolis 准则在当前解的邻域内移动。邻域移动分为两种方式：无条件移动和有条件移动。若新解的成本小于当前解的成本，则无条件移动；否则，依据一定的概率进行有条件移动。伪代码如算法 5-14 所示。

**算法 5-14：SA 算法**

| | |
|---|---|
| 1 | Set parameters: $T_0$, $T_f$, $L$, $r$ |
| 2 | $x \leftarrow$ initialize($N$, $K$); |
| 3 | $x^* \leftarrow x$; |
| 4 | $T \leftarrow T_0$; |
| 5 | **while** $T > T_f$ **do** |
| 6 |    **for** $j \leftarrow 1$ **to** $L$ |
| 7 |       $x' \leftarrow$ migrate($x$); |
| 8 |       **if** $c(x') < c(x)$ **then** |
| 9 |          $x \leftarrow x'$; |
| 10 |          **if** $c(x') < c(x*)$ **then** $x* \leftarrow x'$; |
| 11 |       **else** |
| 12 |          $\xi \leftarrow$ random(0,1); |
| 13 |          **if** $\xi < \exp\left(\dfrac{c(x) - c(x')}{T}\right)$ **then** $x \leftarrow x'$; |
| 14 |       **end if** |
| 15 |       $x'' \leftarrow$ migrate($x$); |
| 16 |       **if** $c(x'') < c(x)$ **then** |
| 17 |          $x \leftarrow x''$; |
| 18 |          **if** $c(x'') < c(x*)$ **then** $x* \leftarrow x''$; |
| 19 |       **else** |
| 20 |          $\xi \leftarrow$ random(0,1); |
| 21 |          **if** $\xi < \exp\left(\dfrac{c(x) - c(x'')}{T}\right)$ **then** $x \leftarrow x''$; |

| 22 | end if |
| 23 | $T \leftarrow r \times T$; |
| 24 | end for |
| 25 | end while |
| 26 | return $x^*$; |

在算法 5-14 中，首先设置 SA 算法的参数，包括初始温度（$T_0$）、终止温度（$T_f$）、内循环次数（$L$）和降温系数（$r$），然后生成一个随机的初始解 $x$，令初始最优解 $x^*$ 为 $x$，当前温度 $T$ 为初始温度 $T_0$。接下来在解空间中进行搜索，首先对 $x$ 进行迁移订单邻域操作产生新解 $x'$，如果新解 $x'$ 的成本小于当前解 $x$ 的成本，则用 $x'$ 代替 $x$，若新解 $x'$ 的成本小于当前最优解 $x^*$ 的成本，则用 $x'$ 代替 $x^*$；然后对 $x$ 进行交换订单邻域操作产生新解 $x''$，如果新解 $x''$ 的成本小于当前解 $x$ 的成本，则用 $x''$ 代替 $x$，若新解 $x''$ 的成本小于当前最优解 $x^*$ 的成本，则用 $x''$ 代替 $x^*$；降低温度，令 $T \leftarrow r \times T$，如果 $T$ 小于终止温度 $T_f$，算法结束，输出最优解 $x^*$。

### 5.6.4　GA

GA 是由美国密歇根大学的 John Holland 等人受到生物进化论的启发而提出的[18]。GA 是以自然界中的生物进化过程为背景，将生物进化过程中的繁殖、选择、杂交、变异和竞争等概念引入算法。GA 具有全局搜索性能强的优点，是解决路径规划问题的常用算法，因此本小节将使用 GA 对问题求解。GA 的核心是交叉操作和变异操作，交叉操作采用双切交叉方式，变异操作采用 5.6.2 小节所提出的迁移订单操作和交换订单操作。下面重点介绍交叉操作的过程。

交叉操作过程如图 5-10 所示。首先随机选择两个切点 $l_1$ 和 $l_2$，$1 \leqslant l_1 < l_2 \leqslant n+1$，在本例中，$l_1=2$，$l_2=5$；然后将两个父代染色体中从 1 到 $l_1-1$ 以及从 $l_2$ 到 $n$ 之间的染色体片段分别复制给两个相应的子代染色体，如图 5-10（b）所示；接下来进行基因交换操作，依次检查两个父代染色体中从 $l_1$ 到 $l_2$ 之间

的每个位置 $i$（$i=l_1$，$l_1+1$，…，$l_2-1$），将父代染色体 1 中的第 $i$ 个基因复制给子代染色体 2，同时将父代染色体 2 中的第 $i$ 个基因复制给子代染色体 1，在基因复制过程中需要进行约束检查，如果不满足骑手接单量和订单取送货时间约束，则取消上述交换操作，将父代染色体 1 中的第 $i$ 个基因复制给子代染色体 1，同时将父代染色体 2 中的第 $i$ 个基因复制给子代染色体 2。例如，在交换第 4 个位置的基因时，在子代染色体 1 中，分配给骑手 2 的订单量为 4，而其最大接单量为 3，因此，不满足骑手的接单量约束，则取消该位置的交换操作，将父代染色体 1 的第 4 个位置的基因 3 复制给子代染色体 1，将父代染色体 2 的第 4 个位置的基因 2 复制给子代染色体 2，其结果如图 5-10（c）所示。

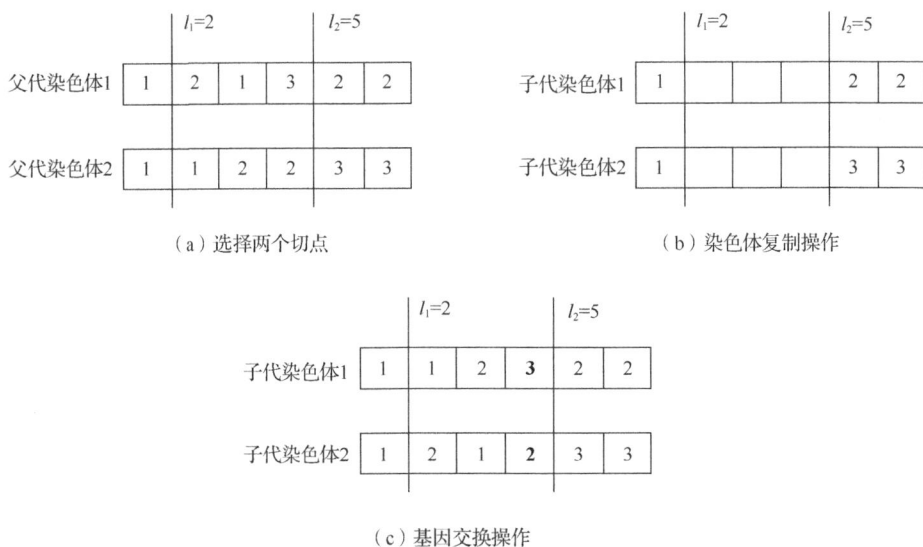

图 5-10（a）选择两个切点

父代染色体1：$l_1=2$ | 1 | 2 | 1 | 3 | 2 | 2 | $l_2=5$

父代染色体2：1 | 1 | 2 | 2 | 3 | 3

（a）选择两个切点

子代染色体1：$l_1=2$ | 1 | | | 2 | 2 | $l_2=5$

子代染色体2：1 | | | 3 | 3

（b）染色体复制操作

子代染色体1：$l_1=2$ | 1 | 1 | 2 | **3** | 2 | 2 | $l_2=5$

子代染色体2：1 | 2 | 1 | **2** | 3 | 3

（c）基因交换操作

**图 5-10　交叉操作过程**

## 5.7　实验分析

为了验证本章所提出的众包配送订单分配与路径规划算法的效果，我们参考某众包配送平台的实际订单及配送的相关数据，采用模拟的方式生成测试实例集。所有算法都采用 Java 实现，JDK 版本为 1.8，算法的运行环境如下：处理器为 Intel Core i7-9790 @ 3.00GHz，内存为 32 GB，64 位操作系统。

## 5.7.1　测试实例

派单模式下众包配送订单优化调度模型中的参数包括订单数量、骑手数量、取货点数量、送货点数量、配送区域范围、订单取送货时间窗大小、订单取送货服务时间长短、骑手的最大接单量和骑手的配送速度。各参数的取值范围如表 5-2 所示。在众包配送模式下，多个订单可以具有相同的取货或送货地点，因此在生成订单前需要先定义取货点和送货点。配送区域范围的横纵坐标设置为(0, 10)，取货点、送货点和骑手初始位置的横纵坐标在该范围内随机生成，顶点之间的距离采用欧氏距离。订单取送货时间窗大小定义为[0.1, 0.25]上的均匀分布，订单取送货服务时间窗长短定义为[0.1, 0.2]上的均匀分布，骑手的配送速度定义为[15,20]上的均匀分布。骑手的接单量可在 4 到 8 之间随机生成，一般最多为 8 件。

表 5-2　模型中各参数的取值范围

| 参数 | 取值范围 |
| --- | --- |
| 订单数量 | 50, 100, 150, 200 |
| 骑手数量 | 25, 50, 75, 100 |
| 取货点数量 | 10, 20, 30, 40 |
| 送货点数量 | 25, 50, 75, 100 |
| 配送区域范围 | (0, 100) |
| 订单取送货时间窗大小 | [0.1, 0.25] |
| 订单取送货服务时间长短 | [0.1, 0.2] |
| 骑手的最大接单量 | 4, 5, 6, 7, 8 |
| 骑手的配送速度 | [15, 20] |

众包配送订单优化调度问题的规模主要是由订单数量（$n$）和骑手数量（$m$）决定的，骑手数量与订单数量是相关的，订单数量越多，要求的骑手也就越多。为了测试在不同问题规模下算法的效率，订单数量分别设置为 $n$=50、

100、150、200，相应的骑手数量分别设置为 $m$=25、50、75、100。当订单的数量 $n$=50 时，取货点和送货点的数量分别设置为 10 和 25；当订单的数量 $n$=100 时，取货点和送货点的数量分别设置为 20 和 50；当订单的数量 $n$=150 时，取货点和送货点的数量分别设置为 30 和 75；当订单的数量 $n$=200 时，取货点和送货点的数量分别设置为 40 和 100。表 5-3 所示为 4 种测试实例的订单、骑手、取货点和送货点的数量设置。为了验证在每种测试实例下不同算法的求解效果，针对每种测试实例，我们生成 5 个具体的实例，因此，一共生成 20 个测试实例。

表 5-3　测试实例部分参数的数量设置

| 实例类型 | 订单数量 | 骑手数量 | 取货点数量 | 送货点数量 | 实例数量 |
|---|---|---|---|---|---|
| 1 | 50 | 25 | 10 | 25 | 5 |
| 2 | 100 | 50 | 20 | 50 | 5 |
| 3 | 150 | 75 | 30 | 75 | 5 |
| 4 | 200 | 100 | 40 | 100 | 5 |

### 5.7.2　算法的参数设置

（1）VNS 算法参数设置

VNS 算法的参数有两个：扰动操作中被选的骑手比率（$\alpha$）和最大迭代次数（$\text{iter}_{\max}$）。被选的骑手比率 $\alpha$ 越大，表示对当前解的扰动范围就越大，反之扰动范围就越小。尽管较大的扰动范围可以扩大解的搜索空间，更有机会获得全局最优解，但这样会降低问题收敛速度，求解质量反而得不到有效提高。

图 5-11（a）所示为 $n$=50、$m$=25 时测试实例的目标函数值随着 $\alpha$ 的变化而变化的曲线，从该图可以看出，当 $0 \leqslant \alpha \leqslant 0.2$ 时，随着 $\alpha$ 的增加目标函数值逐渐减小，当 $\alpha$=0.2 时，目标函数值最小，当 $\alpha$>0.2 时，随着 $\alpha$ 的增加目标函数值逐渐增大。图 5-11（b）所示为 $n$=100、$m$=50 时测试实例的目标函数值随着 $\alpha$ 的变化而变化的曲线，当 $0 \leqslant \alpha \leqslant 0.03$ 时，随着 $\alpha$ 的增加目标函数值逐渐减小，当 $\alpha$=0.03 时，目标函数值最小，当 $\alpha$>0.03 时，随着 $\alpha$ 的增加目标函数值逐渐增大。图 5-11（c）和图 5-11（d）分别为 $n$=150、$m$=75 和 $n$=200、

$m=100$ 时，实例的目标函数值随着 $\alpha$ 的变化而变化的曲线，通过分析可知，当 $\alpha=0.02$ 时，目标函数值最小。因此，当 $n=50$、$m=25$ 时，$\alpha$ 设置为 0.2；当 $n=100$、$m=50$ 时，$\alpha$ 设置为 0.03；当 $n=150$、$m=75$ 和 $n=200$、$m=100$ 时，$\alpha$ 设置为 0.02。

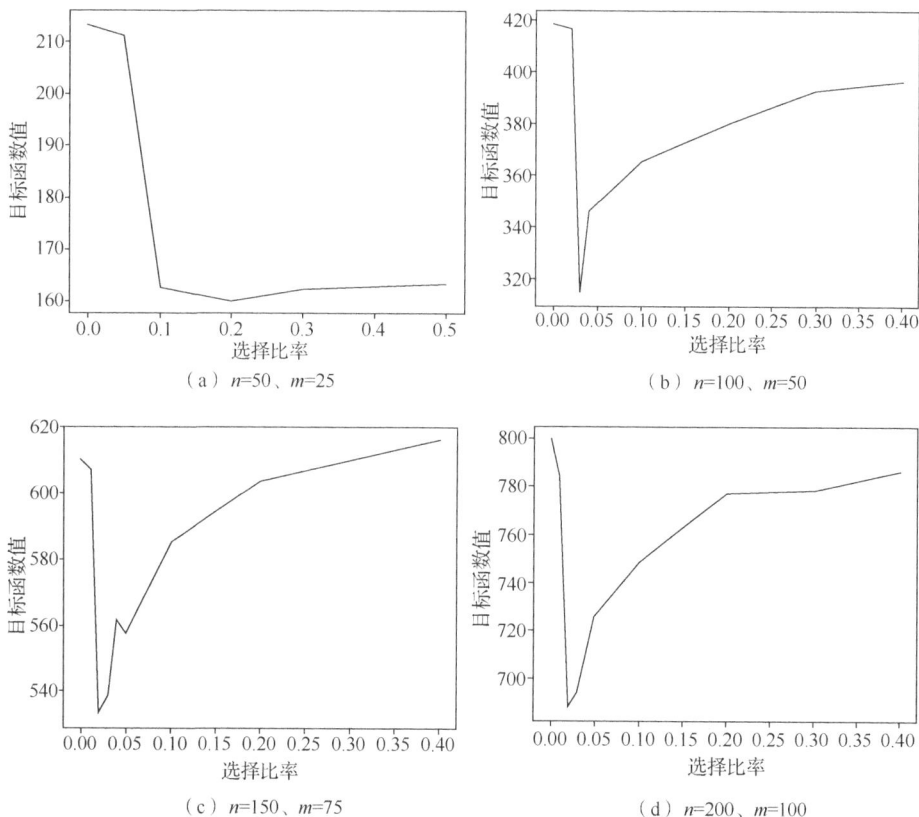

（a）$n=50$、$m=25$

（b）$n=100$、$m=50$

（c）$n=150$、$m=75$

（d）$n=200$、$m=100$

图 5-11　目标函数值与被选骑手比率的关系

VNS 算法的最大迭代次数 $iter_{max}$ 越大，其获取全局最优解的概率也就越大，但是算法的执行时间也就越长。由于众包配送订单调度问题对算法的执行时间具有较高的要求，因此，设置的参数不宜过大。通过实验可知，当 VNS 算法达到一定的迭代次数后，目标函数值基本不发生变化或者变化非常微小，VNS 算法的收敛曲线如图 5-12 所示。

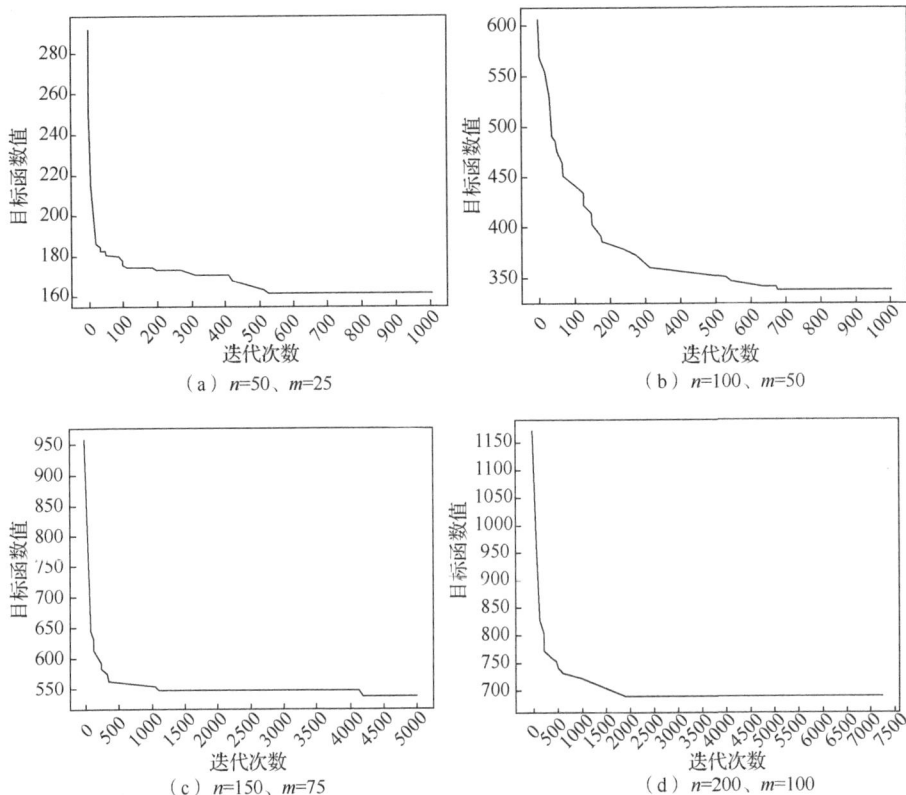

（a）$n$=50、$m$=25

（b）$n$=100、$m$=50

（c）$n$=150、$m$=75

（d）$n$=200、$m$=100

图 5-12　VNS 算法的收敛曲线

图 5-12（a）描述了在 $n$=50、$m$=25 时测试实例的目标函数值随着迭代次数的变化而变化的曲线，从该图可以看出，当迭代次数达到 600 代后目标函数值的变化非常微小，基本达到收敛状态。图 5-12（b）描述了在 $n$=100、$m$=50 时测试实例的目标函数值随着迭代次数的变化而变化的曲线，从该图可以看出，当迭代次数达到 700 代后目标函数值的变化非常微小，基本处于收敛状态。图 5-12（c）描述了在 $n$=150、$m$=75 时测试实例的目标函数值随着迭代次数的变化而变化的曲线，从该图可以看出，当迭代次数达到 2000 代后目标函数值的变化非常微小。图 5-12（d）描述了在 $n$=200、$m$=100 时测试实例的目标函数值随着迭代次数的变化而变化的曲线，从该图可以看出，当迭代次数达到 2000 代后目标函数值的变化非常微小，基本处于收敛状态。因此，

当 $n$=50、$m$=25 和 $n$=100、$m$=50 时，迭代次数设置为 1000，当 $n$=150、$m$=75 和 $n$=200、$m$=100 时，迭代次数设置为 2000。

图 5-13 所示为随着迭代次数的增加 VNS 算法执行时间的变化趋势。图 5-13（a）的曲线描述了 $n$=50、100 时测试实例的平均执行时间与迭代次数之间的关系，当迭代次数为 600 时，两类测试实例的平均执行时间分别为 0.871 s 和 1.017 s；当迭代次数达到 1000 时，两类测试实例的平均执行时间分别为 1.324 s 和 1.825 s。图 5-13（b）的曲线描述了 $n$=150、200 时测试实例的平均执行时间与迭代次数之间的关系，当迭代次数为 1000 时，测试实例的平均执行时间分别为 2.873 s 和 6.23 s，当迭代次数达到 2000 时，测试实例的平均执行时间分别为 6.03 s 和 11.97 s。

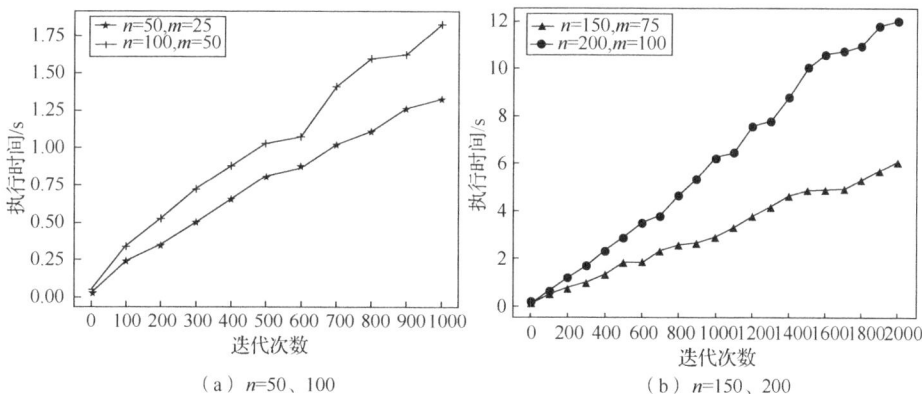

（a）$n$=50、100　　　　（b）$n$=150、200

图 5-13　VNS 算法的执行时间曲线

（2）SA 算法参数设置

SA 算法的参数包括初始温度（$T_0$）、降温系数（$r$）、内循环次数（$L$）和终止温度（$T_f$）。初始温度、终止温度和降温系数决定了外循环的次数。一般来说，初始温度 $T_0$ 要足够高才能保证算法在开始阶段就处于平衡状态，但是如果初始温度过高，则接受不可行解的概率就会增大，从而导致算法执行时间过长。我们采用目标函数值平均增量的方法来确定合适的初始温度，通过逆推 Metropolis 准则接受公式可知：$T_0 = \dfrac{-\overline{\Delta f}}{\ln p_0}$。其中，$p_0$ 为初始接受概率，$\overline{\Delta f}$

为初始搜索获得的目标函数值平均增量。设置初始接受概率 $p_0$=0.95，通过反复实验分析，最终确定初始温度 $T_0$=140。降温系数 $r$ 的取值范围为 0.9～0.95，在这里，将 $r$ 设置为 0.95。

为了确定一个较为合适的终止温度和内循环次数，我们在终止温度分别为 1、0.1 和 0.01 的条件下，通过不断地增加内循环次数来观测目标函数值的变化趋势，如图 5-14 所示。通过实验分析可知，当内循环次数超过 20 时，终止温度为 0.1 和 0.01 的目标函数值的差别不大，它们都明显优于终止温度为 1 的情况，因此，可以设置终止温度 $T_f$=0.1。为了保证在每一个温度下算法都能够达到平衡状态，内循环次数一般要足够多，但是内循环次数如果过多，则会导致邻域搜索的时间过长，从而影响算法的性能。

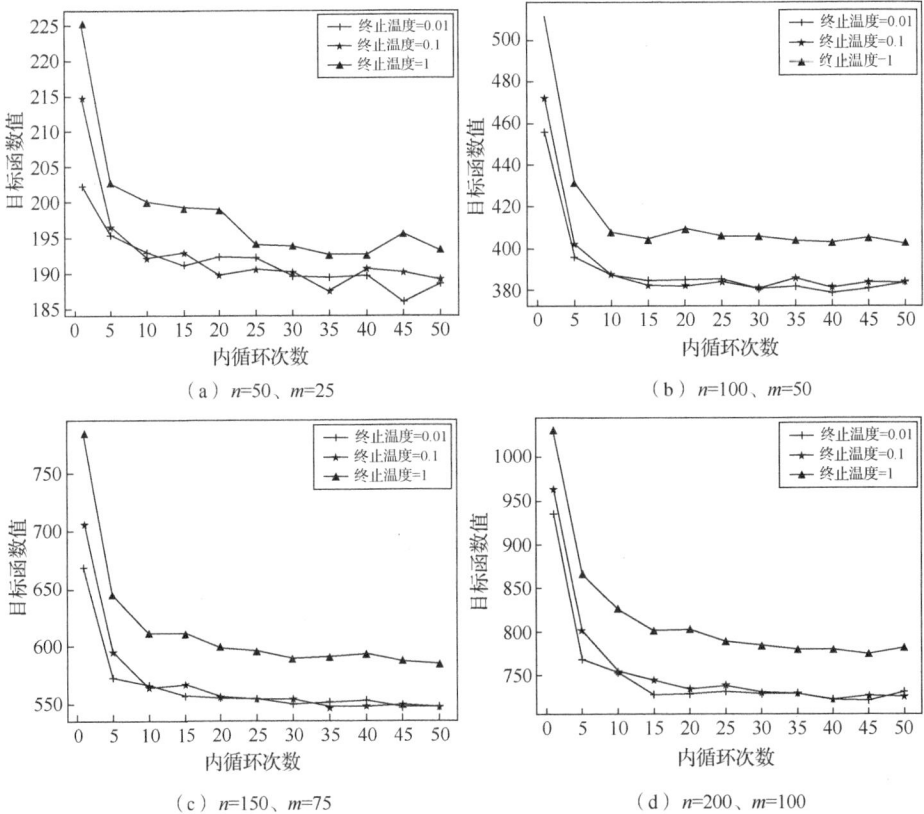

（a）$n$=50、$m$=25

（b）$n$=100、$m$=50

（c）$n$=150、$m$=75

（d）$n$=200、$m$=100

图 5-14　不同终止温度下目标函数值与内循环次数的关系

图 5-15 所示为 $T_0$=140、$r$=0.95、$T_f$=0.1 的情况下，4 种测试实例的执行时间与内循环次数之间的关系。从该图可以看出，随着内循环次数的增加，算法的执行时间也显著增加。当内循环次数为 20 时，4 种测试实例的平均执行时间分别为 1.478 s、2.77 s、5.043 s 和 8.202 s；当内循环次数为 50 时，4 种测试实例的平均执行时间分别为 3.751 s、6.726 s、11.486 s 和 17.858 s。内循环次数的设置可以根据实际问题对执行时间的需求来确定。

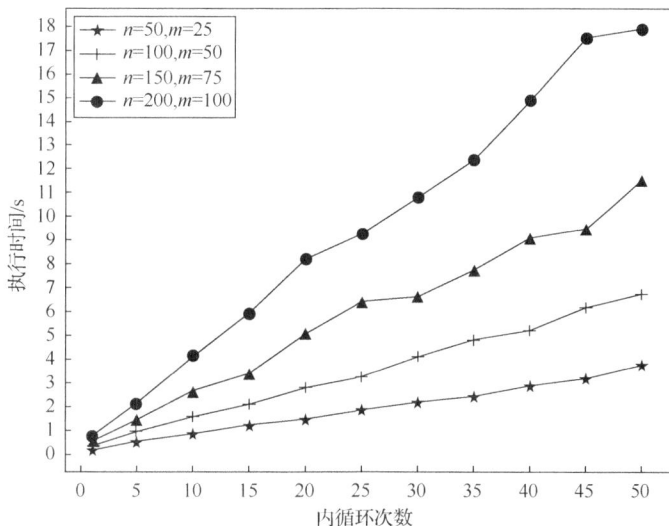

图 5-15　SA 算法的执行时间曲线

（3）GA 参数设置

GA 的参数包含交叉概率（$p_c$）、变异概率（$p_m$）、种群规模（pop）和进化代数（gen）。根据实验分析可知，当 $p_m$=0.8、$p_c$=0.1 时，前 3 种测试实例（$n$=50、100、150）具有较好的求解质量，当 $p_m$=0.7、$p_c$=0.1 时，第 4 种测试实例（$n$=200）具有较好的求解质量。一般来说，种群规模越大和进化代数越多，获得最优解的机会也就越大，但是这样也会消耗大量的计算时间，很难满足实际问题对算法执行时间的需求。在本实验中，我们设置种群规模 pop=200，通过实验分析可知，对于每种测试实例，进化代数 gen 设置为订单数量的两倍时，算法基本达到收敛状态。

### 5.7.3 对比实验

针对众包配送订单优化分配，本小节设计了 4 种算法：HA、VNS 算法、SA 算法和 GA。为了比较 4 种算法的求解效果，我们生成了 20 个测试实例，其配置如表 5-2 和表 5-3 所示。每种算法在每个测试实例上运行 10 次，取目标函数的最优值（Best）和平均值（Avg）以及执行时间的平均值（Time），其结果对比如表 5-4 所示，其中，实例 1～实例 5 的类型为 1，实例 6～实例 10 的类型为 2，实例 11～实例 15 的类型为 3，实例 16～实例 20 的类型为 4。由于 HA 的结果是确定的，因此只有最优值（Best）和执行时间（Time）。

表 5-4  4 种算法求解结果对比

| 实例 | HA | | VNS 算法 | | | SA 算法 | | | GA | | |
|---|---|---|---|---|---|---|---|---|---|---|---|
| | Best | Time | Best | Avg | Time | Best | Avg | Time | Best | Avg | Time |
| 1 | 236 | 0.01 | **182.26** | 184.17 | 0.848 | 202.82 | 204.75 | 2.272 | 204.78 | 217.16 | 3.396 |
| 2 | 185.26 | 0.012 | **151.94** | 156.84 | 0.804 | 171.59 | 172.65 | 2.518 | 185.5 | 194.59 | 3.535 |
| 3 | 198.66 | 0.009 | **161.22** | 162.68 | 1.217 | 186.44 | 189.01 | 3.345 | 185.16 | 192.75 | 6.674 |
| 4 | 239.9 | 0.011 | **173.71** | 179.39 | 1.023 | 201.21 | 202.87 | 2.971 | 205.71 | 209.35 | 4.448 |
| 5 | 203.35 | 0.009 | **170.98** | 173.1 | 0.704 | 192.5 | 196.16 | 2.462 | 204.08 | 212.89 | 3.98 |
| 6 | 427.04 | 0.021 | **314.89** | 336.88 | 2.713 | 350.34 | 354.17 | 8.436 | 357.5 | 377.61 | 23.472 |
| 7 | 413.24 | 0.018 | **313.98** | 321.19 | 1.433 | 364.51 | 367.27 | 5.602 | 387.99 | 398.67 | 16.899 |
| 8 | 477.2 | 0.022 | **334.63** | 342.29 | 1.735 | 379.02 | 382.2 | 6.302 | 415.53 | 428.56 | 18.081 |
| 9 | 458.38 | 0.02 | **375.36** | 379.9 | 1.797 | 396.29 | 399.96 | 6.792 | 428.64 | 444.63 | 18.181 |
| 10 | 392.19 | 0.022 | **304.51** | 315.09 | 1.747 | 349.72 | 354.14 | 6.98 | 380.75 | 399.51 | 17.984 |
| 11 | 702.79 | 0.039 | **514.17** | 520.85 | 6.467 | 560.07 | 566.44 | 13.385 | 588.2 | 604.08 | 53.025 |
| 12 | 651.67 | 0.03 | **471.58** | 483.3 | 5.532 | 515.86 | 529.05 | 10.394 | 539.69 | 559.68 | 50.974 |
| 13 | 682.43 | 0.031 | **482.84** | 497.75 | 6.477 | 549.67 | 555.4 | 12.205 | 560.69 | 583.83 | 55.55 |
| 14 | 715.01 | 0.03 | **531.72** | 549.94 | 5.79 | 539.4 | 553.9 | 10.892 | 571.81 | 583.41 | 44.557 |
| 15 | 696.67 | 0.043 | **531.75** | 545.21 | 6.63 | 588.36 | 598.79 | 12.81 | 599.99 | 633.15 | 46.113 |

| 实例 | HA | | VNS 算法 | | | SA 算法 | | | GA | | |
| --- | --- | --- | --- | --- | --- | --- | --- | --- | --- | --- | --- |
| | Best | Time | Best | Avg | Time | Best | Avg | Time | Best | Avg | Time |
| 16 | 865.41 | 0.041 | **693.19** | 703 | 12.709 | 716.54 | 723.87 | 17.36 | 761.57 | 788.79 | 102.55 |
| 17 | 918.22 | 0.045 | **679.57** | 697.21 | 14.146 | 711.45 | 722.91 | 20.573 | 781.7 | 794.04 | 104.956 |
| 18 | 863.62 | 0.04 | **666.57** | 683.6 | 10.235 | 693.12 | 700.49 | 18.813 | 746.61 | 759 | 91.184 |
| 19 | 872.8 | 0.041 | **653.99** | 659.24 | 9.174 | 667.42 | 678.68 | 17.043 | 731.55 | 723.9 | 93.639 |
| 20 | 870.46 | 0.047 | **673.91** | 681.39 | 12.463 | 677.38 | 692.98 | 18.691 | 761.92 | 769.65 | 95.781 |

从表 5-4 所示的实验结果可以看出，在每个测试实例上，VNS 算法所获得的最优值是 4 种算法中最小的，而且其平均值也低于其他 3 种算法的最优值，因此，VNS 算法的求解质量是 4 种算法中最优的。从该实验结果也可以看出，SA 算法的求解质量要优于 GA 的求解质量，GA 的求解质量要优于 HA 的求解质量。从执行时间角度来看，由于 HA 不需要进行多轮迭代搜索，因此，其执行时间是最短的。对于其他 3 种算法，VNS 算法的平均执行时间要短于 SA 算法的平均执行时间，SA 算法的平均执行时间要短于 GA 的平均执行时间。

为了说明 VNS 算法在众包配送订单优化分配方面的优越性，我们定义 VNS 算法与其他 3 种算法的求解质量改进率，其定义如式（5-18）～式（5-20）所示。

$$g_{ha}(i) = \frac{c_{ha}(i) - c_{vns}(i)}{c_{ha}(i)} \qquad (5\text{-}18)$$

$$g_{sa}(i) = \frac{c_{sa}(i) - c_{vns}(i)}{c_{sa}(i)} \qquad (5\text{-}19)$$

$$g_{ga}(i) = \frac{c_{ga}(i) - c_{vns}(i)}{c_{ga}(i)} \qquad (5\text{-}20)$$

式中 $g_{ha}(i)$ 表示在测试实例 $i$（$i$=1, 2,…, 20）上 VNS 算法对 HA 的求解质量改进率，$g_{sa}(i)$ 表示在测试实例 $i$（$i$=1, 2,…, 20）上 VNS 算法对 SA 算法的求解质量改进率，$g_{ga}(i)$ 表示在测试实例 $i$（$i$=1, 2,…, 20）上 VNS 算法对 GA 的求解质量改进率，$c_{vns}(i)$,$c_{ha}(i)$,$c_{sa}(i)$ 和 $c_{ga}(i)$ 分别表示 VNS 算法、

HA、SA 算法和 GA 在测试实例 $i$ 上的目标函数值。

图 5-16 所示为在每个测试实例上，VNS 算法对 HA、SA 算法和 GA 的求解质量改进率。VNS 算法对 SA 算法的最高求解质量改进率为 0.14，平均求解质量改进率为 0.08；VNS 算法对 GA 的最高求解质量改进率为 0.2，平均求解质量改进率为 0.13；VNS 算法对 HA 的最高求解质量改进率为 0.3，平均求解质量改进率为 0.24。从该图可以看出，SA 算法的求解质量要优于 GA 和 HA 的求解质量，GA 的求解质量要优于 HA 的求解质量。

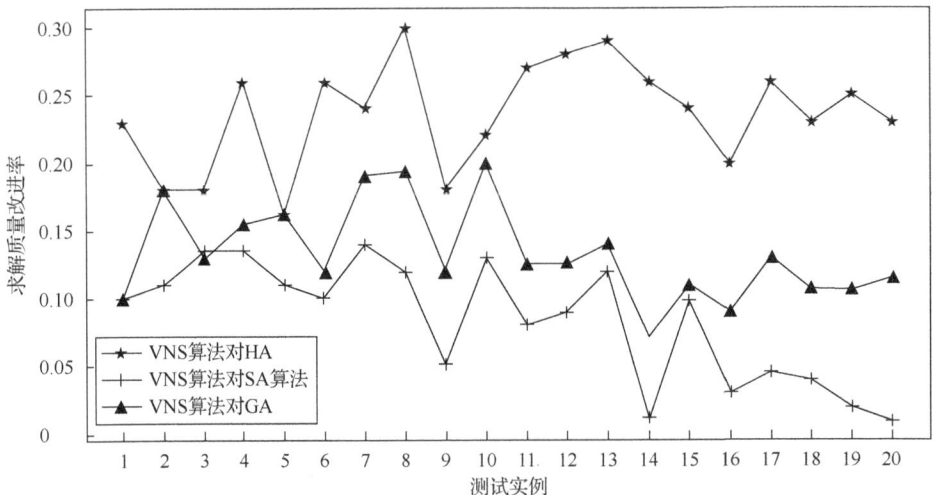

图 5-16　VNS 算法对 HA、SA 算法和 GA 的求解质量改进率

## 5.8　本章小结

本章研究了派单模式下的 CDOOSP。CDOOSP 是指将某一时段内某个区域的一组订单配送任务分配给该区域内的合适骑手，并对每个骑手的取货和送货线路进行路径规划，其目标是在满足订单时间窗约束以及骑手最大接单量约束的条件下，最小化配送路线的总距离。针对 CDOOSP，首先构建其形式化数学模型并定义解的编码格式。CDOOSP 可以看作订单

分配问题和多个骑手路径规划问题的组合，问题复杂度非常高，是
NP-Hard 问题。

订单分配是指确定配送每个订单的骑手，即建立订单与骑手之间的配送
关系。订单分配问题本身也是 NP-Hard 问题，针对该问题，本书设计了 4
种求解算法：HA、VNS 算法、SA 算法和 GA。基于订单分配的结果，利用
BBM 对每个骑手被分配的订单进行路径规划。每个骑手的路径规划可以看
作具有时间约束的旅行商问题，尽管旅行商问题是 NP-Hard 问题，但是由
于骑手的单次最大接单量一般不会很大，加之存在订单时间窗的约束，因
此可以在较短的时间内搜索到该问题的最优解，因此，本章采用 BBM 对每
个骑手被分配的订单进行路径规划。为了验证所提出的算法的性能，本章
设计了 4 种测试实例，针对每种测试实例，又生成了 5 个具体测试实例，
因此，一共包含 20 个测试实例。每种算法在每个测试实例上运行 10 次，
取目标函数的最优值和平均值以及执行时间的平均值。实验结果表明，利
用 VNS 算法进行订单分配的求解质量要明显优于其他 3 种算法。

## 参考文献

[1] CARBONE V, ROUQUET A, ROUSSAT C. The rise of crowd logistics: a new way to
co-create logistics value[J]. Journal of Business Logistics, 2017, 38(4):238-252.

[2] CÁRDENAS I, BECKERS J, VANELSLANDER T. E-commerce last-mile in Belgium:
developing an external cost delivery index[J]. Research in Transportation Business &
Management, 2017,24(9):123-129.

[3] CHEN C, YANG S, WANG Y, et al. CrowdExpress: a probabilistic framework for on-
time crowdsourced package deliveries[J]. IEEE Transactions on Big Data, 2022, 8(3):
827-842.

[4] KAFLE N, ZOU B, LIN J. Design and modeling of a crowdsource-enabled system for

urban parcel relay and delivery[J]. Transportation Research Part B, 2017,9(5):62-82.

[5] HUANG K, ARDIANSYAH M N. A decision model for last-mile delivery planning with crowdsourcing integration[J]. Computers & Industrial Engineering, 2019, 135(9): 898-912.

[6] WANG Y, ZHANG D, LIU Q, et al. Towards enhancing the last-mile delivery: an effective crowd-tasking model with scalable solutions[J]. Transportation Research Part E: Logistics and Transportation Review, 2016, 93: 279-293.

[7] BASIK F, GEDIK B, FERHATOSMANOGLU H, et al. Fair task allocation in crowdsourced delivery[J]. IEEE Transactions on Services Computing, 2018, 14(4):1040-1053.

[8] LIU Y, CHEN C, DU H, et al. FooDNet: Toward an optimized food delivery network based on spatial crowdsourcing[J]. IEEE Transactions on Mobile Computing, 2019, 18(6):1288-1301.

[9] TU W, ZHAO T, ZHOU T, et al. OCD: online crowdsourced delivery for on-demand food[J]. IEEE Internet of Things Journal, 2020, 7(8):6842-6854.

[10] DAYARIAN I, SAVELSBERGH M. Crowdshipping and same-day delivery: employing in-store customers to deliver online orders[J]. Production and Operations Management, 2020,29(9):2153-2174.

[11] 李雪妍. 派单模式下考虑 "取餐+送餐" 的众包外卖配送优化研究[D]. 北京: 北京交通大学, 2019.

[12] 汪章月. 众包配送模式下外卖订单分配与路径优化研究[D]. 上海: 东华大学, 2020.

[13] 敬鹏程. 基于城市路网众包抢单外卖配送动态路径优化研究[D]. 重庆: 重庆交通大学, 2021.

[14] ARCHETTI C, SAVELSBERGH M, SPERANZA M G.The vehicle routing problem with occasional drivers[J]. European Journal of Operational Research, 2016,254(2): 472-480.

[15] ARCHETTI C, GUERRIERO F, MACRINA G. The online vehicle routing problem with occasional drivers[J]. Computers & Operations Research, 2021,127(3):105144.

[16] YU V F, ALOINA G, JODIAWAN P, et al. The vehicle routing problem with simultaneous

pickup and delivery and occasional drivers[J]. Expert Systems With Applications, 2023, 214(15):119118.

[17] DAHLE L, ANDERSSON H, CHRISTIANSEN M, et al. The pickup and delivery problem with time windows and occasional drivers[J]. Computers and Operations Research, 2019, 109(9):122-133.

[18] HOLLAND J H. Adaptation in Natural and Artificial System[M]. Michigan:The University of Michigan Press, 1975.

# 第6章

# 第四方物流模式下的协同运输优化调度

本章研究面向快递领域的协同运输优化调度问题，提出了一种基于服务组合的协同运输优化调度模型，该模型综合考虑不同节点间快递企业和运输方式的选择及运输路径的规划，其目标是在满足客户需求的条件下最小化总运输费用。针对所提出的模型，本章先设计了一种基于 BBM 的精确求解算法，然后设计了两种 MHA，分别为 ACO 算法和 GA，最后通过实验分析了 3 种算法的求解质量和性能。实验结果表明，GA 的求解质量和性能要优于 ACO 算法，并且在小规模问题实例上，GA 在绝大多数测试实例上能够获得全局最优解。

## 6.1 概述

随着电子商务的快速发展以及消费者购买能力的提升，人们对快递服务提出了越来越多的要求，出现了许多非标准化的快递服务，例如特大快件、生鲜快件、特快快件、超范围偏远地区快件等。由于单个快递企业的服务范围和运输能力是有限的，无法满足所有的非标准化快递服务的运输需求，因此，可以借助第四方物流模式下的共享快递网络的资源整合与协调能力，将多个快递企业所提供的快递服务组合起来进行协同运输，以此来满足客户的非标准化快递服务需求。共享快递网络是由多个服务主体共同参与构建，其整合了多个单主体快递网络的资源和服务，通过物流资源共享服务平台的统一调度和管理，为客户提供优质、高效、低成本的快递服务。快递企业之间的协同运输以共享快递网络为基础，针对客户的个性化、非标准服务需求，通过对共享快递网络中的节点和运输路线进行优化配置，可以形成满足客户需求的运输路径。目前针对快递领域中的协同运输调度问题的研究工作比较少[1]，相似的研究主要集中在多式联运路径选择及第四方物流路径规划方面。

多式联运是指依托两种及以上不同运输方式，通过使用标准化运载单元或货运车辆，且在运输方式转换过程中不发生对货物本身的操作，由多式联运经营人全程将货物从接收地运送至目的地并交付收货人的运输服务[2]。物流路径选择问题是多式联运的核心问题，多式联运路径选择受运输费用、运输时间、服务质量、运输风险、技术水平、环境因素以及行程利用率等因素的影响，是一个复杂的组合优化问题[3]。针对多式联运路径选择问题，国内外展开了大量的研究工作。万杰等人[4]针对多目标多式联运路径选择问题构建了混合整数规划模型，在最小化运输成本和运输时间的同时，最大化物流服务质量，并设计 GA 和 ACO 算法相结合的混合算法对模型进行求解。吕学伟等人以混合时间窗为约束条件，以总成本最小化为目标，建立多式联运最优路径选择模型，采用 ACO 算法对相关算例进行求解[5]。冯芬玲等人研究考虑风险的国际集装箱多式联运路径选择问题，构建以最小化运输费用、运输时间、综合能耗、运输风险为目标的国际集装箱多式联运路径选择模型，并以长沙-柏林为算例进行分析[6]。低碳运输作为一种低污染、低消耗的绿色交通运输，在减少温室气体排放、节约资源等方面受到了世界各国的重视。由于同样的碳排放量在不同低碳政策下会对应不同的运输成本，为此，许多学者开始研究低碳政策下的多式联运路径选择问题。朱欣媛等人综合考虑运输成本、运输时间和碳排放，构建含有客户满意度和碳排放额度限制的多目标路径规划模型，设计混合算法对该模型进行求解[7]。程兴群等人在碳交易政策下确定模型的基础上，考虑运输时间和单位运费的概率分布未知的不确定情形，引入鲁棒优化建模方法对多式联运路径选择问题进行研究[8]。Bouchery

和 Fransoo 认为多式联运是减少碳排放的有效方案[9]，并从成本、碳排放和模式转换等角度研究了多式联运的运输路径设计问题。Jackiva 和 Budilovichb 提出在多式联运运输链中应考虑低碳运输方案[10]，认为可以通过不同利益方之间的合作来促进交通运输的可持续发展。Rosič 和 Jammernegg 研究了碳交易和碳税政策下的最优订货量和最优订货源选择问题[11]。Laurent 等人提出了一种多标准方法和决策支持系统[12]，通过考虑运输延迟、成本和碳排放来支持多式联运规划决策。

协同运输优化调度问题的研究思路与第四方物流路径规划问题的思路有很大的相似性。第四方物流路径规划问题是指单个第三方物流供应商很难胜任或者需要付出较高代价才能完成客户交付的运输任务时，由第四方物流供应商利用其拥有的信息资源协同多个第三方物流供应商共同为客户定制运输方案的问题[13]。第四方物流路径规划问题的核心是运输路径、运输方式及第三方物流供应商的选择[14-15]。李贵华等人将不同的第三方物流供应商多种运输方式的选择与路径选择相结合，建立单源点到单目地点完成多项任务的第四方物流路径规划模型，并设计最大最小蚂蚁系统有效求解该问题[16]。任亮等人基于路径选择和供应商选择的综合优化，提出了第四方物流多目标路径集成优化问题，建立以费用最小和时间最短为双目标的数学模型，并设计动态调整选择策略的改进 ACO 算法进行求解[17]。崔妍等人根据网络中可能存在多个第三方物流供应商的特点，建立了允许第三方物流供应商在节点等待的时变第四方物流路径问题的数学模型，并设计了基于 K-短路的混合粒子群算法[18]。卢福强等人针对不确定性环境下的第四方物流优化问题，考虑人们在不同情况下会有不同的行为特征，基于比例效用理论以及前景理论的价值函数，建立第四方物流路径优化模型，分别采用枚举算法、ACO 算法和改进的 ACO 算法对模型进行求解[19]。Min 等人研究了具有不确定交付时间的第四方物流路径规划问题，提出一种基于不确定性理论的第四方物流路径规划模型，并设计了基于节点的改进 GA 和基于距离的改进 GA 进行求解[20]。Yin 等人针对不确定环境下的第四方物流网络设计问题，提出了一个两阶段随机规划模型，并利用样本平均逼近方法将其近似为混合整数线性规划模型[21]。

Liu 等人从调度排序角度出发，以最小化总运输费用、运输时间以及拖期时间为目标，研究了多目标第四方物流优化问题[22]。Huang 等人考虑到运输时间和运输费用的不确定性，建立模糊规划的模型，并设计两步 GA 来寻找近似最优解[23]。

多式联运路径选择问题主要关注不同节点之间运输方式的选择，而没有考虑同一运输方式可以由多个服务主体提供的情况，第四方物流路径规划问题虽然考虑了不同节点之间第三方物流供应商的选择，但却忽略了同一第三方物流供应商可以提供多种运输方式的情况，因此，现有的多式联运路径选择模型和第四方物流路径规划模型不能完全满足快递领域中的协同运输调度的需求。借鉴多式联运路径选择和第四方物流路径规划的研究思路，本章提出了一种基于共享快递网络的协同运输优化调度模型，然后分别采用 BBM、ACO 算法和 GA 对该问题进行求解，最后通过仿真实验来分析 3 种算法的求解质量和性能。

## 6.2　协同运输优化调度问题建模

协同运输优化调度问题（Cooperative Transportation Optimization Scheduling Problem，CTOSP）是以共享快递网络为基础，针对客户的非标准化快递运输任务，通过对共享快递网络中的节点和路线进行定制，形成满足客户需求的、费用最低的运输路径。下面先给出相关概念的定义，然后构建 CTOSP 的形式化数学模型。

**定义 6.1**　一个共享快递网络可以定义为四元组：SEN=$(P, S, V, E)$。

$P=\{1, 2, \cdots, m\}$ 为提供服务的快递企业集合，$m$ 为快递企业的数量，$l \in P$ 为第 $l$ 个快递企业。

$S=S_1 \cup S_2 \cup \cdots \cup S_m$ 为运输方式的集合，$S_l=\{1, 2, \cdots, m_l\}$ 为快递企业 $l \in P$ 的运输方式的集合，$m_l$ 为快递企业 $l$ 的运输方式数量。

$V=\{1, 2, \cdots, n\}$ 为节点集合，一个节点代表一个城市或者区域，令 $T_i=\left\{e_i^{l_1, s_1, l_2, s_2}=\right.$

$(i, l_1, s_1, l_2, s_2) \mid i \in V, l_1, l_2 \in P, \ s_1 \in S_{l_1}, \ s_2 \in S_{l_2} \}$ 表示节点 $i \in V$ 的内部转运路线集合，$e_i^{l_1, s_1, l_2, s_2}$ 表示由快递企业 $l_1$ 的运输方式 $s_1$ 到快递企业 $l_2$ 的运输方式 $s_2$ 的转运路线，令 $t_i^{l_1, s_1, l_2, s_2}$ 表示转运路线 $e_i^{l_1, s_1, l_2, s_2}$ 的平均中转时间，$c_i^{l_1, s_1, l_2, s_2}(w)$ 表示转运路线 $e_i^{l_1, s_1, l_2, s_2}$ 的中转费用函数，$w$ 为快件的质量。

$E = \{ e_{i,j}^{l,s} = (i, j, l, s) \mid i, j \in V, l \in P, s \in S \}$ 为运输路线集合，两个节点之间可能存在多种运输路线，$e_{i,j}^{l,s} \in E$ 表示从节点 $i$ 到节点 $j$ 由快递企业 $l \in P$ 所提供的运输方式为 $s \in S_k$ 的运输路线，$i$ 和 $j$ 为运输路线 $e_{i,j}^{l,s}$ 的起点和终点，令 $t_{i,j}^{l,s}$ 表示运输路线 $e_{i,j}^{l,s}$ 的平均运输时间，$c_{i,j}^{l,s}(w)$ 表示运输路线 $e_{i,j}^{l,s}$ 的运输费用函数，$w$ 为所运输的快件质量，$q_{i,j}^{l,s}$ 表示运输路线 $e_{i,j}^{l,s}$ 的服务信誉。

图 6-1 所示为一个包含 4 个节点和两个快递企业的共享快递网络示意。每个快递企业可以提供两种运输方式，即 $n=4$，$m=2$，$m_1=2$，$m_2=2$，$V=\{1, 2, 3, 4\}$，$P=\{1,2\}$，$S_1=\{1,2\}$，$S_2=\{1,2\}$。在图 6-1 中，不同节点之间存在多条边，每条边代表一个快递企业的一种运输方式，即一条运输路线，每条运输路线上标注了提供服务的快递企业、运输方式以及相应的费用、时间和信誉。例如，在节点 1 和 2 之间存在 4 条运输路线，其中，1.1 表示快递企业 1 的运输方式 1，该运输路线的单位费用、运输时间和服务信誉分别为 20、12 和 8；1.2 表示快递企业 1 的运输方式 2，该运输路线的单位费用、运输时间和服务信誉分别为 18、15 和 8；2.1 表示快递企业 2 的运输方式 1，该运输路线的单位费用、运输时间和服务信誉分别为 23、11 和 9；2.2 表示快递企业 2 的运输方式 2，该运输路线的单位费用、运输时间和服务信誉分别为 19、14 和 9。当快件在某一节点内部发生中转时，一般会产生一定的中转费用和中转时间。图 6-1 右图的两个表格分别描述了同一快递企业内部和不同快递企业之间的不同运输方式转换所产生的中转费用和中转时间，例如，对于同一快递企业内部的中转，当从运输方式 1 转换到运输方式 2 时，中转费用为 2，中转时间为 2；对于不同快递企业之间的中转，当从运输方式 1 转换到运输方式 2 时，中转费用为 3，中转时间为 3。

图中各边标注：

1 — 2：
1.1(20, 12, 8)
1.2(18, 15, 8)
2.1(23, 11, 9)
2.2(19, 14, 9)

2 — 4：
1.1(12, 10, 8)
1.2(14, 12, 8)
2.1(15, 8, 9)
2.2(13, 11, 9)

2 — 3：
1.1(10, 8, 8)
1.2(7, 9, 8)
2.1(12, 3, 9)
2.2(8, 6, 9)

3 — 4：
1.1(10, 14, 8)
1.2(12, 12, 8)
2.1(13, 12, 9)
2.1(16, 10, 9)

1 — 3：
1.1(18, 16, 8)
1.2(17, 17, 8)
2.1(20, 15, 9)
2.2(19, 16, 9)

|  | 1 | 2 |
| --- | --- | --- |
| 1 | (1, 1) | (2, 2) |
| 2 | (2, 2) | (0.5, 0.5) |

同一快递企业内部不同运输方式转换的中转费用和中转时间

|  | 1 | 2 |
| --- | --- | --- |
| 1 | (2, 2) | (3, 3) |
| 2 | (3, 3) | (1, 1) |

不同快递企业之间运输方式转换的中转费用和中转时间

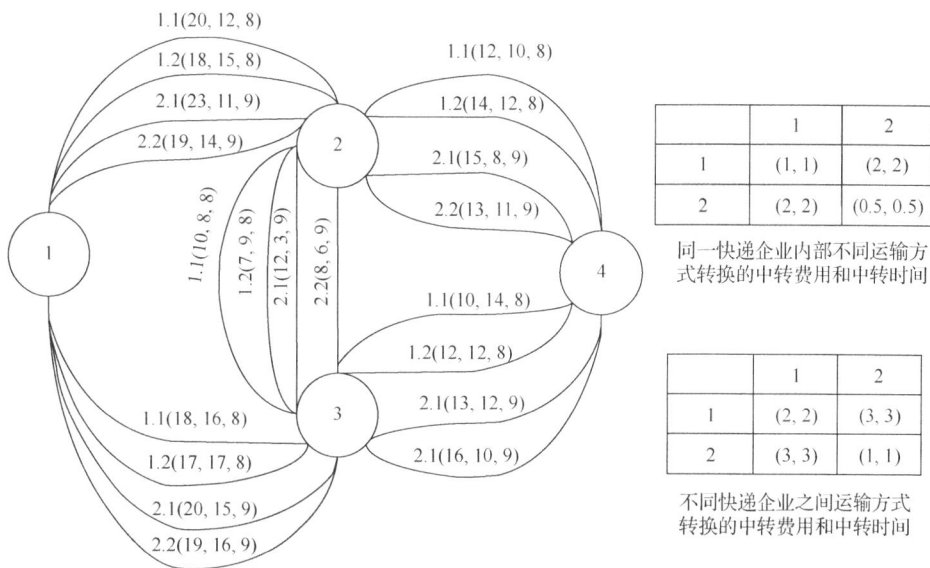

**图 6-1　共享快递网络示意**

**定义 6.2**　客户任务可以定义为六元组：$\rho = (b_\rho, e_\rho, w_\rho, c_\rho, t_\rho, q_\rho)$。其中，$b_\rho \in V$ 为客户任务的起点，$e_\rho \in V$ 为客户任务的终点，$w_\rho$ 为客户任务所包含的快件总质量，$c_\rho$ 为客户任务的最大费用需求约束，$t_\rho$ 为客户任务的最大服务时间需求约束，$q_\rho$ 为客户任务的最小服务信誉需求约束。

**定义 6.3**　设 $\rho$ 为一个客户任务，$\rho$ 的一条运输路径是指在共享快递网络中从其起点 $b_\rho$ 到终点 $e_\rho$ 的节点与运输路线的交错序列，表示为 $r = \{i_1, e_{i_1, i_2}^{l_1, s_1}, i_2, e_{i_2, i_3}^{l_2, s_2}, i_3, \cdots, i_j, e_{i_j, i_{j+1}}^{l_j, s_j}, i_{j+1}, \cdots, i_{n_r-1}, e_{i_{n_r-1}, i_{n_r}}^{l_{n_r-1}, s_{n_r-1}}, i_{n_r}\}$，其中，$i_1 \in V$ 为运输路径 $r$ 的起点，$i_{n_r} \in V$ 为运输路径 $r$ 的终点，$i_1 = b_\rho, i_{n_r} = e_\rho$；$i_j \in V$ 为运输路径 $r$ 经过的第 $j$ 个节点，$j = 1, 2, \cdots, n_r$，$n_r$ 为运输路径 $r$ 经过的节点数量，运输路径中的任何两个节点都不相同；$e_{i_j, i_{j+1}}^{k_j, l_j} \in E$ 是从节点 $i_j$ 到节点 $i_{j+1}$ 由快递企业 $k_j \in P$ 所提供的运输方式为 $l_j \in S_{kj}$ 的运输路线，第 $j = 2, \cdots, n_r - 1$ 个节点 $i_j$ 内部的转运路线为 $e_{i_j}^{k_{j-1}, l_{j-1}, k_j, l_j}$。

对于给定的客户任务 $\rho$，在共享快递网络中一般存在多条运输路径，令 $R_{SEN}(\rho)$ 表示共享快递网络 SEN 中包含的所有运输路径集合。

**定义 6.4** 令 $r_v=\{i_1, i_2, \cdots, i_{n_r}\}$ 为运输路径 $r$ 的节点序列，该序列可以看作删除 $r$ 中的运输路线后所生成的子序列；令 $r_e=\{e_{i_1,i_2}^{l_1,s_1}, e_{i_2}^{l_1,s_1,l_2,s_2}, e_{i_2,i_3}^{l_2,s_2}, \cdots,$
$e_{i_{n_r-2},i_{n_r-1}}^{l_{n_r-2},s_{n_r-2}}, e_{i_{n_r-1}}^{l_{n_r-2},s_{n_r-2},i_{n_r-1},s_{n_r-1}}, e_{i_{n_r-1},i_{n_r}}^{l_{n_r-1},s_{n_r-1}}\}$ 为运输路径 $r$ 的路线序列，该序列可以看作删除 $r$ 的起始节点和终止节点后，将其他节点用其内部转运路线替换后生成的转运路线与运输路线的交错序列。

例如，针对图 6-1 所示的共享快递网络，假设客户任务 $\rho$ 的起点和终点分别为 1 和 4，即 $b_\rho=1$、$e_\rho=4$，则 $r=\{1, e_{1,2}^{1,2}, 2, e_{2,4}^{2,1}, 4\}$ 为 $\rho$ 的一条运输路径，该运输路径的节点序列为 $r_v=\{1, 2, 4\}$，路线序列为 $r_e=\{e_{1,2}^{1,2}, e_2^{1,2,2,1}, e_{2,4}^{2,1}\}$，其中，$e_2^{1,2,2,1}$ 为节点 2 的内部转运路线（从快递企业 1 的运输方式 1 转换为快递企业 2 的运输方式 1），$e_{1,1}^{1,2}$ 表示从节点 1 到节点 2 的运输路线（快递企业 1 的运输方式 2），$e_{2,4}^{2,1}$ 表示从节点 2 到节点 4 的运输路线（快递企业 2 的运输方式 1）。

**定义 6.5** 对于运输路径 $r \in R_{SEN}$，令函数 $x_{i,j}^{l,s}(r) \in \{0,1\}$ 表示运输路线 $e_{i,j}^{l,s} \in E$ 是否是属于 $r$ 的路线序列 $r_e$，如果 $e_{i,j}^{l,s} \in r_e$ 则 $x_{i,j}^{l,s}(r)=1$，否则 $x_{i,j}^{l,s}(r)=0$；令函数 $y_i^{l_1,s_1,l_2,s_2}(r) \in \{0,1\}$ 表示转运路线 $e_i^{l_1,s_1,l_2,s_2} \in E_i$ 是否属 $r$ 的路线序列 $r_e$，如果 $e_i^{l_1,s_1,l_2,s_2} \in r_e$，则 $y_i^{l_1,s_1,l_2,s_2}(r)=1$，否则，$y_i^{l_1,s_1,l_2,s_2}(r)=0$。

基于函数 $x_{i,j}^{l,s}(r)$ 和函数 $y_i^{l_1,s_1,l_2,s_2}(r)$，我们可以计算运输路径的费用、服务时间和服务信誉。

**定义 6.6** 运输路径 $r \in R_{SEN}$ 的费用由运输费用和转运费用两部分构成，可以定义为：$C(r,w)=C_1(r,w)+C_2(r,w)$。其中，$C_1(r,w)$ 为运输费用，$C_2(r,w)$ 为转运费用，其计算公式如式（6-1）和式（6-2）所示：

$$C_1(r,w) = \sum_{i \in V} \sum_{j \in V} \sum_{l \in P} \sum_{s \in S_l} c_{i,j}^{l,s}(w) x_{i,j}^{l,s}(r) \qquad (6-1)$$

$$C_2(r,w) = \sum_{i \in V} \sum_{l_1 \in P} \sum_{l_2 \in P} \sum_{s_1 \in S_{l_1}} \sum_{s_2 \in S_{l_2}} c_i^{l_1,s_1,l_2,s_2}(w) y_i^{l_1,s_1,l_2,s_2}(r) \qquad (6-2)$$

式中，$c_{i,j}^{l,s}(w)$ 为运输路线 $e_{i,j}^{l,s} \in E$ 的费用，$c_i^{l_1,s_1,l_2,s_2}(w)$ 为转运路线 $e_i^{l_1,s_1,l_2,s_2} \in E_i$ 的费用，$w$ 为快件的质量。

**定义 6.7** 运输路径 $r \in R_{SEN}$ 的服务时间由运输时间和中转时间两部分构成，可以定义为 $T(r)=T_1(r)+T_2(r)$。其中，$T_1(r)$ 为运输时间，$T_2(r)$ 为中转时间，其计算公式如式（6-3）和式（6-4）所示：

$$T_1(r) = \sum_{i \in V} \sum_{j \in V} \sum_{l \in P} \sum_{s \in S_l} t_{i,j}^{l,s} x_{i,j}^{l,s}(r) \qquad (6\text{-}3)$$

$$T_2(r) = \sum_{i \in V} \sum_{l_1 \in P} \sum_{l_2 \in P} \sum_{s_1 \in S_{l_1}} \sum_{s_2 \in S_{l_2}} t_i^{l_1,s_1,l_2,s_2} y_i^{l_1,s_1,l_2,s_2}(r) \qquad (6\text{-}4)$$

式中，$t_{i,j}^{l,s}$ 为运输路线 $e_{i,j}^{l,s} \in E$ 的运输时间，$t_i^{l_1,s_1,l_2,s_2}$ 为转运路线 $e_i^{l_1,s_1,l_2,s_2} \in E_i$ 的中转时间。

**定义 6.8**　运输路径 $r \in R_{\text{SEN}}$ 的服务信誉可以定义为：

$$Q(r) = \frac{1}{n_r - 1} \sum_{i \in V} \sum_{j \in V} \sum_{l \in P} \sum_{s \in S_l} q_{i,j}^{l,s} x_{i,j}^{l,s}(r) \qquad (6\text{-}5)$$

式中，$q_{i,j}^{l,s}$ 为运输路线 $e_{i,j}^{l,s} \in E$ 的服务信誉，$n_r$ 为运输路径经过的节点数量。

例如，针对图 6-1 所示的共享快递网络，假设客户任务的起点和终点分别为 1 和 4，快件质量为 1，对于运输路线 $r = \{1, e_{1,2}^{1,1}, 2, e_{2,4}^{2,1}, 4\}$，根据上述定义，则 $C(r,1) = 18+3+15 = 36$，$T(r) = 15+3+8 = 26$，$Q(r) = \dfrac{8+9}{2} = 8.5$。如果运输路线为 $r = \{1, e_{1,3}^{1,1}, 3, e_{3,4}^{1,1}, 4\}$，则 $C(r,1) = 18+2+10 = 30$，$T(r) = 16+2+14 = 32$，$Q(r) = \dfrac{8+9}{2} = 8$。

CTOSP 的目标是从 $R_{\text{SEN}}$ 中搜索到满足客户任务 $\rho = (b_\rho, e_\rho, w_\rho, c_\rho, t_\rho, q_\rho)$ 的最大费用、最大服务时间和最小服务信誉需求且费用最低的运输路线，其数学模型定义如式（6-6）～式（6-12）所示：

$$\min\ C(r_\rho, w_\rho) \qquad (6\text{-}6)$$

s.t.

$$C(r, w_\rho) \leqslant c_\rho \qquad (6\text{-}7)$$

$$T(r) \leqslant t_\rho \qquad (6\text{-}8)$$

$$Q(r) \geqslant q_\rho \qquad (6\text{-}9)$$

$$x_{i,j}^{l,s}(r) = \begin{cases} 1 & e_{i,j}^{l,s} \in r_e \\ 0 & e_{i,j}^{l,s} \in r_e \end{cases} \qquad i,j \in V; l \in P; s \in S_l \qquad (6\text{-}10)$$

$$y_i^{l_1,s_1,l_2,s_2}(r) = \begin{cases} 1 & e_i^{l_1,s_1,l_2,s_2} \in r_e \\ 0 & e_i^{l_1,s_1,l_2,s_2} \in r_e \end{cases} \qquad \begin{matrix} i \in V; l_1 l_2 \in P; \\ s_1 \in S_{l_1}; s_2 \in S_{l_2} \end{matrix} \qquad (6\text{-}11)$$

$$r \in R_{\text{SEN}} \qquad (6\text{-}12)$$

在上述模型中，式（6-6）为问题的优化目标，表示最小化运输路径的费用；式（6-7）为费用约束，表示运输路径的费用不高于客户任务所要求的费用上限 $c_\rho$；式（6-8）为时间约束，表示运输路径的服务时间不大于客户所要求的最大服务时间 $t_\rho$；式（6-9）为服务信誉约束，表示运输路径的服务信誉不低于客户所要求的最小服务信誉 $q_\rho$；式（6-10）和式（6-11）是对运输路径所包含的运输路线和转运路线的定义；式（6-12）定义了问题的决策变量，本问题的决策变量为从客户任务的起点到终点的一条运输路径。

从图论角度而言，共享快递网络可以看作一个多重图（两个节点之间有多条边），CTOSP 可以看作多重图上求满足约束条件的最短路径问题（距离为费用）。当多重图退化成为简单图时，CTOSP 可变为约束最短路径问题，由于约束最短路径问题是 NP-Hard 问题[24-25]，因此，CTOSP 也是 NP-Hard 问题。针对 CTOSP，本章先设计了一个基于 BBM 的精确求解算法，然后，设计了相应的 ACO 算法和 GA，最后通过实验对 3 种算法的求解质量和性能进行对比。

## 6.3　基于 BBM 的精确求解算法

针对 CTOSP，本节给出一种基于 BBM 的精确求解算法。BBM 以广度优化的方式搜索问题的解空间树。解空间树的根节点对应客户任务的起点，其他每个节点对应共享快递网络中的一条运输路线，子节点对应的运输路线的终点是客户任务的终点。解空间树中的每个节点可以表示为 $v=(i, j, l, s, P, c, t, q)$，其中，$i$、$j$、$l$ 和 $s$ 分别为该节点所对应的运输路线的起点、终点、快递企业和运输方式，$P$ 为从根节点到该节点所经过的节点序列，$c$、$t$ 和 $q$ 分别为从解空间树的根节点到该节点路径的费用、时间和信誉。若为根节点，则 $i=0$，$j=b_\rho$，$l=0$，$s=0$，$P=\varnothing$，$c=0$，$t=0$，$q=0$。

求解 CTOSP 的 BBM 用一个最小堆来存储活动节点优先队列，其优先级是从根节点到该活动节点的费用。每个活动节点只有一次机会成为扩展节点，活动节点一旦成为扩展节点，就一次性产生满足问题约束条件的所有子节点。CTOSP 的目标是在解空间树中搜索一条从根节点到某个子节点的最优路径，该子节点也称为最优子节点。可以利用问题的约束条件对解空间树进行剪枝，如果某一个节点的费用大于当前最优子节点的费用，则将以该节点为根的子树从解空间树中剪去。基于 BBM 的 CTOSP 精确求解算法伪代码如算法 6-1 所示。

**算法 6-1：基于 BBM 的 CTOSP 精确求解算法**

| | |
|---|---|
| 1 | **Input:** SEN=$(P, S, V, E)$, $\rho=(b_\rho, e_\rho, w_\rho, c_\rho, t_\rho, q_\rho)$ |
| 2 | **Output:** 最优子节点 $v*$ |
| 3 | $v* \leftarrow$ null; |
| 4 | $c_{\min} \leftarrow \infty$; |
| 5 | $H \leftarrow$ makeHeap();　//创建最小堆 |
| 6 | $v \leftarrow (0, b_\rho, 0, 0, \varnothing, 0, 0, 0)$;　//创建根节点作为当前扩展节点 |
| 7 | **while** $v \neq$ null **do** |
| 8 | 　$i \leftarrow v.j$;　//获取当前扩展节点所对应的配送路线的终点 |
| 9 | 　**if** $i \neq e_\rho$ **then** |
| 10 | 　　**for each** $j \in V - v.P$ |
| 11 | 　　　**for** $l \leftarrow 1$ **to** $m$ |
| 12 | 　　　　**for** $s \leftarrow 1$ **to** $m_l$ |
| 13 | 　　　　　**if** $e_{i,j}^{l,s} \in E$ **then** |
| 14 | 　　　　　　**if** $i = b_\rho$ **then** |
| 15 | 　　　　　　　$c \leftarrow c_{i,j}^{l,s}(w_\rho)$; |
| 16 | 　　　　　　　$t \leftarrow t_{i,j}^{l,s}$; |
| 17 | 　　　　　　　$q \leftarrow q_{i,j}^{l,s}$; |
| 18 | 　　　　　　**else** |
| 19 | 　　　　　　　$c \leftarrow v.c + c_{i,j}^{l,s}(w_\rho) + c_i^{v,l,v,s,l,s}(w_\rho)$; |
| 20 | 　　　　　　　$t \leftarrow v.t + t_{i,j}^{l,s} + t_i^{v,l,v,s,l,s}$; |
| 21 | 　　　　　　　$q \leftarrow \dfrac{q_{i,j}^{l,s} + v.q(|v.p|-1)}{|v.p|}$; |
| 22 | 　　　　　　**end if** |

| | |
|---|---|
| 23 | flag←false; |
| 24 | **if** $j \neq e_\rho$ **and** $c \leqslant c_\rho$ **and** $t \leqslant t_\rho$ **then** flag←true; |
| 25 | **if** $j = e_\rho$ **and** $c \leqslant c_\rho$ **and** $t \leqslant t_\rho$ **and** $q \geqslant q_\rho$ **then** flag←true; |
| 26 | **if** flag=true **then** |
| 27 | $v' \leftarrow (i, j, l, s, v.P \cup \{v\}, c, t, q)$; |
| 28 | Insert($H, v'$); |
| 29 | flag←true; |
| 30 | **if** $j = e_\rho$ **and** $c < c_{\min}$ **then** |
| 31 | $c \leftarrow c_{\min}$; |
| 32 | $v^* \leftarrow v$; |
| 33 | **end if** |
| 34 | **end if** |
| 35 | **end if** |
| 36 | **end for** |
| 37 | **end for** |
| 38 | **end for** |
| 39 | **end if** |
| 40 | $v \leftarrow$ deleteMin($H$); |
| 41 | **end while** |
| 42 | **return** $v^*$; |

在算法 6-1 中，$v^*$ 指向最优子节点，$c_{\min}$ 为从解空间树的根节点到 $v^*$ 路径的费用。为了区分节点内部变量和与外部同名的变量，令 $v.i$ 和 $v.j$ 表示节点 $v$ 所对应运输路线的起点和终点，$v.P$ 表示从解空间树的根节点到节点 $v$ 的路径所经过的节点序列，$v.c$、$v.t$ 和 $v.q$ 分别表示从解空间树的根节点到节点 $v$ 的路径的费用、时间和信誉。

该算法首先创建一个最小堆 $H$ 来存储活动节点优先队列，然后创建解空间树的根节点并将其作为当前扩展节点 $v$，接下来对解空间树进行广度优先搜索，while 循环体对解空间树进行搜索，其终止条件是当前扩展节点 $v$ 为 null。在循环体的每次迭代中，对于当前扩展节点 $v$，首先获取其所对应配送路线的终点 $i \leftarrow v.j$，如果 $v$ 不是子节点，即 $i \neq e_\rho$，则在共享快递网络中依次检查以 $i$ 为起点的每条运输路线 $e_{i,j}^{l,s} \in E$，计算从解空间树的根节点到该运输路线所对应节点的路径的费用 $c$、时间 $t$ 和信誉 $q$。当 $i$ 为客户任务的起点 $b_\rho$ 时，令 $c \leftarrow c_{i,j}^{l,s}(w_\rho)$、$t \leftarrow t_{i,j}^{l,s}$、$q \leftarrow q_{i,j}^{l,s}$，否则，需要考虑中转费用和中转时间，

令 $c \leftarrow v.c + c_{i,j}^{l,s}(w_\rho) + c_i^{v,l,v,s,l,s}(w_\rho)$、$t \leftarrow v.t + t_{i,j}^{l,s} + t_i^{v,l,v,s,l,s}$、$q \leftarrow \dfrac{q_{i,j}^{l,s} + v.q(|v.p|-1)}{|v.p|}$，

$c_i^{v,l,v,s,l,s}(w_\rho)$ 为 $i$ 内部的中转费用，$t_i^{v,l,v,s,l,s}$ 为 $i$ 内部的中转时间，$|v.P|$ 为从解空间树的根节点到节点 $v$ 的路径所经过的节点数量。

对于运输路线 $e_{i,j}^{l,s}$ 的终点 $j$，分两种情况来考虑是否生成其所对应的节点 $v'$。第一种情况是 $j \neq e_\rho$，这说明 $v'$ 为非子节点，此时需要判断当前费用 $c$ 是否小于或等于 $c_\rho$ 以及当前时间 $t$ 是否小于或等于 $t_\rho$，如果 $c \leqslant c_\rho$ 且 $t \leqslant t_\rho$，生成节点 $v'$ 并将其加入最小堆 $H$ 中，否则，将对以 $v'$ 为根的子树进行剪枝。另一种情况是 $j = e_\rho$，这说明 $v'$ 为子节点，此时除了考虑费用和时间约束外，还要考虑信誉约束，如果 $c \leqslant c_\rho$、$t \leqslant t_\rho$、$q \geqslant q_\rho$，生成节点 $v'$ 并将其加入最小堆 $H$ 中，否则，将对以 $v'$ 为根的子树进行剪枝。当 $j = e_\rho$ 时，还需要判断当前费用 $c$ 是否小于当前最小费用 $c_{min}$，如果 $c < c_{min}$，用 $v$ 替换当前最优子节点 $v*$，用 $c$ 替换当前最优费用 $c_{min}$。

# 6.4　基于 ACO 算法的求解

本节使用 ACO 算法对协同运输优化调度问题进行求解。ACO 算法是 20 世纪 90 年代由意大利学者 Dorigo 等人通过模拟蚂蚁的行为而提出的一种随机优化技术[26]。ACO 算法最初用于求解旅行商问题[27]，现在已经成功应用于许多组合优化问题。ACO 算法具有鲁棒性强、可进行全局搜索、可进行并行分布式计算、易与其他问题结合等优点。ACO 算法的应用领域非常广泛，

例如车间调度问题、车辆路径问题、网络路由问题、蛋白质折叠问题、数据挖掘问题、图像识别问题、系统辨识问题等，这些问题大都是 NP-Hard 问题的组合优化问题[28-29]，用传统算法难以求解或者无法求解，各种 ACO 算法及其改进版本的出现，为这些难题的解决提供了有效的手段。

### 6.4.1　ACO 算法简介

蚂蚁是一种群居性昆虫，起源约在一亿年前。单只蚂蚁的智能并不高，但是它们能协同工作寻找食物。研究群居性昆虫行为的科学家发现，蚁群有能力在没有任何可见提示信息的情况下找出从蚁穴到食物源的最短路径，并能随环境变化而自适应地搜索新的路径。为什么蚁群总能找到一条从蚁穴到食物源的最短路径？这是因为蚂蚁会分泌一种叫作信息素的化学物质，蚂蚁的许多行为都受到信息素的调控。蚂蚁从蚁穴到食物源并从食物源返回蚁穴的过程中，能够在走过的路径上留下信息素，而且能够感知这种物质的存在及其浓度，以此指导自己的移动方向，蚂蚁倾向于朝着信息素浓度高的方向移动。

根据蚂蚁的这种觅食行为，1991 年意大利学者 Dorigo 等人在巴黎召开的第一届欧洲人工生命大会上首次提出了 ACO 算法，此算法模拟蚁群找到一条从蚁穴到食物源最短路径的觅食行为，并成功应用于求解旅行商问题。ACO 算法是采用人工蚂蚁的行走路线来表示问题的解。每只人工蚂蚁在解空间中独立搜索可行解，当它碰到一个还没有走过的路口时，会随机地选择一条路径前行，同时会释放出与路径长度有关的信息素，路径越短信息素的浓度就越高。当后来的人工蚂蚁再次碰到这个路口时，就会以相对较大的概率选择信息素浓度高的路径，并在其行走的路线上留下更多的信息素，以此来影响后来的蚂蚁，从而形成一种正反馈机制。随着算法的推进，最优路径上的信息素浓度会越来越高，而其他路径上的信息素浓度会随着时间的流逝而逐渐减弱，最终整个蚁群在正反馈的作用下找到一条最优的路径，也就是找到了问题的最优解。

Dorigo 等人提出的 ACO 算法是以旅行商问题为背景建立蚂蚁系统模型。旅行商问题可以描述为给定 $n$ 个城市的集合 $C=\{1, 2, \cdots, n\}$ 及城市之间的距离 $d_{ij}$ $(i, j=1, 2, \cdots, n)$，寻找一条只经过每个城市一次且回到起点的最短回路。

求解旅行商问题的 ACO 算法中的基本变量为蚂蚁数量 $m$ 和时刻 $t$ 在边 $(i, j)$ 上的信息素量 $\tau_{ij}(t)$，在初始时刻各条边上的信息素量相等，并设 $\tau_{ij}(0)$ 为一个常量。蚂蚁在运动过程中根据各条边上的信息素量决定其转移方向。在时刻 $t$，蚂蚁 $k$（$k=1, 2, \cdots, m$）在城市 $i$ 选择转移到城市 $j$ 的概率为 $p_{i,j}^{k}(t)$，其计算公式如式（6-13）所示：

$$p_{i,j}^{k}(t)=\begin{cases} \dfrac{[\tau_{i,j}(t)]^{\alpha} \cdot [\eta_{ij}(t)]^{\beta}}{\sum\limits_{s \in \text{allowed}_k}[\tau_{is}(t)^{\alpha}] \cdot [\eta_{is}(t)]^{\beta}} & j \in \text{allowed}_k \\ 0 & \text{其他} \end{cases} \qquad （6\text{-}13）$$

式中，$\text{allowed}_k=\{C\text{-tabu}_k\}$，表示在时刻 $t$ 蚂蚁 $k$ 下一步允许选择的城市，$\text{tabu}_k$ 为禁忌表，记录蚂蚁 $k$ 当前已走过的城市；$\alpha$ 为信息启发因子，反映了蚁群在运动过程中所残留的信息素量的相对重要程度；$\beta$ 为期望启发因子，反映了期望值的相对重要程度；$\eta_{ij}(t)$ 表示由城市 $i$ 转移到城市 $j$ 的期望程度，旅行商问题中一般取值为 $n_{ij}(t)=\dfrac{1}{d_{ij}}$，$d_{ij}$ 越小，则 $\eta_{ij}(t)$ 越大，$p_{i,j}^{k}(t)$ 也就越大。

为了避免留存的信息素过多而淹没启发信息，每只蚂蚁在走完一步或者完成对所有城市的遍历后，要对残留的信息素进行更新。经过 $n$ 个时刻，所有蚂蚁完成一次循环，在路径 $(i, j)$ 上信息素调整为：

$$\tau_{ij}(t+n)=(1-\rho)\tau_{ij}(t)+\Delta \tau_{ij}(t) \qquad （6\text{-}14）$$

$$\Delta \tau_{ij}(t) = \sum_{k=1}^{m} \Delta \tau_{ij}^{k}(t) \qquad （6\text{-}15）$$

式中，$\rho$ 为信息素挥发系数，为了防止信息素的无限累积，$\rho$ 的取值范围为 $[0,1)$，$1-\rho$ 则表示信息素的残留系数；$\Delta \tau_{ij}(t)$ 表示本次循环中路径 $(i, j)$ 上的信息素增量，$\Delta \tau_{ij}^{k}(t)$ 表示第 $k$ 只蚂蚁在本次循环中留在路径 $(i, j)$ 上的信息素增量。

根据信息素更新策略的不同，Dorigo 定义了 3 种不同的蚂蚁系统模型，分别是蚁周模型（Ant-Cycle Model）、蚁量模型（Ant-Quantity Mode）和蚁密模型（Ant-Density Model），3 种模型的差异在于 $\Delta\tau_{ij}^{k}(t)$ 的计算方法不同。

① 蚁周模型

$$\Delta\tau_{ij}^{k}(t) = \begin{cases} \dfrac{Q}{L_k} & \text{第}k\text{只蚂蚁在本次循环中经过路径}(i,j) \\ 0 & \text{其他} \end{cases} \quad (6\text{-}16)$$

② 蚁量模型

$$\Delta\tau_{ij}^{k}(t) = \begin{cases} \dfrac{Q}{d_{ij}} & \text{第}k\text{只蚂蚁在}t\text{和}t+1\text{之间经过路径}(i,j) \\ 0 & \text{其他} \end{cases} \quad (6\text{-}17)$$

③ 蚁密模型

$$\Delta\tau_{ij}^{k}(t) = \begin{cases} Q & \text{第}k\text{只蚂蚁在}t\text{和}t+1\text{之间经过路径}(i,j) \\ 0 & \text{其他} \end{cases} \quad (6\text{-}18)$$

式中，对于蚁周模型，$Q$ 表示蚂蚁循环一周后在经过的路径上释放的信息素总量，$L_k$ 表示第 $k$ 只蚂蚁在本次循环中所走的路径总长度；对于蚁量模型和蚁密模型，$Q$ 表示蚂蚁在走完一步后在经过的路径上释放的信息素总量。蚁周模型利用整体信息，蚂蚁完成一个循环后才更新所有路径上的信息素。蚁量模型和蚁密模型利用局部信息，蚂蚁走完一步就要更新路径上的信息素。对于旅行商问题，蚁周模型具有较好的求解效果。

求解旅行商问题的 ACO 算法的步骤如下。

**步骤 1**：初始化算法参数，设置信息启发因子 $\alpha$、期望启发因子 $\beta$ 以及蚂蚁循环一周后的信息素量 $Q$ 的取值，设置最大循环次数 $N_{c\max}$ 和循环计算器 $N_c=0$，令时间 $t=0$，初始化信息素量和信息素增量，令 $\tau_{ij}(t)=\text{const}$，$\Delta\tau_{ij}(t)=0$，将蚂蚁随机放置于 $n$ 个城市上。

**步骤 2**：循环次数 $N_c=N_c+1$。

**步骤 3**：时间 $t=t+1$。

**步骤 4**：对于每只蚂蚁 $k$（$k=1, 2, \cdots, m$），按照式（6-13）选择下一个城市 $j\in\text{allowed}_k$；更新禁忌表，将每只蚂蚁 $k$（$k=1, 2, \cdots, m$）上一步走过的城市

移动到该蚂蚁的禁忌表 $\text{tabu}_k$ 中。

**步骤 5**：若 $t<n$，返回步骤 3，否则，转至步骤 6。

**步骤 6**：根据式（6-14）和式（6-15）更新每一条路径上的信息素量、信息素增量。

**步骤 7**：更新本次循环中的全局最短路径和路径长度。

**步骤 8**：若 $N_c \geqslant N_{c\max}$，算法终止并输出最短路径及其长度，否则，返回步骤 2 并清空每只蚂蚁的禁忌表。

### 6.4.2　ACO 算法设计

在 CTOSP 中，两个节点之间存在多条运输路线，每条运输路线一般具有不同的费用、时间和信誉，每条运输路径中相邻两条运输路线的转换需要产生一定的中转费用和中转时间，另外，还要考虑客户任务的需求约束，因此，CTOSP 的复杂度要远高于旅行商问题，求解旅行商问题的 ACO 算法不能直接应用 CTOSP。

在求解 CTOSP 的 ACO 算法中，令 $\tau_{i,j}^{l,s}(t)$ 表示 $t$ 时刻在运输路线 $e_{i,j}^{l,s}$ 上的信息素量，在初始时刻 $t=0$ 时，将所有蚂蚁都放置到客户任务的起点上，各条运输路线上的信息素量都相等，令 $\tau_{i,j}^{l,s}(0)$ 为一个常量。蚂蚁在运动过程中根据各条运输路线上的信息素量决定其转移方向。在时刻 $t$，蚂蚁 $k$（$k=1, 2, \cdots, m$）在节点 $i$ 选择快递企业 $l \in P_{i,j}$ 的运输方式 $s \in S_{i,j}^l$ 转移到节点 $j \in \text{allowed}_k^i$ 的概率为 $p_{i,j,l,s}^k(t)$，其计算公式如式（6-19）所示：

$$p_{i,j,l,s}^k(t) = \frac{[\tau_{i,j}^{l,s}(t)]^{\alpha} \cdot [\eta_{i,j}^{l,s}(t)]^{\beta}}{\displaystyle\sum_{j' \in \text{allowed}_k^i} \sum_{l' \in P_{i,j'}} \sum_{s' \in S_{i,j'}^{l'}} [\tau_{i,j'}^{l',s'}(t)]^{\alpha} \cdot [\eta_{i,j'}^{l',s'}]^{\beta}} \qquad （6-19）$$

式中，$\text{allowed}_k^i = V_i - \text{tabu}_k - \text{tabu}_k^i$ 表示蚂蚁 $k$ 在节点 $i$ 允许访问的可行节点集合，与旅行商问题不同，两个节点之间只有存在运输路线才可以访问，$V_i$ 表示与节点 $i$ 存在运输路线的节点集合，$\text{tabu}_k$ 为蚂蚁 $k$ 走过的节点集合，$\text{tabu}_k^i$ 为蚂蚁 $k$ 在节点 $i$ 处已访问的不可行节点的集合；$P_{i,j}$ 表示节点 $i$ 与节点 $j$ 之间能够提供运输服务的快递企业集合，$S_{i,j}^l$ 表示节点 $i$ 与节点 $j$ 之间由快递企

业 $l$ 提供的运输方式的集合；$\eta_{i,j}^{l,s}(t)$ 表示由节点 $i$ 通过运输路线 $e_{i,j}^{l,s}$ 转移到节点 $j$ 的期望程度，对于 CTOSP，令 $\eta_{i,j}^{l,s}(t) = \dfrac{1}{c_{i,j}^{l,s}(w_\rho)}$；$\alpha$ 为信息启发因子，$\beta$ 为期望启发因子，$\alpha$ 与 $\beta$ 的相对大小决定了蚂蚁对运输路线信息素和质量的取向偏好。

当所有蚂蚁从客户任务的起点出发都到达客户任务的终点后，则完成一次循环，每次循环结束后，需要对所有运输路线上残留的信息素进行更新。在每次循环中，由于每只蚂蚁经过的运输路线数量并不完全相同，为此，我们将一次循环设置为一个时刻。经过一个时刻后，所有蚂蚁完成了一次循环，在路径运输路线 $e_{i,j}^{l,s}$ 上信息素调整为：

$$\tau_{i,j}^{l,s}(t+1) = (1-\rho)\tau_{i,j}^{l,s}(t) + \Delta\tau_{i,j}^{l,s}(t) \tag{6-20}$$

$$\Delta\tau_{i,j}^{l,s}(t) = \sum_{q=1}^{m} \Delta\tau_{i,j,l,s}^{k}(t) \tag{6-21}$$

式中，$\rho \in [0,1]$ 为信息素挥发系数，$1-\rho$ 则表示信息素的残留系数；$\Delta\tau_{i,j}^{l,s}(t)$ 表示本次循环中运输路线 $e_{i,j}^{l,s}$ 上的信息素增量；$\Delta\tau_{i,j,l,s}^{k}(t)$ 表示第 $k$ 只蚂蚁在本次循环中留在运输路线 $e_{i,j}^{l,s}$ 上的信息素增量，其计算公式如式（6-22）所示：

$$\Delta\tau_{i,j,l,s}^{k}(t) = \begin{cases} \dfrac{Q}{L_k} & \text{第}k\text{只蚂蚁在本次循环中经过路径}e_{i,j}^{l,s} \\ 0 & \text{其他} \end{cases} \tag{6-22}$$

式中，$Q$ 表示蚂蚁循环一次后在经过的运输路径上释放的信息素总量，$L_k$ 表示第 $k$ 只蚂蚁在本次循环中所走的运输路径总费用。

令 $\text{path}_k$ 表示蚂蚁当前的运输路径，即所经过的配送路线列表。由于运输路径要满足客户任务的费用、时间和信誉的约束，因此，蚂蚁在某一个节点处选择下一个节点时，可能存在没有可行的运输路线的情况，此时需要回溯到前一个节点重新选择合适的节点。为了避免回溯到前面节点后重复选择不可行的下一个节点，需要对 $\text{tabu}_k$ 中的每个节点记录其已访问的不可行节点。对于节点 $i \in \text{tabu}_k$，令 $\text{tabu}_k^i$ 表示蚂蚁 $k$ 在节点 $i$ 处的禁忌表，即在节点 $i$ 处已访问的不可行节点的集合，因此，在节点 $i$ 处允许访问的可行节点集合为 $\text{allowed}_k^i = V_i - \text{tabu}_k - \text{tabu}_k^i$。

### 6.4.3　ACO 算法流程

求解协同运输调度问题的 ACO 算法的具体步骤如下。

**步骤 1**：初始化算法参数，设置信息启发因子 $\alpha$、期望启发因子 $\beta$ 以及蚂蚁循环一周后的信息素量 $Q$ 的值，设置最大循环次数 $NG$ 和循环计算器 $t=0$，设置蚂蚁数量 $m$，初始化信息素量和信息素增量，对于 $\forall e_{i,j}^{l,s} \in E$，令 $\tau_{i,j}^{l,s}(t) = p_0$、$\Delta\tau_{i,j}^{l,s}(t) = 0$。

**步骤 2**：令初始全局最优运输路径 path*=null，令初始全局最小费用 $c_{\min}=\infty$。

**步骤 3**：循环次数 $t=t+1$。

**步骤 4**：对于每只蚂蚁 $k$（$k=1, 2, \cdots, m$），按照如下步骤在共享快递网络中进行可行运输路径的搜索。

**步骤 4.1**：将蚂蚁 $k$ 放置于客户任务 $\rho$ 的起点 $b_\rho \in V$ 上，即 $\text{tabu}_k = \{b_\rho\}$，令蚂蚁 $k$ 的当前运输路径 $\text{path}_k=\varnothing$，当前费用 $c_k=0$，当前时间 $t_k=0$，当前信誉 $q_k=0$，令 $i=b_\rho$ 为蚂蚁 $k$ 的当前节点，蚂蚁 $k$ 在当前节点 $i$ 的禁忌表 $\text{tabu}_k^i = \varnothing$。

**步骤 4.2**：在当前节点 $i$ 处，按照式（6-19）选择可行运输路线和下一个节点。

**步骤 4.3**：如果存在可行运输路线，令 $e_{i,j}^{l,s}$ 为所选择的可行运输路线，$j \in \text{allowed}_k^i$ 为所选择的节点，将运输路线 $e_{i,j}^{l,s}$ 加入蚂蚁 $k$ 的运输路径 $\text{path}_k$ 中，同时将节点 $j$ 加入蚂蚁 $k$ 的禁忌表 $\text{tabu}_k$ 中，令 $i=j$ 为蚂蚁 $k$ 的当前节点，如果 $i \neq e_\rho$，返回步骤 4.2，否则，转至步骤 4.5。

**步骤 4.4**：如果不存在可行运输路线，则进行回溯，将 $i$ 从禁忌表 $\text{tabu}_k$ 中移除，如果 $\text{tabu}_k \neq \varnothing$，令 $i'$ 为禁忌表 $\text{tabu}_k$ 中的当前节点，将 $i$ 加入 $i'$ 的禁忌表 $\text{tabu}_k^{i'}$ 中，同时将从 $i'$ 到 $i$ 的运输路线从当前运输路径 $\text{path}_k$ 中移除，令 $i=i'$ 为蚂蚁 $k$ 的当前节点，返回步骤 4.2；如果 $\text{tabu}_k^{i'} \neq \varnothing$，转至步骤 7。

**步骤 4.5**：如果蚂蚁 $k$ 的运输路径 $\text{path}_k$ 的费用 $c_k$ 小于全局最小费用 $c_{\min}$，则用 $\text{path}_k$ 替换全局最优运输路径 $\text{path}^*$，并用 $c_k$ 替换全局最小费用 $c_{\min}$。

**步骤 5**：在本次循环中当所有蚂蚁都完成可行运输路径的搜索后，根据式（6-20）、式（6-21）和式（6-22）更新每一条运输路线上的信息素量。

**步骤 6**：若 $t<T$，清空每只蚂蚁 $k$ $(k=1,2,\cdots,m)$ 在每个节点 $i\in V$ 处的禁忌表 $\text{tabu}_k^i$，返回步骤 3，否则，转至步骤 7。

**步骤 7**：输出全局最优运输路径 $\text{path}^*$ 和最小费用 $c_{\min}$。

# 6.5 基于 GA 的求解

GA 是以自然界中的生物进化过程为背景，将生物进化过程中的繁殖、选择、杂交、变异和竞争等概念引入算法。GA 具有全局搜索性能强的优点，是解决路径规划问题的常用算法，本节采用 GA 对协同运输优化调度问题进行求解。

## 6.5.1 染色体编码

针对协同运输优化调度问题的特点，染色体采用一个 4 维向量序列来表示。每条运输路径 $r=\{i_1, e_{i_1,i_2}^{l_1,s_1}, i_2, e_{i_2,i_3}^{l_2,s_2}, i_3,\cdots, i_j, e_{i_j,i_{j+1}}^{l_j,s_j}, i_{j+1},\cdots, i_{n_r-1}, e_{i_{n_r-1},i_{n_r}}^{l_{n_r-1},s_{n_r-1}}, i_{n_r}\}$ 可以映射为式（6-23）所示的 4 维向量序列：

$$\boldsymbol{P}_r = \left( \begin{pmatrix} i_1 \\ i_2 \\ l_1 \\ s_1 \end{pmatrix}, \begin{pmatrix} i_2 \\ i_3 \\ l_2 \\ s_2 \end{pmatrix}, \cdots, \begin{pmatrix} i_j \\ i_{j+1} \\ l_j \\ s_j \end{pmatrix}, \cdots, \begin{pmatrix} i_{n_r-1} \\ i_{n_r} \\ l_{n_r-1} \\ s_{n_r-1} \end{pmatrix} \right) \tag{6-23}$$

式中，$\boldsymbol{P}_r$ 称为 $r$ 所对应的染色体，向量 $\begin{pmatrix} i_j \\ i_{j+1} \\ l_j \\ s_j \end{pmatrix}$ 称为染色体 $\boldsymbol{P}_r$ 的第 $j(j=1, 2,\cdots, n_r-1)$ 个基因，其对应于运输路线 $e_{i_j,i_{j+1}}^{l_j,s_j}$，$i_1= b_\rho$ 为客户任务的起点，$i_{n_r} = e_\rho$ 为客户任务的终点。

例如，针对图 6-1 所示的共享快递网络，运输路径 $r=\{1,\ e_{1,2}^{1,2},\ 2,\ e_{2,4}^{2,1},\ 4\}$

所对应的染色体编码为 $P_r = \left( \begin{pmatrix} 1 \\ 2 \\ 1 \\ 2 \end{pmatrix}, \begin{pmatrix} 2 \\ 4 \\ 2 \\ 1 \end{pmatrix} \right)$，运输路线 $r=\{1,\ e_{1,3}^{1,1},\ 3,\ e_{3,2}^{2,2},\ 2,\ e_{2,4}^{1,1},4\}$

所对应的染色体编码为 $P_r = \left( \begin{pmatrix} 1 \\ 3 \\ 1 \\ 1 \end{pmatrix}, \begin{pmatrix} 3 \\ 2 \\ 2 \\ 2 \end{pmatrix}, \begin{pmatrix} 2 \\ 4 \\ 1 \\ 1 \end{pmatrix} \right)$。

## 6.5.2　染色体初始化

染色体初始化过程与 ACO 算法中蚂蚁的搜索过程比较类似，都是从客户任务的起点开始搜索。蚂蚁在每个节点处选择下一条运输路线是根据各条运输路线上的信息素量来决定的，而在构造每条染色体的过程中，在每个节点处是随机选择下一条运输路线，如果在某个节点处不存在可行的运输路线，则需要回溯到前一个节点选择其他运输路线继续搜索。令 path 表示当前的运输路线序列，$allowed_i = V_i - tabu - tabu_i$ 表示在节点 $i \in V$ 允许访问的可行节点集合，$V_i$ 表示与节点 $i$ 之间存在运输路线的节点集合，tabu 为禁忌表，即已经走过的节点集合，$tabu_i$ 表示在节点 $i$ 处已访问的不可行节点的集合。染色体初始化算法步骤如下。

**步骤 1**：令初始禁忌表 $tabu=\varnothing$，当前的运输路线序列 $path=\varnothing$，对于每个节点 $i \in V$，令 $tabu_i=\varnothing$。

**步骤 2**：从客户任务的初始节点开始搜索，令 $i=b\rho$ 为当前节点，$tabu=\{b\rho\}$。

**步骤 3**：在当前节点 $i$ 处，从与其关联的运输路线集合 $E_i$ 中随机选择一条可行运输路线。

**步骤 4**：如果 $E_i$ 中存在可行运输路线，令 $e_{i,j}^{l,s}$ 为所选择的可行运输路线，$j \in allowed_i$ 为所选择的节点，将运输路线 $e_{i,j}^{l,s}$ 加入 path 中，同时将节点 $j$ 加入禁忌表 tabu 中，令 $i=j$ 为当前节点，如果 $i \neq e_\rho$，返回步骤 3，否则，转至步骤 6。

**步骤 5**：如果 $E_i$ 中不存在可行运输路线，则进行回溯，将 $i$ 从禁忌表 tabu 中移除，如果 tabu≠∅，令 $i'$ 为禁忌表 tabu 中的当前节点，将 $i$ 加入 $i'$ 的禁忌表 $tabu_{i'}$ 中，同时将从 $i'$ 到 $i$ 的运输路线从 path 中移除，令 $i=i'$ 为当前节点，返回步骤 3；如果 tabu=∅，则说明不存在满足客户任务需求的运输路径，转至步骤 7。

**步骤 6**：根据运输路线序列 path 构造相应的染色体。

**步骤 7**：染色体初始化算法结束。

### 6.5.3 适应度函数与选择策略

得到初始染色体后，需要根据参数设定来产生初始种群，并计算种群中每条染色体的适应度。在这里，适应度函数使用正规化技术，将函数值映射到 (0,1]，从而抑制超级染色体的产生，使用到的标定计算公式如式（6-24）所示：

$$F(x) = \frac{f(x) - f_{\min} + r}{f_{\max} - f_{\min} + r} \tag{6-24}$$

式中，$f(x)$ 代表目标值函数，$f_{\min}$ 和 $f_{\max}$ 分别为种群中的最小和最大目标函数值，$r \in (0,1)$ 用来防止在计算过程中函数值为零，结合本问题的特点，令 $r=1$。

GA 在每次迭代过程中，在父代种群中采用某种选择策略选出指定数目的个体进行遗传操作。选择策略是基于适应度进行的，该策略能够保证具有较高适应度的个体有较高的选择概率。最常用的选择策略是正比选择策略，即每个个体被选中进行遗传运算的概率与其适应度成正比。对于个体 $i$，设其适应度为 $F_i$，种群的规模为 $NP$，则该个体被选中的概率为：

$$P_i = \frac{F_i}{\sum\limits_{i=1}^{NP} F_i}, i = 1, 2, \cdots, NP \tag{6-25}$$

由式（6-25）可知，适应度高的个体将有更高的被选择概率。基于被选择概率，可以采用旋轮法来实现选择操作。令 $PP_i$ 为个体 $i$ 的累积概率，其计算公式如式（6-26）所示：

$$PP_i = \sum_{j=1}^{i} P_i, i = 1, 2, \cdots, NP \tag{6-26}$$

每次轮转时，产生一个位于(0, 1)的随机数 $\varepsilon$，如果 $PP_{i-1} \leqslant \varepsilon < PP_i$，则选择个体 $i$。为避免遗传操作破坏父代种群中的优良个体，采用精英保留策略将父代种群中的最优个体直接传递给下一代，该方式提高了优良个体参与繁殖的机会，保护其不受破坏。

### 6.5.4　交叉操作

交叉操作采用单切交叉的方式，首先针对被选择的两个父代染色体 $P_1$ 和 $P_2$，各自随机产生一个交叉点 $k_1$ 和 $k_2$，交叉点 $k_1$ 将染色体 $P_1$ 划分为左侧部分 $P_1^L$ 和右侧部分 $P_1^R$，交叉点 $k_2$ 将染色体 $P_2$ 划分为左侧部分 $P_2^L$ 和右侧部分 $P_2^R$；然后分别检查 $P_1^L$ 与 $P_2^R$ 以及 $P_2^L$ 与 $P_1^L$ 是否可以连接；如果 $P_1^L$ 与 $P_2^R$ 可以连接，则将 $P_1^L$ 与 $P_2^R$ 进行组合形成子代染色体 $C_1$，否则，将 $P_1$ 直接复制给子代染色体 $C_1$；如果 $P_2^L$ 与 $P_1^L$ 可以连接，则将 $P_2^L$ 与 $P_1^L$ 进行组合形成子代染色体 $C_2$，否则，将 $P_2$ 直接复制给子代染色体 $C_2$。

下面以 $P_1^L$ 与 $P_2^R$ 为例来说明如何判断子代染色体是否可以连接及如何进行组合形成新的染色体。

首先检查 $P_2^R$ 中的每条运输路线，如果该运输路线与 $P_1^L$ 中的某条运输路线具有相同的起始节点，则将该运输路线从 $P_2^R$ 中移除。接下来检查 $P_2^R$ 中的每条运输路线，如果该运输路线的起始节点与 $P_1^L$ 中的最后一条运输路线的起始节点之间存在运输路线，则将该运输路线进行可连接标记。对于 $P_2^R$ 中每条打上了标记的运输路线，如果将该运输路线及其后面的运输路线按照顺序依次加入 $P_1^L$ 的后面形成的新运输路径是一条可行的运输路径，即该运输路径的总费用、总时间和平均信誉满足客户任务的最大费用、最大时间和最小信誉的约束，则称该运输路线是一条可连接运输路线。如果 $P_2^R$ 中存在可连接运输路线，则说明 $P_1^L$ 与 $P_2^R$ 是可组合的。$P_2^R$ 中可能存在多条可连接运输路线，可以按照一定的策略选择其中的一条作为 $P_2^R$ 的起始运输路线与 $P_1^L$ 进行连接。一种常见的策略是选择排在最前面的可连接运输路线，另一种策略是选择组合后总费用最低的可连接运输路线。尽管采用后一种策略得到的新染色体的质量要优于前者，但是其时间消耗较大，本章采用前一种策略。

图 6-2 所示为交叉操作示意，在本例中，父代染色体 $P_1$ 和 $P_2$ 的交叉点都为 1，将父代染色体 $P_1$ 的左侧部分 $P_1^L$ 与父代染色体 $P_2$ 的右侧部分 $P_2^R$ 进行组合生成子代染色体 $C_1$，将父代染色体 $P_2$ 的左侧部分 $P_2^L$ 与父代染色体 $P_1$ 的右侧部分 $P_1^R$ 进行组合生成子代染色体 $C_2$。由于 $P_2^R$ 中的首条可连接运输路线的起始节点是 3，因此，在生成子代染色体 $C_1$ 时，需要将 $P_1^L$ 中的最后一条运输路线的终止节点从 2 改为 3。由于 $P_1^R$ 中首条可连接运输路线的起始节点是 2，因此，在生成子代染色体 $C_2$ 时，需要将 $P_2^L$ 中的最后一条运输路线的终止节点从 3 改为 2。

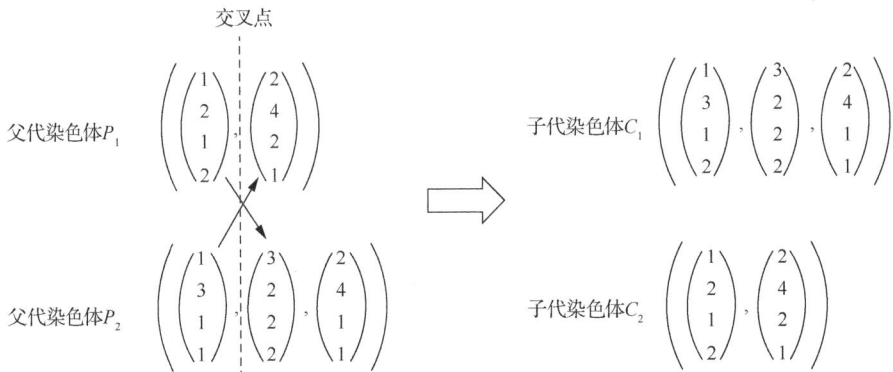

图 6-2　交叉操作示意

### 6.5.5　变异操作

变异操作是随机改变染色体中某条运输路线的快递企业和运输方式。针对被选择的父代染色体 $P$，在 $P$ 中随机选择一条运输路线 $e_{i,j}^{l,s}$，令 $E_{i,j}$ 为从节

点 $i$ 到节点 $j$ 的所有运输路线的集合。针对 $E_{i,j}$ 中每条与 $e_{i,j}^{l,s}$ 不同的运输路线 $e_{i,j}^{l',s'}$，如果在 $P$ 中用 $e_{i,j}^{l',s'}$ 替换 $e_{i,j}^{l,s}$ 后所形成的新运输路径是一条可行的运输路径，即该运输路径的总费用、总时间和平均信誉满足客户任务的最大费用、最大时间和最小信誉的需求，则称 $e_{i,j}^{l',s'}$ 是 $e_{i,j}^{l,s}$ 的一条可替换运输路线，记为 $e_{i,j}^{l',s'} \mapsto e_{i,j}^{l,s}$，令 $E_{i,j}^{p}(e_{i,j}^{l,s}) = \left\{ e_{i,j}^{l',s'} \in E_{i,j} \middle| e_{i,j}^{l',s'} \mapsto e_{i,j}^{l,s} \right\}$ 是 $e_{i,j}^{l,s}$ 的可替换运输路线集合。如果 $E_{i,j}^{p}(e_{i,j}^{l,s}) = \varnothing$，则将 $P$ 直接复制给子代染色体 $C$，否则，从 $E_{i,j}^{p}(e_{i,j}^{l,s})$ 中选择一条替换 $e_{i,j}^{l,s}$ 后所形成的新运输路径的费用最低的运输路线，用该运输路线替换 $P$ 中的运输路线 $e_{i,j}^{l,s}$，从而形成新的子代染色体 $C$。

图 6-3 所示为变异操作示意，在本例中，变异点为 2，其所对应的运输路线的起点和终点分别为 3 和 2，从节点 3 到节点 2 存在 4 条运输路线，如图 6-1 所示。假设其余 3 条运输路线都是可替换路线，我们选择费用最低的运输路线（快递企业 1 的运输方式 2）替换原来的运输路线生成一条子代染色体。

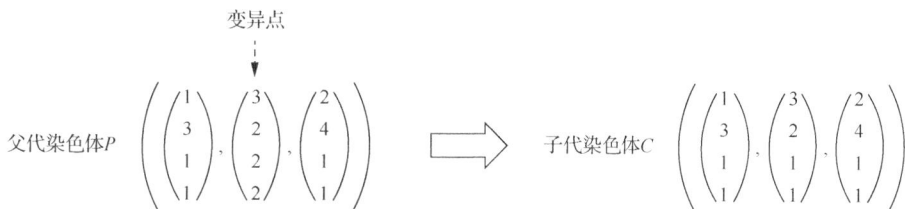

图 6-3　变异操作示意

## 6.5.6　GA 的流程

求解协同运输优化调度问题的 GA 具体步骤如下。

**步骤 1：** 设置算法的参数，主要包括种群大小 $NP$、进化代数 $NG$、交叉概率 $p_c$ 和变异概率 $p_m$。

**步骤 2：** 根据染色体初始化算法产生大小为 $NP$ 的初始种群，通过引入回溯，保证在严格的约束条件的限制下每条染色体的合法性与可行性。

**步骤 3：** 根据适应度函数计算种群中每个染色体的适应度，通过使用正规化技术来抑制超级染色体产生。

**步骤 4**：采用正比选择策略和旋轮法从种群中选择 $NP$ 对父代染色体，首先，根据交叉概率 $p_c$ 对每一对父代染色体进行交叉，产生一个子代染色体，然后，按照变异概率 $p_m$ 对交叉操作后产生的子代染色体进行变异操作。

**步骤 5**：用新产生的子代染色体替换父代染色体，并将父代和子代中最优的染色体保留下来，从而生成新一代种群。

**步骤 6**：判断是否达到最大迭代次数 $NG$，如果达到最大迭代次数，输出最优染色体，算法结束，否则，转至步骤 3，进行下一轮进化。

# 6.6　实验分析

针对协同运输优化调度问题，本章设计了 3 种求解算法：基于 BBM 的精确算法、ACO 算法和 GA。3 种算法都采用 Java 实现，JDK 版本为 1.8，算法的运行环境如下：处理器为 Intel Core i5-4690 @ 3.5 GHz，内存为 8 GB，64 位操作系统。

## 6.6.1　测试实例

测试实例参考第四方物流路径优化研究中的规则模拟仿真生成。表 6-1 列出了生成测试实例的 3 个参数：节点数量 $n$、快递企业数量 $m$ 和运输方式数量 $u$。节点数量的取值为 7、10、15 和 20。快递企业数量的取值为 2、3、5 和 10。运输方式数量的取值为 3 和 5。根据节点数量、快递企业数量以及运输方式数量的取值，可设计 32 个测试实例，这些测试实例可分两类：小规模测试实例和大规模测试实例（见 6.6.3 小节）。BBM 只能在小规模测试实例上执行，ACO 算法和 GA 既可以在小规模测试实例上执行，也可以在大规模测试实例上执行。

表 6-1　控制测试实例规模的参数设置

| 参数 | 取值 |
|---|---|
| 节点数量 $n$ | 7、10、15、20 |
| 快递企业数量 $m$ | 2、3、5、10 |
| 运输方式数量 $u$ | 3、5 |

下面给出节点、运输路线及其费用、时间和信誉等的生成规则。

（1）节点生成规则

设客户任务的起点坐标为 $(0,0)$，终点坐标为 $(100,100)$，它们的编号分别为 1 和 $n$。在 $100 \times 100$ 的矩形区域内随机生成 $n-2$ 个节点，根据节点坐标与起点坐标之间的欧氏距离由近到远从 2 到 $n-1$ 进行编号。

（2）运输路线生成规则

对于每个节点 $i$ $(i=1,2,\cdots,n-1)$，在 $[1, h]$ 内生成一个随机数 $h_i$，如果 $i+h_i \leqslant n$，则生成从节点 $i$ 到节点 $i+1,\cdots,i+h_i$ 的边，如果 $i+h_i > n$，则生成从节点 $i$ 到节点 $i+1,\cdots,n$ 的边。对于从节点 $i$ 到节点 $j$ 的每条边，在 $[1,m]$ 内随机生成提供服务的快递企业数量 $m_{ij}$，在 $[1,u]$ 内随机生成每个快递企业的运输方式数量 $s_{ij}$，因此，从节点 $i$ 到节点 $j$ 的运输路线的数量为 $m_{ij} \times s_{ij}$。

（3）运输路线的费用、时间和信誉生成规则

对于从节点 $i$ 到节点 $j$ 的每条运输路线 $e_{i,j}^{l,s}$，可以按照式（6-27）生成运输时间：

$$t_{i,j}^{l,s} = \left\lfloor d_{i,j} + R(0,t) \right\rfloor \qquad （6-27）$$

式中，$d_{i,j}$ 为从节点 $i$ 的坐标到节点 $j$ 的坐标的欧氏距离，$R(0,t)$ 为 $(0,t)$ 内的一个随机数，$t$ 表示运输时间的变化范围。

对于从节点 $i$ 到节点 $j$ 的每条运输路线 $e_{i,j}^{l,s}$，可以按照式（6-28）生成单位费用：

$$c_{i,j}^{l,s} = \left\lfloor 2(d_{i,j} + t) - t_{i,j}^{l,s} + R(0,c) \right\rfloor \qquad （6-28）$$

式中，$R(0,c)$ 为 $(0,c)$ 内的一个随机数，$c$ 表示单位费用的变化范围。

对于从节点 $i$ 到节点 $j$ 的每条运输路线 $e_{i,j}^{l,s}$，其信誉 $q_{i,j}^{l,s}$ 可以在 $[q_1, q_2]$ 内随机生成，其中，$q_1$ 为信誉的下限，$q_2$ 为信誉的上限。

（4）中转费用和中转时间生成规则

中转可分为同一快递企业内部运输方式之间的中转以及不同快递企业之间运输方式的中转。同一快递企业内部运输方式之间的中转时间 $t_i^{l,s_1,l,s_2}$ 在 $[a_1, b_1]$ 内随机生成，其中 $a_1$ 和 $b_1$ 分别为同一快递企业内部运输方式之间的中转时间下限和上限；不同快递企业之间运输方式的中转时间 $t_i^{l_1,s_1,l_2,s_2}$ 在 $[a_2, b_2]$ 内随机生成，其中，$l_1 \neq l_2$，$a_2$ 和 $b_2$ 分别为不同快递企业之间运输方式的中转时间下限和上限。

同一快递企业内部中转的单位费用以及不同快递企业之间中转的单位费用分别按照式（6-29）和式（6-30）生成。

$$c_i^{l,s_1,l,s_2} = a_1 + b_1 - t_i^{l,s_1,l,s_2} + R(0,t_1) \qquad （6-29）$$

$$c_i^{l_1,s_1,l_2,s_2} = a_2 + b_2 - t_i^{l_1,s_1,l_2,s_2} + R(0,t_2) \qquad （6-30）$$

式中，$R(0, t_1)$ 为 $(0, t_1)$ 内的一个随机数，$t_1$ 为同一快递企业内部运输方式中转的单位费用的变化范围，$R(0, t_2)$ 为 $(0, t_2)$ 内的一个随机数，$t_2$ 为不同快递企业之间运输方式中转的单位费用的变化范围。

上述公式中的各种参数的取值如表 6-2 所示。

表 6-2　测试实例属性的参数设置

| 参数 | 取值 |
|---|---|
| $h$ | $\lfloor 0.3 \times n \rfloor$ |
| $t$ | 10 |
| $c$ | 4 |
| $a_1$ | 1 |
| $b_1$ | 4 |
| $t_1$ | 2 |
| $a_2$ | 3 |
| $b_2$ | 6 |
| $t_2$ | 2 |

### 6.6.2　算法的参数设置

ACO 算法的参数包括蚂蚁数量 $m$、最大循环次数 $T$、信息启发因子 $\alpha$、

期望启发因子 $\beta$、信息素挥发因子 $\rho$、蚂蚁在一次循环中所释放的信息素总量 $Q$、初始信息素量 $P_0$。GA 的参数包括：种群数量 $NP$、进化代数 $NG$、交叉概率 $p_c$ 和变异概率 $p_m$。通过在不同规模的测试实例中进行多次测试，确定 ACO 算法和 GA 中的参数取值分别如表 6-3 和表 6-4 所示。

表 6-3  ACO 算法的参数设置

| 参数 | 取值 |
|---|---|
| $m$ | 200 |
| $T$ | 100 |
| $\alpha$ | 4 |
| $\beta$ | 3 |
| $\rho$ | 0.95 |
| $Q$ | 1 |
| $P_0$ | 0.5 |

表 6-4  GA 的参数设置

| 参数 | 取值 |
|---|---|
| $NP$ | 200 |
| $NG$ | 100 |
| $p_m$ | 0.8 |
| $p_c$ | 0.4 |

### 6.6.3  实验结果对比

（1）小规模测试实例对比实验

表 6-5 给出了 BBM、ACO 算法和 GA 在 18 个小规模测试实例上的求解结果，在这里，$n$、$m$ 和 $u$ 分别为节点、快递企业和运输方式的数量，$c_\rho$、$t_\rho$ 和 $q_\rho$ 分别为客户任务的最大费用、最大服务时间和最小服务信誉的需求。由于 BBM 是精确算法，因此，在每个测试实例上可以获得满足约束条件的全局最优解。ACO 算法和 GA 分别在每个测试实例上执行 10 次取最小值（$c_{\min}$）和平均值（$c_{\text{avg}}$）。从该实验结果可以看出，ACO 算法获得 3 个全局最优解，

GA 获得 14 个全局最优解，这说明 GA 的求解质量在小规模测试实例上要优于 ACO 算法。对于同一测试实例，随着约束条件的变化，其可行解的范围也会发生变化。如果降低最大时间和提高最小信誉的取值，即放宽约束条件，全局最优解的费用也会相应地上升。

表 6-5　小规模测试实例上 BBM、ACO 算法和 GA 的求解结果对比

| 序号 | $n$ | $m$ | $u$ | $c_\rho$ | $t_\rho$ | $q_\rho$ | BBM | ACO 算法 | | GA | |
|---|---|---|---|---|---|---|---|---|---|---|---|
| | | | | | | | $c_{min}$ | $c_{min}$ | $c_{avg}$ | $c_{min}$ | $c_{avg}$ |
| 1 | 7 | 2 | 3 | 400 | 400 | 6 | **313** | **313** | 316.4 | **313** | 313.2 |
| 2 | 7 | 2 | 5 | 300 | 280 | 7 | **237** | 239 | 242.2 | **237** | 237.4 |
| 3 | 7 | 3 | 3 | 400 | 300 | 7 | **328** | 330 | 331.8 | **328** | 328.4 |
| 4 | 7 | 3 | 5 | 300 | 220 | 8 | **250** | 253 | 257.6 | 251 | 253 |
| 5 | 7 | 5 | 3 | 250 | 200 | 7 | **215** | 216 | 219 | **215** | 215.6 |
| 6 | 7 | 5 | 5 | 300 | 250 | 8 | **251** | 255 | 256.2 | **251** | 252.4 |
| 7 | 7 | 10 | 3 | 250 | 220 | 7 | **239** | **239** | 240 | **239** | 239 |
| 8 | 7 | 10 | 5 | 350 | 300 | 8 | **287** | 289 | 295.6 | **287** | 291.6 |
| 9 | 10 | 2 | 3 | 300 | 190 | 7 | **207** | 208 | 210.6 | **207** | 207 |
| 10 | 10 | 2 | 5 | 300 | 250 | 8 | **284** | 290 | 291 | **284** | 286.1 |
| 11 | 10 | 3 | 3 | 250 | 180 | 7 | **209** | **209** | 209.6 | **209** | 209 |
| 12 | 10 | 3 | 5 | 300 | 250 | 8 | **266** | 271 | 276.6 | **266** | 269.2 |
| 13 | 10 | 5 | 3 | 250 | 200 | 7 | **192** | **192** | 195.8 | **192** | 193.4 |
| 14 | 10 | 5 | 5 | 300 | 250 | 8 | **213** | 229 | 235 | 215 | 216.4 |
| 15 | 10 | 10 | 3 | 300 | 220 | 8 | **246** | 254 | 255 | 247 | 249.9 |
| 16 | 15 | 2 | 3 | 350 | 270 | 7 | **324** | 326 | 329.8 | **324** | 325.4 |
| 17 | 15 | 3 | 3 | 350 | 270 | 7 | **314** | 317 | 318.8 | 315 | 317 |
| 18 | 20 | 2 | 3 | 300 | 200 | 8 | **230** | 231 | 232.2 | **230** | 232 |

　　图 6-4 所示为 BBM、ACO 算法和 GA 在 18 个小规模测试实例上的执行时间变化曲线。从该图可以看出，节点之间的运输路线数量对 BBM 的执行

时间的影响较大，当节点之间的运输路线数量较少时，BBM 的执行时间要低于 ACO 算法和 GA，随着运输路线数量的增加，BBM 的执行时间要远高于 ACO 算法和 GA。除了在个别测试实例上 ACO 算法的执行时间低于 GA 外，在大多数测试实例上，ACO 算法的执行时间要高于 GA，这说明在小规模测试实例上，GA 在性能方面要优于 ACO 算法。

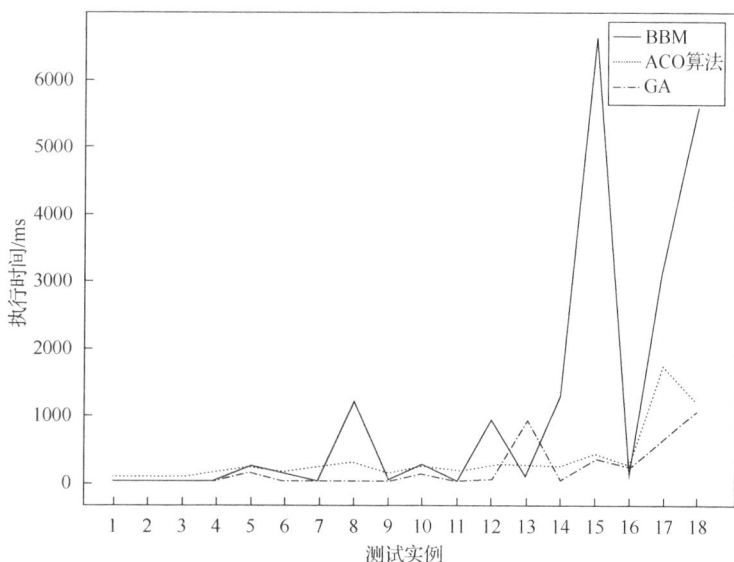

图 6-4　小规模测试实例上 BBM、ACO 算法和 GA 的执行时间变化曲线

（2）大规模测试实例对比实验

随着问题规模的增加，BBM 在可接受的时间范围内无法获取全局最优解。表 6-6 所示为 ACO 算法和 GA 在 14 个大规模测试实例上的求解结果，两种算法在每个测试实例上执行 10 次取最小值（$c_{min}$）和平均值（$c_{avg}$）。通过实验结果可以看出，在这 14 个测试实例上，GA 的求解质量要优于 ACO 算法。图 6-5 给出了 ACO 算法和 GA 在 14 个大规模测试实例上的平均执行时间，从图 6-5 中可以看出，在绝大多数测试实例上（12 个测试实例），GA 的平均执行时间要低于 ACO 算法，这说明在大规模测试实例上，GA 在性能方面要优于 ACO 算法。

表 6-6　大规模测试实例上 ACO 算法和 GA 的求解结果对比

| 序号 | $n$ | $m$ | $u$ | $c_\rho$ | $t_\rho$ | $q_\rho$ | ACO算法 | | GA | |
|---|---|---|---|---|---|---|---|---|---|---|
| | | | | | | | $c_{min}$ | $c_{avg}$ | $c_{min}$ | $c_{avg}$ |
| 1 | 10 | 10 | 5 | 400 | 350 | 8 | 326 | 332 | **319** | 327 |
| 2 | 15 | 2 | 5 | 350 | 300 | 8 | 271 | 274.4 | **262** | 268.4 |
| 3 | 15 | 3 | 5 | 400 | 350 | 8 | 326 | 330.2 | **321** | 330.6 |
| 4 | 15 | 5 | 3 | 300 | 250 | 7 | 262 | 267 | **259** | 262.2 |
| 5 | 15 | 5 | 5 | 450 | 400 | 8 | 378 | 391 | **380** | 387.6 |
| 6 | 15 | 10 | 3 | 450 | 400 | 7 | 307 | 310 | **296** | 302.8 |
| 7 | 15 | 10 | 5 | 450 | 400 | 8 | 270 | 278.2 | **236** | 250.6 |
| 8 | 20 | 2 | 5 | 350 | 300 | 7 | 245 | 256.4 | **232** | 241.4 |
| 9 | 20 | 3 | 3 | 350 | 300 | 7 | 225 | 248.6 | **221** | 228.4 |
| 10 | 20 | 3 | 5 | 400 | 350 | 7 | 276 | 298.4 | **261** | 273.2 |
| 11 | 20 | 5 | 3 | 500 | 450 | 7 | 269 | 307.6 | **257** | 283.6 |
| 12 | 20 | 5 | 5 | 500 | 450 | 8 | 277 | 294 | **271** | 289.4 |
| 13 | 20 | 10 | 3 | 500 | 450 | 8 | 251 | 264.2 | **240** | 260 |
| 14 | 20 | 10 | 5 | 500 | 450 | 7 | 229 | 279.6 | **214** | 221.2 |

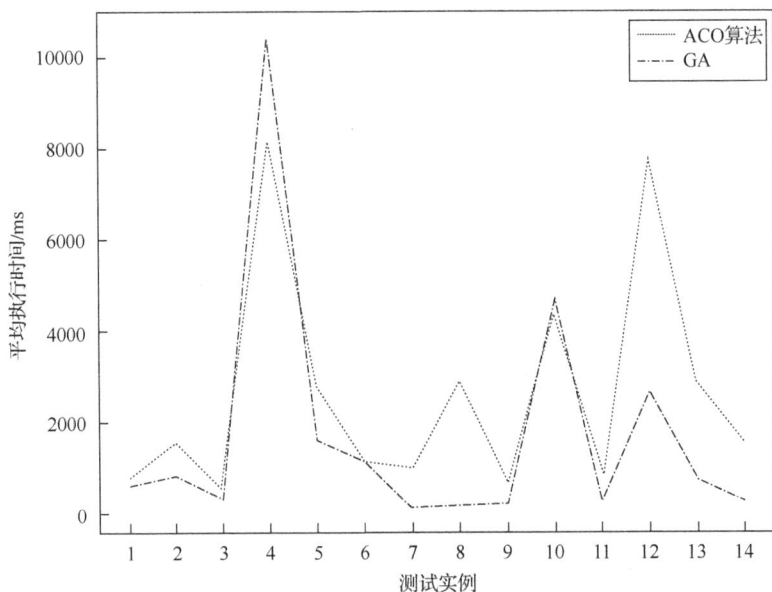

图 6-5　大规模测试实例上 ACO 算法和 GA 的平均执行时间对比

### 6.6.4　实例分析

本小节通过一个具体测试实例来对协同运输优化调度问题的模型和求解算法进行验证。该测试实例的共享快递网络包含 7 个节点、两个快递企业和 3 种运输方式，其网络结构如图 6-6 所示。每条边上标注了提供服务的快递企业及其运输方式，例如，从节点 1 到节点 2 之间的边 2.1 表示该运输路线的快递企业为 2，运输方式为 1。该共享快递网络包含 62 条运输路线，每条运输路线的单位费用、时间和信誉如表 6-7 所示。不同运输方式进行中转的单位费用和时间如表 6-8 所示，在这里我们忽略了节点之间的差异，所有节点都具有相同的转换规则。

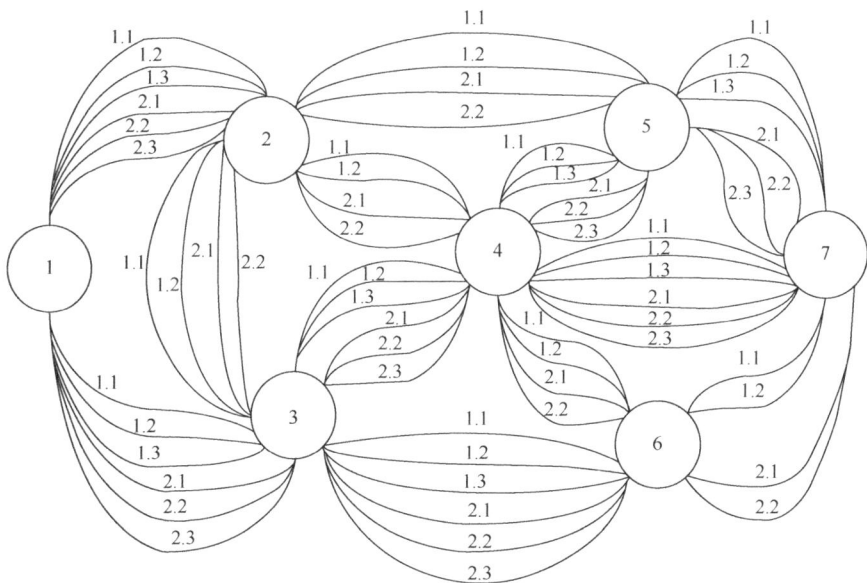

图 6-6　包含 7 个节点的共享快递网络结构

表 6-7　测试实例的运输路线信息

| 编号 | 起始节点 | 终止节点 | 快递企业 | 运输方式 | 单位费用 | 时间 | 信誉 |
|---|---|---|---|---|---|---|---|
| 1 | 1 | 2 | 1 | 1 | 20 | 12 | 8 |
| 2 | 1 | 2 | 1 | 2 | 18 | 15 | 9 |

| 编号 | 起始节点 | 终止节点 | 快递企业 | 运输方式 | 单位费用 | 时间 | 信誉 |
|---|---|---|---|---|---|---|---|
| 3 | 1 | 2 | 1 | 3 | 24 | 10 | 8 |
| 4 | 1 | 2 | 2 | 1 | 23 | 11 | 9 |
| 5 | 1 | 2 | 2 | 2 | 19 | 14 | 8 |
| 6 | 1 | 2 | 2 | 3 | 26 | 9 | 8 |
| 7 | 1 | 3 | 1 | 1 | 18 | 16 | 8 |
| 8 | 1 | 3 | 1 | 2 | 17 | 17 | 8 |
| 9 | 1 | 3 | 1 | 3 | 15 | 20 | 8 |
| 10 | 1 | 3 | 2 | 1 | 20 | 15 | 9 |
| 11 | 1 | 3 | 2 | 2 | 19 | 16 | 9 |
| 12 | 1 | 3 | 2 | 3 | 16 | 18 | 9 |
| 13 | 2 | 3 | 1 | 1 | 17 | 20 | 8 |
| 14 | 2 | 3 | 1 | 2 | 15 | 22 | 8 |
| 15 | 2 | 3 | 2 | 1 | 19 | 19 | 9 |
| 16 | 2 | 3 | 2 | 2 | 17 | 21 | 9 |
| 17 | 2 | 4 | 1 | 1 | 12 | 10 | 8 |
| 18 | 2 | 4 | 1 | 2 | 14 | 12 | 8 |
| 19 | 2 | 4 | 2 | 1 | 15 | 8 | 9 |
| 20 | 2 | 4 | 2 | 2 | 13 | 11 | 9 |
| 21 | 2 | 5 | 1 | 1 | 15 | 14 | 8 |
| 22 | 2 | 5 | 1 | 2 | 17 | 12 | 8 |
| 23 | 2 | 5 | 2 | 1 | 16 | 13 | 9 |
| 24 | 2 | 5 | 2 | 2 | 20 | 10 | 9 |
| 25 | 3 | 4 | 1 | 1 | 10 | 14 | 8 |
| 26 | 3 | 4 | 1 | 2 | 12 | 12 | 8 |
| 27 | 3 | 4 | 1 | 3 | 11 | 13 | 8 |
| 28 | 3 | 4 | 2 | 1 | 13 | 12 | 9 |
| 29 | 3 | 4 | 2 | 2 | 16 | 10 | 9 |
| 30 | 3 | 4 | 2 | 3 | 14 | 11 | 9 |

续表

| 编号 | 起始节点 | 终止节点 | 快递企业 | 运输方式 | 单位费用 | 时间 | 容量 |
|---|---|---|---|---|---|---|---|
| 31 | 3 | 6 | 1 | 1 | 10 | 14 | 8 |
| 32 | 3 | 6 | 1 | 2 | 12 | 12 | 8 |
| 33 | 3 | 6 | 1 | 3 | 11 | 13 | 8 |
| 34 | 3 | 6 | 2 | 1 | 13 | 12 | 9 |
| 35 | 3 | 6 | 2 | 2 | 16 | 10 | 9 |
| 36 | 3 | 6 | 2 | 3 | 14 | 11 | 9 |
| 37 | 4 | 5 | 1 | 1 | 13 | 12 | 8 |
| 38 | 4 | 5 | 1 | 2 | 15 | 10 | 8 |
| 39 | 4 | 5 | 1 | 3 | 14 | 13 | 8 |
| 40 | 4 | 5 | 2 | 1 | 16 | 10 | 9 |
| 41 | 4 | 5 | 2 | 2 | 18 | 8 | 9 |
| 42 | 4 | 5 | 2 | 3 | 15 | 11 | 9 |
| 43 | 4 | 6 | 1 | 1 | 10 | 11 | 8 |
| 44 | 4 | 6 | 1 | 2 | 9 | 10 | 8 |
| 45 | 4 | 6 | 2 | 1 | 10 | 10 | 9 |
| 46 | 4 | 6 | 2 | 2 | 12 | 9 | 9 |
| 47 | 4 | 7 | 1 | 1 | 12 | 9 | 8 |
| 48 | 4 | 7 | 1 | 2 | 13 | 8 | 8 |
| 49 | 4 | 7 | 1 | 3 | 11 | 10 | 8 |
| 50 | 4 | 7 | 2 | 1 | 14 | 8 | 9 |
| 51 | 4 | 7 | 2 | 2 | 15 | 7 | 9 |
| 52 | 4 | 7 | 2 | 3 | 16 | 6 | 9 |
| 53 | 5 | 7 | 1 | 1 | 14 | 15 | 8 |
| 54 | 5 | 7 | 1 | 2 | 15 | 14 | 8 |
| 55 | 5 | 7 | 1 | 3 | 17 | 12 | 8 |
| 56 | 5 | 7 | 2 | 1 | 16 | 13 | 9 |
| 57 | 5 | 7 | 2 | 2 | 18 | 11 | 9 |
| 58 | 5 | 7 | 2 | 3 | 20 | 10 | 9 |

续表

| 编号 | 起始节点 | 终止节点 | 快递企业 | 运输方式 | 单位费用 | 时间 | 信誉 |
|------|---------|---------|---------|---------|---------|------|------|
| 59 | 6 | 7 | 1 | 1 | 13 | 13 | 8 |
| 60 | 6 | 7 | 1 | 2 | 15 | 12 | 8 |
| 61 | 6 | 7 | 2 | 1 | 16 | 11 | 9 |
| 62 | 6 | 7 | 2 | 2 | 17 | 10 | 9 |

表 6-8　测试实例的中转费用和时间

| 编号 | 快递企业 1 | 快递企业 2 | 运输方式 1 | 运输方式 2 | 单位费用 | 时间 |
|------|-----------|-----------|-----------|-----------|---------|------|
| 1 | 1 | 1 | 1 | 1 | 1 | 1 |
| 2 | 1 | 1 | 1 | 2 | 2 | 2 |
| 3 | 1 | 1 | 1 | 3 | 4 | 4 |
| 4 | 1 | 1 | 2 | 2 | 0.5 | 0.5 |
| 5 | 1 | 1 | 2 | 3 | 3 | 3 |
| 6 | 1 | 1 | 3 | 3 | 1.5 | 1.5 |
| 7 | 2 | 2 | 1 | 1 | 1 | 0.5 |
| 8 | 2 | 2 | 1 | 2 | 2 | 1.5 |
| 9 | 2 | 2 | 1 | 3 | 4 | 3 |
| 10 | 2 | 2 | 2 | 2 | 0.5 | 0.5 |
| 11 | 2 | 2 | 2 | 3 | 3 | 2 |
| 12 | 2 | 2 | 3 | 3 | 1.5 | 1 |
| 13 | 1 | 2 | 1 | 1 | 2 | 2 |
| 14 | 1 | 2 | 1 | 2 | 3 | 3 |
| 15 | 1 | 2 | 1 | 3 | 5 | 5 |
| 16 | 1 | 2 | 2 | 2 | 1 | 1 |
| 17 | 1 | 2 | 2 | 3 | 4 | 4 |
| 18 | 1 | 2 | 3 | 3 | 2 | 2 |

假设客户任务的起始节点和终止节点分别为 1 和 7，当最大费用 $c_\rho$、最大时间 $t_\rho$ 和最小信誉 $q_\rho$ 约束分别为 50、50 和 8 时，根据 BBM 和 GA 求得全局最优运输路径为 $r=\{1,\ e_{1,3}^{1,3},\ 3,\ e_{1,3}^{1,3},\ 4, e_{4,7}^{1,3}, 7\}$，该运输路径的费用、运输时间和信誉分别为 40、46 和 8；当最大费用 $c_\rho$、最大时间 $t_\rho$ 和最小信誉 $q_\rho$ 约束分别为 50、37 和 8 时，根据 BBM 和 GA 求得全局最优运输路径为 $r=\{1, e_{1,2}^{1,2},\ 2, e_{2,4}^{1,1}, 4, e_{4,7}^{1,1}, 7\}$，该运输路径的费用、运输时间和信誉分别为 45、37 和 8.3。

## 6.7　本章小结

本章提出了基于共享快递网络的协同运输优化调度模型，该模型综合考虑不同节点间快递企业和运输方式的选择以及运输路径的规划，其目标为：在满足客户需求的条件下最小化总运输费。针对所提出的模型，本章设计了 3 种求解算法：基于 BBM 的精确求解算法、ACO 算法和 GA。结果表明，对于小规模测试实例，BBM 可以在较短的时间内获得问题的全局最优解，GA 能够在大多数测试实例上获得全局最优解，而 ACO 算法获得全局最优解的数量较少。对于大规模测试实例，GA 的求解质量和性能要优于 ACO 算法，BBM 在可接受的时间范围内无法获得全局最优解。

## 参考文献

[1]　闵小川. 基于共享快件网络的物流资源优化配置的研究与实现[D]. 哈尔滨: 哈尔滨工业大学, 2020.

[2]　陆再珍. 我国多式联运发展经验总结与对策研究[J]. 交通世界, 2019(19): 4-5.

[3]　ARCHETTI C, PEIRANO L, SPERANZA M G. Optimization in multimodal freight

transportation problems: a Survey[J]. European Journal of Operational Research, 2022, 299(1):1-20.

[4] 万杰, 魏爽. 基于混合算法的多目标多式联运路径选择问题研究[J]. 天津大学学报（自然科学与工程技术版）, 2019, 52(3): 285-292.

[5] 吕学伟, 杨斌, 黄振东. 混合时间窗约束下多式联运最优路径选择研究[J]. 铁道运输经济, 2018, 40(8): 6-11.

[6] 冯芬玲, 孔祥光, 吴庆芳. 考虑风险的国际集装箱多式联运路径选择研究[J]. 铁道科学与工程学报, 2021, 18(10): 2761-2768.

[7] 朱欣媛, 赵建有, 张璐璐, 等. 碳排放约束下考虑模糊时间窗的多式联运路径选择[J]. 物流科技, 2020,43(11): 77-82.

[8] 程兴群, 金淳, 姚庆国, 等. 碳交易政策下多式联运路径选择问题的鲁棒优化研究[J]. 中国管理科学, 2021, 29(6): 82-90.

[9] BOUCHERY Y, FRANSOO J. Cost, carbon emissions and modal shift in intermodal network design decisions[J]. International Journal of Production Economics, 2015,164(6): 388-399.

[10] JACKIVA I, BUDILOVICHB E. A comprehensive analysis of the planned multimodal public transportation HUB[J]. Transportation Research Procedia, 2017, 24:50-57.

[11] ROSIČ H, JAMMER, JAMMERNEGG W. The economic and environmental performance of dual sourcing: a newsvendor approach[J]. International Journal of Production Economics, 2013, 145(1):109-119.

[12] LAURENT A B, VALLERAND S, MEER Y V D, et al. CarbonRoadMap: a multicriteria decision tool for multimodal transportation[J]. International Journal of Sustainable Transportation, 2020, 14(3):205-214.

[13] 崔妍, 马跃, 王兴伟, 等. 第四方物流协同路径定制问题研究[J]. 计算机应用研究, 2020, 37(2): 489-492.

[14] 李贵华, 柴伟莉, 玄雪. 基于多种运输方式的第四方物流路径问题研究[J]. 物流技术, 2010, 29(1): 72-74.

[15] 卢福强, 陈伟东, 毕华玲, 等. 考虑随机需求和多种运输方式的第四方物流路径问题 [J]. 计算机集成制造系统, 2019(8): 1-25.

[16] 李贵华, 黄敏. 考虑多种运输方式的第四方物流路径优化算法[J]. 计算机工程, 2015, 41(3): 273-277.

[17] 任亮, 黄敏, 王洪峰, 等. 第四方物流多目标路径集成优化[J]. 复杂系统与复杂性科学, 2018, 15(1): 62-67.

[18] 崔妍, 黄敏, 张欣, 等. 考虑节点等待的时变第四方物流路径问题[J]. 系统工程, 2018, 36(6):109-116.

[19] 卢福强, 高孟影, 毕华玲, 等. 基于比例效用理论的第四方物流路径问题研究[J]. 复杂系统与复杂科学, 2019,16(4):66-81.

[20] MIN H, LIANG R, LOO H, et al. Model and algorithm for 4PLRP with uncertain delivery time[J]. Information Sciences, 2016, 330:211-225.

[21] YIN M, HUANG M, WANG X, et al. Fourth-party logistics network design under uncertainty environment[J]. Computers & Industrial Engineering, 2022, 167(5): 108002.

[22] LIU Q, ZHANG C, ZHU K, et al. Novel multi-objective resource allocation and activity scheduling for fourth party logistics[J]. Computers & Operations Research, 2014, 44: 42-51.

[23] HUANG M, CUI Y, YANG S, et al. Fourth party logistics routing problem with fuzzy duration time[J]. International Journal of Production Economics, 2013, 145(1): 107-116.

[24] HASSIN R. Approximation schemes for the restricted shortest path problem[J]. Mathematics of Operations Reasearch, 1992, 17(1):36-42.

[25] DIJSTRA E W. A note on two problems in connexion with graphs[J]. Numerische Mathematik, 1959,1(1):269-271.

[26] DORIGO M, GAMBARDELLA L M. A study of some properities of Ant-Q [C]. Proceedings of the 4th International Conference on Parallel Problem Soloving from Nature, 1996: 656-665.

[27] DORIGO M, GAMBARDELLA L M. Ant colony system: a cooperative learning approach to traveling salesman problem [J]. IEEE Transactions on Evolutionary Computation, 1997, 1(1):53-66.

[28] 梁旭, 黄明, 宁涛, 等. 现代智能优化混合算法及其应用[M]. 北京: 电子工业出版社, 2014.

[29] 汤可宗, 杨静宇. 群智能优化方法及应用[M]. 北京: 科学出版社, 2015.